Paul Bernard

Hypnose

Kommunikation mit dem
Unterbewußtsein

Miko-Edition

Bernard, Paul:
Hypnose: Kommunikation mit dem Unterbewußtsein

Miko-Edition-Verlag GmbH, Hamburg
Druck: Eurodruck, Hamburg

Printed in Germany
ISBN 3-935436-14-9

Inhaltsverzeichnis

Vorweg

Hypnose ist für die meisten ein mit falschen Vorstellungen behaftetes emotionsbeladenes Reizwort. Viele halten Hypnose für Schwindel, Scharlatanerie, Okkultes. Andere denken an den Show-Hypnotiseur, der Menschen als karrikierte Marionetten vorführt. Es ist ein großes Mißverständnis, die Hypnose der Esoterik zuzuordnen, obwohl - wie alles im Leben - auch die Hypnose Esoterisches berührt. Kranke glauben, Hypnose sei ein Allheilmittel und meinen laienhaft: in tiefe Bewußtlosigkeit versetzt zu werden, heilende Suggestionen zu bekommen und nach dem Erwachen gesund zu sein.

Hypnoseähnliche Zustände haben wir alle spontan schon erlebt: beim stetigen Blick in die Abendsonne, beim Hören der rauschenden Meeresbrandung, beim Lesen eines spannenden Buches, im Theater oder beim Anschauen eines fesselnden Filmes.

Was ist Hypnose? Hypnose ist ein besonderer Bewußtseinszustand von entspanntem Wachsein bis zum tiefsten, erinnerungslosen Schlaf. In Hypnose sind Aufmerksamkeit und Denken nach innen gelenkt, und das Unterbewußte als die Summe aller Lebenserfahrungen wird aktiviert.

Im Leben eines Menschen wird beinahe alles von seinem Unterbewußtsein bestimmt und gesteuert. Wir haben in unserem Gehirn unterbewußt vieles gespeichert, das wir dauernd automatisch benutzen. Wir benutzen unser Eßbesteck automatisch. Wir schreiben, wir sprechen - wie automatisch. Wir fahren meistens automatisch Auto, wir fahren automatisch Fahrrad und überlegen dabei nicht, ob wir jetzt gerade lenken, treten oder balancieren müssen. Wir tun es gleichzeitig und automatisch. Fast alle Dinge des Alltags tun wir automatisch und damit unterbewußt.

Die meisten Psychotherapien sehen im Unterbewußten etwas Böses, das mit dem Verstand zu kontrollieren sei. Sie suchen hingebungsvoll -und dennoch mit wenig Erfolg - die Vergangenheit eines Patienten bewußt zu machen und lassen ihn dabei dauernd mit den schlechten Gefühlen seiner Vergangenheit assoziieren. Ich leugne nicht, daß jeder Mensch das Produkt seiner Erlebnisse, Eindrücke und auch der seelischen Verletzungen seiner Vergangenheit ist.

Aber keiner kann seine Vergangenheit ändern. Wir leben heute und sollen neugierig sein, was morgen hinter jeder nächsten Ecke auf uns wartet. Wer alles in seinem Leben bewußt machen will, wird in übertriebener Selbstbespiegelung und Selbstbeobachtung zum Versager. Wer ständig in der Vergangenheit wühlt, wird keinen Blick für das Schöne im Hier und jetzt haben.

Wir alle wissen und können unterbewußt vieles, von dem wir bewußt nicht wissen, daß wir es wissen oder können. Intellektuelle irren, wenn gerade sie glauben, daß sie ihr Leben nur mit Hilfe ihres „bewußten"' Verstandes meistern. Wir alle sollten uns für Entscheidungen eine besondere Balance wünschen zwischen Intuition und Ratio - zwischen unseren unterbewußten Möglichkeiten und unserem bewußten Verstand. Für mich ist das Unterbewußtsein eine wichtige Kraftquelle, mit der man sich anfreunden und die man nutzen sollte, anstatt sie zu bekämpfen, wie es die meisten psychotherapeutischen Schulen tun.

Ich behandle in Hypnose, um vor allem Veränderungen unserer unterbewußten Möglichkeiten herbeizuführen, denn Hypnose ist der Bewußtseinszustand, in dem man besonders gut mit dem Unterbewußtsein kommunizieren kann. In Hypnose kann man neu Gelerntes unterbewußt machen, automatisieren. In Hypnose kann ich Beschränkungen und Blockierungen vorübergehend und für Dauer aufheben, so daß der Hypnotisierte für andere Assoziationsmuster und neues Lernen empfänglich wird. Unser Gehirn kann wirkliches und vorgestelltes Verhalten schlecht voneinander unterscheiden, in Hypnose imaginierte Dinge werden erlebt als seien sie Wirklichkeit. Und oft genug in Hypnose erlebt, werden sie tatsächlich Wirklichkeit.

Wenn sich Menschen benachteiligt fühlen, suchen sie nach einer Entschuldigung, und das ist häufig der Beginn einer Krankheit. Kann Krankheit Unerträgliches erträglich machen? Liegen die Ursachen von Krankheiten auf einer anderen Ebene als der körperlichen?

Krankheit ist im Leben eines Menschen so zwangsläufig wie der Tod. Und jeder von uns hat irgendwann Probleme, die vom Bewußtsein her unlösbar erscheinen, doch unser Unterbewußtsein hat eine Lösung bereit. Deswegen geht dieses Buch uns alle an.

Hypnose ist so alt wie die Menschheit, sicherlich auch als Möglichkeit zum Heilen von Krankheiten. Die traditionelle Hypnosetherapie ist überaltert auf Suggestionsebene stehengeblieben und braucht dringend neue Denkanstöße zu besseren therapeutischen Möglichkeiten.

Hamburg, Sommer 1992 Paul Bernard

Vorwort zur unveränderten Neuauflage

Ich danke meinem Verleger Jürgen Hunke für die Neuauflage meines seit Jahren vergriffenen Buches.
Hypnose ist nichts übernatürliches, hat aber dennoch einen metaphysischen Aspekt des natürlichen Übernatürlichen". Hypnose fasziniert mich seit meinem 14. Lebensjahr und hat mich zur *Philosphie des Mentalen* geführt.
Alles in diesem Buch geschriebene ist nach wie vor gültig, obwohl ich meine damalige Therapie weiterentwickelt habe zur noch wirkungsvolleren *Mentaltherapie in Hypnose*.

Hamburg, im 2002 Paul Bernard

1. Kapitel

Ouvertüre

Lieber eine Glatze haben als stottern

Einer Journalistin erzähle ich von einem Patienten, der kurz vor ihrem Interview bei mir zur Behandlung war. Sie scheint fasziniert von der Kranken- und Behandlungsgeschichte und will alles *genau* wissen.

Die Mutter eines 25jährigen Sprachgestörten ruft mich an und bittet eilig um einen Termin für ihren Sohn. Ihr stotternder Sohn studiert und hat in Kürze in seinen Seminaren Vorträge zu halten. Schon die Vorstellung daran versetzt ihn in Angst, läßt ihn vermehrt stottern. Die Mutter erwähnt noch zur Vorgeschichte, daß wohl ein verständnisloser Lehrer die Ursache der Sprachstörung sein müsse, denn ihr Sohn habe erst zu stottern begonnen, als er zur Schule ging.

Wenige Tage später sitzt mir ein sympathischer junger Mann gegenüber. Er stottert, kann nur mit großer Mühe Worte herausbringen. Er kneift beim Sprechen die Augen zu, verdreht seinen Hals und gibt unter größter Anstrengung auf Fragen kurze Antworten. Wie alle erwachsenen Stotterer hat er es gelernt, mit seiner Störung umzugehen. Er spricht schnell, ohne Pause und ohne Sprachmelodie.

„Stört Sie das Stottern weniger als eine Glatze zu haben?" Wie groß ist der Leidensdruck seiner Krankheit? Und mein gutaussehender junger Patient mit vollem Haar antwortet ohne das geringste Zögern: „Lieber eine Glatze haben als zu stottern." „Eine Glatze ist endgültig, irreparabel.' -„Trotzdem." -„Ob Sie Ihr volles Haar behalten werden, das weiß ich nicht. Aber Sie werden nicht mehr stottern." -„Das wäre toll, super." Noch stottert mein Patient diese Worte.

„Wie haben Sie ihn hypnotisiert?“

Die Journalistin will es genau wissen.

Patienten kommen oft in der ängstlichen Erwartung, daß ich sie mit dämonischem Rasputin-Blick anstarre, um ihnen dann in Hypnose zu sagen, daß sie - gefälligst oder auch bitte-schön jetzt gesund zu sein haben. *Hypnosetherapie entspricht nicht der Laienmeinung: in tiefe Bewußtlosigkeit versetzt zu werden, heilende Suggestionen zu bekommen und nach dem Erwachen gesund zu* sein. „Werde ich wirklich wieder aufwachen?“ ist die nächste ängstliche Erwartung. Angst vor der Hypnose kann das Hypnotisieren sowohl erschweren als auch gegenteilig wirken: Patienten können auch aus Angst in Hypnose fallen.

Ich habe viele Möglichkeiten zu hypnotisieren. Ich bevorzuge es, den Patienten sanft in Hypnose gleiten zu lassen. Der Patient sitzt mir auf einem bequemen Stuhl gegenüber. Es gibt bei mir keine illuminierte magische Beleuchtung, es gibt keine zugedeckten Patienten, man hört kein Meeresrauschen. Bei mir fehlen alle überflüssigen Beigaben.

Zum ersten Betreten innerer Wahrnehmungsräume, so kann ich das Unterbewußtsein bezeichnen, ist Entspannung sehr förderlich. So muß ich den Patienten zuerst anleiten, sich zu entspannen, um ihn dann leicht in eine angenehme Hypnose gleiten zu lassen. Hypnose selbst bringt das Maximum an Entspannung. Aber Entspannung ist spontan und darf nichts mit Leistung („Ich will!“) zu tun haben. Das Leistungsdenken unserer Zeit, dem wir uns alle unterordnen, stört und ist bei meiner Hypnosetherapie hinderlich. Besonders den kooperativen Patienten muß ich am Anfang der Therapie oft wiederholen: „Sie müssen bei mir keine Leistung bringen, ich erwarte von ihnen keine Leistung. Aber Sie als Patient dürfen von mir als Therapeut eine Leistung erwarten.“

Ich höre und lese immer wieder, ein Hypnotisierter hypnotisiere sich selbst. Das ist falsch. Die Entwicklung eines Hypnosezustandes ist ein intrapsychisches, von inneren Vorgängen abhängiges Phänomen. Die Magie eines Hypnotiseurs liegt nicht darin, seinem Gegenüber seinen „Willen aufzuzwingen“, die Magie eines Hypnotiseurs ist das Herbeiführen günstiger intrapsychischer Vorgänge im zu Hypnotisierenden. Alle Induktionsmethoden zum

Herbeiführen von Hypnose bewirken mit verschiedenen Techniken die Einengung der Aufmerksamkeit, Veränderungen von Körperwahrnehmungen und die Aktivierung der Vorstellungskraft.

Zuerst entkrampfe und entspanne ich einen Patienten und lasse ihn sich etwas vorstellen, was er bereits gut kennt. Der Vater des jungen Mannes hat ein Kontor im Hamburger Hafen - das habe ich gerade erfahren - und so lasse ich den Patienten mit geschlossenen Augen den Hafen erleben: er sitzt auf einer Bank auf den Landungsbrücken, sieht, riecht, hört und schmeckt das Treiben im Hafen.

Unsere Sinnesorgane informieren uns über unsere subjektiven Erfahrungen unserer Welt, in der wir leben. Wir sehen, wir hören, wir fühlen, wir schmecken und wir riechen. Schmecken und Riechen sind normalerweise für unser Erleben nicht sehr wichtig: es sei denn, wir kochen oder essen gerade, oder wir gehen an einer Bäckerei vorbei.

Danach lasse ich meinen Patienten die Wärme seiner Hand spüren, dort wo sie auf dem Oberschenkel liegt. Ich lasse ihn seinen Atem spüren, und ich lasse ihn mit immer noch geschlossenen Augen *sehen,* wie sich sein Brustkorb im Rhythmus der Atmung gemeinsam mit seinem Bauch hebt und senkt. Das Fühlen und das Gefühl sind eine Erweiterung des Tastsinnes. Zum Fühlen gehört das Erkennen von rauh und glatt, von weich und hart, von heiß und kalt, von naß und trocken, aber genauso die Information, wie sich eine Bewegung oder ein Gleichgewicht anfühlen. Die Fülle der Wahrnehmungen unserer Sinnesorgane ist so groß, daß es bei weitem unsere Fähigkeiten übersteigt, alles *bewußt wahrzunehmen.*

Danach führe ich ihn langsam auf eine weitere Ebene, lasse ihn eine andere Sinneserfahrung erleben, die er normalerweise nicht benutzt. Er hat vorher den Hafen gesehen, gehört, gerochen, und jetzt lasse ich ihn zusätzlich fühlen, wie er auf der Bank sitzt, wie seine Schultern die Banklehne berühren, wie seine Gesäßknochen auf dem Sitz der Bank ruhen und wie er seine Füße fest auf dem Boden spürt. Mit zusätzlichen entspannenden Suggestionen bringe ich ihn in eine angenehme Hypnose.

Ein Patient kann Unangenehmes ausatmen

„Was haben Sie danach mit dem Patienten gemacht?" fragt die Reporterin. Ich lasse meinen hypnotisierten Patienten ruhig atmen. Ich lasse ihn, den im Wachzustand angespannten Stotterer, Ruhe und Gelassenheit einatmen. Unangenehmes lasse ich ihn ausatmen. Er atmet an drei verschiedenen Behandlungstagen immer etwas anderes aus: am ersten Tag ist es eine grüne Masse die ein „Ebenbild seines Selbst in grün" ist und ihm gar nicht gefällt. Am zweiten Behandlungstag atmet der Patient eine ununterbrochene Kette von Worten und Buchstaben aus, die ihn seit Jahren gestört haben, darunter sieht er auch immer das Wort *„und" Alles* erscheint ihm in Comic-Schrift. Wir beschließen gemeinsam, diesen Wortsalat der Vergangenheit (nur das Wort *„und"* behalten wir zurück) in eine große Tonne fließen zu lassen. Diese Tonne wird immer größer und größer, bis sie kaum noch auf einen Lkw paßt. Wir lassen die verschlossene Tonne auf ein Schiff verladen und machen etwas ganz Unanständiges in unserem neuen Umweltbewußtsein: wir lassen die Tonne weit draußen auf dem Atlantik versenken. Der Patient sieht, wie die Tonne mit seinem Wortsalat aus 18jährigem Stottern im Meer versinkt, und er kann das Sinken der Tonne lange beobachten und nachverfolgen.

Danach einigen wir uns, daß das Wort, *„und"* für ihn immer ein *freundliches* Wort war und bleiben soll, weil es ihm ja über schwierige Klippen des Sprechens hinweggeholfen hat. Auch den Satz *„eine Pause machen beim Sprechen"* lasse ich zu seinem Freund werden, denn Pausen im Satz sind für uns alle beim Sprechen etwas Helfendes, um Gedanken neu zu ordnen.

Zu Beginn der dritten Sitzung atmet er Ruhe und Gelassenheit ein. Diesmal ist es ein kleiner höhnisch lachender Zwerg in seinem Bauch, den er *ausatmen* möchte. Aber dieser höhnisch über sein Stottern lachende Zwerg saugt sich immer wieder in seinem Körper fest, und es fällt ihm sehr schwer, ihn auszuatmen. Er spuckt ihn schließlich aus und zertritt ihn mit stampfenden Füßen: „Das tut gut."

Spurensuche nach der Ursache ist selten hilfreich

Weil mein Patient unbedingt wissen will, ob ein unfreundlicher Lehrer der ersten Schuljahre „schuld“ an seiner Sprachstörung sei, beginne ich schon während der ersten Behandlung in Hypnose mit der Spurensuche nach dem ersten Auftreten des Stotterns (Hypnoanalyse). Während der Schwangerschaft, im Bauch der Mutter, fühlt sich mein Patient sehr wohl. Die Geburt ist ohne Komplikationen, Mutter und Vater freuen sich über den Nachwuchs. Er wird zweijährig von der Mutter gebadet - er stottert nicht. Er erlebt seinen vierten Geburtstag - er stottert nicht. Ich erinnere mich an den von der Mutter als mögliche Ursache benannten Klassenlehrer - der jugendliche Patient als Schüler und sein Lehrer harmonieren in der Schule.

Plötzlich gibt es in der zweiten Schulklasse einen Tag, an dem drei sitzengebliebene ältere Mitschüler versuchen, einem Mädchen einen Filzstift abzujagen. Der Patient - siebenjährig - warnt das Mädchen und macht sich damit selbst zum Opfer dieser drei Größeren und Stärkeren: er selbst hat bis zum nächsten Tag drei Filzstifte mitzubringen! Am nächsten Tag sind es fünf Mark, die von ihm erpreßt werden. Diese drei Klassenkameraden sind für ihn hinterhältig, böse, erpresserisch, bedrohlich. Anstatt sich zu wehren, fühlt der Siebenjährige plötzlich einen Kloß im Hals. Und aus diesem Kloß im Hals entwickelt sich schnell seine Sprachstörung, das Stottern.

Oft ist ein solches Aufdecken des bisher nicht bekannten Beginnes einer Krankheitssymptomatik mühsam, dennoch fast immer unfruchtbar. Ich erhalte schnelle Informationen durch die Hypnoanalyse im Gegensatz zu jahrelanger Psychoanalyse, aber unter dem Strich wird nur die Neugier des Patienten befriedigt. *Das Wissen* (wann? wie? warum?) *um das erste Auftreten eines Krankheitssymptoms bringt selten Heilung.* Dieser fundamentale Irrtum der Psychoanalyse ist aus Patientenköpfen nicht auszuradieren. Hingebungsvolles Wühlen in der Vergangenheit ist unfruchtbar, denn keiner kann seine Vergangenheit ändern. Ich lasse meine Patienten nicht dauernd mit schlechten Erinnerungen assoziieren.

Wir leben heute, morgen, übermorgen, nächste Woche, nächsten Monat, nächstes Jahr. Jeder von uns soll nach vorn schauen und vorwärts gehen, voller Neugier, welche Überraschungen an der nächsten Ecke warten. Und während man auf seinem Weg vorangeht, soll man sich optimistisch seines Lebens freuen.

Ich sage meinem Patienten, daß ihn als Siebenjähriger sein Unterbewußtsein falsch geleitet hat: anstatt zu stottern, hätte er sich zur Wehr setzen müssen. Nach der Lehrmeinung der gängigen Psychotherapien müßte mein Patient jetzt gesund sein, denn die wirkliche Ursache seines Stotterns ist gefunden. Aber sein Stottern ist längst unterbewußt (= automatisch) geworden. Auch jahrelange übliche Psychotherapie heilt einen Stotterer nicht.

Eine neue Vergangenheit erfinden

Die Journalistin fragt: „Und heute, bei der vierten Sitzung? Was haben Sie heute mit dem Patienten gemacht?"

Ich bespreche ihm als erstes zur Programmierung seiner unterbewußten Vorgänge eine Kassette, die er täglich mehrmals hören soll. Zum Hören dieser ganz individuellen Kassetten brauchen meine Patienten nur den dazu nötigen Aufwand an Zeit, sie müssen nicht bewußt zuhören.

Um mit Erfolgserlebnissen der Vergangenheit assoziieren zu lassen, erfinde ich in Hypnose eine *neue Vergangenheit* und lasse ihn als Siebenjährigen die drei ihn bedrohenden, größeren, bösen Klassenkameraden verprügeln. Auch mit unfairen Mitteln. Der erste bekommt einen Schlag in den Bauch, der zweite wird so lange in den Schwitzkasten genommen, bis er wie leblos zu Boden fällt. Der dritte geht aggressiv mit einem Knüppel auf den kleinen Siebenjährigen los, aber der entreißt dem Angreifer den Stock und schlägt damit auf dessen Kopf. Die große Platzwunde erschreckt meinen - in Hypnose - kleinen Patienten, aber ich ermutige ihn, noch brutaler zuzuschlagen. Schließlich sind die drei besiegt.

Um das Bild der vernichteten Feinde noch zu vertiefen, lasse ich ihn einen Zirkusbesuch halluzinieren: in den aufgebauten Raubtierkäfig sieht er zwei männliche Löwen, vier Tiger und vier schwarze Panther aus dem Gittertunnel schleichen. Der Zirkusdirektor kommt zu dem Siebenjährigen und fragt ihn, ob er Feinde habe. Seine Manegenarbeiter werden sie den hungrigen Raubtieren zum Fraß vorwerfen. Nun läßt der kleine junge seine drei erpresserischen, bösen, ihm körperlich überlegenen Schulkameraden von den Löwen und Tigern zerreißen. Und das Publikum johlt wie zu Neros Zeiten. Ich fordere den hypnotisierten Patienten auf, auch noch den höhnisch lachenden

Zwerg aus seinem Bauch in den Käfig werfen zu lassen. Und er sieht, wie die schwarzen Panther mit dem Zwerg spielen, ein tödliches Spiel, wie es Katzen mit Mäusen spielen. Schließlich wird der immer noch höhnisch lachende Zwerg von einem schwarzen Panther einem der Löwen vors Maul gejagt, und der Löwe verschlingt ihn. Jetzt lasse ich in Hypnose meinen Patienten als den kleinen Siebenjährigen vor das 3000köpfige Zirkuspublikum treten, und er hält eine kleine Rede, ohne zu stottern; „Was ihr gesehen habt, hat euch erschreckt. Ich konnte mir nicht anders helfen. Ich hab' mich gerächt. Die anderen sind größer und stärker, hinterhältig und böse. Sie haben mich erpreßt. Versteht ihr mich?"

Und aus dreitausend Kehlen hört er es „Ja" schreien.

Auf die Art und Weise habe ich dem Patienten geholfen, die als kleiner junge gemachte Erfahrung der Angst vor seinen größeren, ihm körperlich überlegenen Schulkameraden und des Kleinbeigebens zu ersetzen mit einer angemessenen Reaktion des sich Wehrens gegenüber Angreifern. Nun gehe ich daran, sein Problem, das ihn zu mir führte, nämlich das Halten eines Referates vor Publikum, mit ihm zu bearbeiten. Dazu lasse ich ihn in Hypnose halluzinieren, wie er sich von einem Showmaster auf eine Bühne rufen läßt, was ihm in Wirklichkeit unmöglich wäre. Es ist ein *Lernprozeß* in Hypnose. Auf der halluzinierten Bühne nach dem Ziel seines Studiums eines Betriebswirtes befragt, antwortet er: „Der Betriebswirt lernt, wie er seine Kollegen elegant über den Tisch zieht." Gelächter im Saal.

Dann lasse ich ihn auf der Bühne zum Zehnjährigen werden, und er sagt ein Gedicht auf, von dem ich weiß, daß der Patient es in einer Zeit, in der er bereits gestottert hat, gelernt hat: „Christkindlein im Walde". Ohne zu stottern, aber wie ein Automat rattert er mit kindlicher Stimme das Gedicht herunter. Er ist sichtlich froh, daß er nicht stottert. Doch mit dem „Runterleiern" bin ich nicht zufrieden, korrigiere, lasse ihn auch mit Pathos und entsprechenden Betonungen wie einen Schauspieler dieses Gedicht erneut vortragen, deklamieren: in einer erfundenen heilen Kindheit.

„Trockensprechen“

Den erwachsenen Stotterer muß ich auch ohne Hypnose melodisch sprechen lehren und ihm beibringen, während des Sprechens Pausen einzulegen. Beim Sprechenüben lasse ich stotternde Patienten auch „Trockensprechen“: der ganze Sprechapparat ist in Gang, mit Lippen- und Zungenbewegungen, es kommt nur kein Ton, die Phonation fehlt. Ähnlich wie der Sportschütze beim „Trockenschießen“ hat der Stotterer beim „Trockensprechen“ ausschließlich Erfolg: beim „Trockenschießen“ kann kein schlechtes Ergebnis zustandekommen, weil in der Waffe keine Munition ist, beim „Trockensprechen“ kann kein Stottern auftreten, weil eben kein Wort ausgesprochen wird.

Die Journalistin: „Wird Ihr Patient gesund werden? Wird er aufhören zu stottern?“ –„Ich bin mir ganz sicher und auch mein Patient ist von seiner Heilung überzeugt.“

Wir alle begrenzen unser produktives optimistisches Denken und engen uns in unseren kreativen Vorstellungen ein. Nicht anders mein Patient: er kann sich nur noch als Stotterer sehen und vorstellen.

Wir alle, die wir fließend sprechen, wissen nicht, wie wir fließend sprechen. Unser fließendes Sprechen ist unterbewußt wie das meiste in unserem Leben. Selbst wenn wir gedanklich bewußt vordenken und formulieren, fließen uns die Worte aus dem Mund, ohne daß wir darüber nachdenken müssen, welche Muskeln wir jetzt benutzen müssen. Stimmbildung und Sprechen sind beim normalen fließenden Sprechen unterbewußte Handlungen.

Was ist Stottern? Stottern entsteht durch eine bewußte Kontrolle der normalerweise (automatischen) unterbewußten Koordination des Sprechens. Folglich kann ich Stotterer nur durch eine Neuprogrammierung des Unterbewußtseins heilen. Alle anderen Methoden wie Sprechtechnik, Sprachausbildung und Entspannungstherapien aller Arten können nur Hilfestellung geben, aber nicht heilen.

Wenn Komiker heute noch das Stottern als Mittel ihrer Komik benutzen, so sollte uns allen das Lachen im Halse steckenbleiben. Für Stotterer sind stotternde Komiker gar nicht komisch, für mich schon lange nicht mehr.

Über die Behandlung von Stotterern wird der Leser noch mehr erfahren (s. Kapitel 14).

Einmalige Suggestion in Hypnose

Wir alle sind suggestibel, beeinflußbar im guten wie im schlechten Sinne, und das ist Fluch und Segen zugleich. Wir alle werden dauernd beeinflußt: von anderen Menschen, von der meinungsbildenden Presse, von Rundfunk und Fernsehen, von greller oder unterschwelliger Werbung. Wir alle suggerieren uns selbst oder lassen uns von anderen Krankheiten und berufliche Blockierungen suggerieren. Hypnose kann von fremden Suggestionen befreien und falsche Selbstsuggestionen auflösen. In Hypnose sind wir hypersuggestibel. Suggestion in Hypnose mit posthypnotischen Aufträgen ist für mich Hypnosetherapie wie seit Menschengedenken. Spontanheilungen durch Suggestion in Hypnose bei akuten Schmerzen helfen dem Patienten und befriedigen die Eitelkeit eines jeden Hypnotiseurs, ich nehme mich davon nicht aus.

Sekundenphänomen der Hypnose beim Hexenschuß

Ich sitze wie an jedem Wochentag im Juni 1972 um halb acht am Schreibtisch und blättere die Tageszeitungen durch, schon in den Startlöchern für meinen Praxisalltag als Arzt für Allgemeinmedizin. In der Regel beginne ich die Sprechstunde mit vorbestellten Patienten. Eine meiner Mitarbeiterinnen kündigt einen sogenannten Notfall an: ein siebzigjähriger Patient kann sich kaum bewegen und bittet um eine schmerzstillende Spritze. Ich bitte den Patienten herein; der Patient will wegen der starken Schmerzen nicht Platz nehmen. -„Warum hypnotisierst du ihn nicht einfach?“ - Ich bitte den Patienten nochmals und nachdrücklich Platz zu nehmen, hypnotisiere ihn durch ein Fingerschnippen (das ist eine der vielen Arten der sogenannten Faszinationsmethode) und befehle: „Der Schmerz ist weg! Der Hexenschuß ist weg! Die rechtsseitige Ischiasreizung ist weg!“ Ich wecke den Patienten durch ein erneutes Fingerschnippen.

Das alles hat nicht einmal eine Minute gedauert, und ich möchte es als Sekundenphänomen der Hypnose bezeichnen. Eine solche hypnotische

Suggestion eines *sofortigen* Verschwindens von Schmerzen ist möglich. Der Patient hatte mir beim Hereinhumpeln erzählt, daß ihn seine Frau angekleidet habe und daß er sich nicht einmal die Schnürsenkel habe knüpfen können. „Beugen Sie sich zu Ihren Schuhen hinunter!“ Er schaut mich ungläubig an, versucht es dann. Es gelingt. Ich bitte ihn, sich von seinem Stuhl zu erheben und im Sprechzimmer auf und ab zu gehen. Er geht mit strahlendem Gesicht hin und her schmerzfrei.

Hexenschuß und Ischiasreizungen (durch muskuläre Verspannungen und nicht etwa durch Bandscheibenvorfall bedingt) behandle ich des öfteren bei Patienten direkt suggestiv, wenn sie wegen anderer Krankheiten zu mir zur Hypnosetherapie kommen. Ein sofortiges Verschwinden des Schmerzes ist die Regel.

So hat man sicher schon vor 1000 Jahren mit Hypnose therapiert. Für mich ist einmalige direkte Suggestionstherapie in Hypnose die seltene Ausnahme, ein „Schmankerl“. Aber auch das ist Hypnosetherapie.

2. Kapitel

Was ist Hypnose?

Hypnose ist ein besonderer Bewußtseinszustand vom entspannten Wachsein bis zur tiefsten erinnerungslosen Bewußtlosigkeit. In Hypnose ist die Aufmerksamkeit eingeengt, die Körperwahrnehmungen sind verändert, die Vorstellungskraft ist aktiviert. Hypnose ist in einem eingeengten Bewußtseinszustand ein Prozeß des Verstärkens: Eindrücke der Außenwelt fallen weg, das Erleben in dieser besonderen Wachheit ist wie durch ein Vergrößerungsglas intensiviert. In Hypnose findet eine Verstärkung von Reaktionen statt, von gegenwärtig und früher Erlebtem und auch von Zukünftigem. In Hypnose kann ich dem überbeschäftigten linken Gehirn eine Ruhepause geben und zu den schwerer faßlichen und verborgenen Fähigkeiten des rechten Gehirns Zugang finden.

Der Hypnotisierte ist in einem anderen Bewußtseinszustand. Wir alle wechseln dauernd unseren Bewußtseinszustand. Meistens pendeln wir in verschiedenen Wachbewußtseinszuständen hin und her. Tun und Denken sind im dauernden Wechsel zwischen Bewußtsein und Unterbewußtsein.

In Hypnose sind Aufmerksamkeit und Denken nach innen gelenkt und das Unterbewußte wird als die Summe aller Lebenserfahrungen aktiviert. In Hypnose ist kein Einpflanzen neuer Begabungen möglich, aber vorhandene Möglichkeiten können verstärkt und verbessert genutzt werden, selbst wenn diese Möglichkeiten und Fähigkeiten bisher nicht als solche erkannt und gebraucht wurden. Hypnose ist eine gelungene Kommunikation zwischen Hypnotiseur und Hypnotisiertem und dennoch mehr:

Hypnose ist der Bewußtseinszustand, in dem man besonders gut mit dem Unterbewußtsein kommunizieren kann. In Hypnose können unterbewußte Lernvorgänge hervorgerufen und nutzbar gemacht werden.

Im Gegensatz zur traditionellen Hypnosetherapie verändere ich als Hypnotiseur Unterbewußtes primär nicht durch inhaltliche Suggestionen, sondern durch äußere Signale (= Reize) unserer Sinneswahrnehmungen. Erst sekundär suggeriere ich inhaltliche innere Veränderungen.

In Hypnose ist ein besonderer Gebrauch von Sprache durch mich als Hypnotiseur zur Programmierung des Unterbewußtseins wirkungsvoll, weil wir Menschen selten Sprache bewußt verarbeiten. Häufiger findet nämlich sprachliche Kommunikation auf unterbewußter Ebene statt. Ich kann in Hypnose mehrere Suggestionen kombinieren, die sich dann gegenseitig unterstützen. Ich gebe selten direkte Suggestionen, indirekte Suggestionen öffnen häufiger einem Patienten Möglichkeiten zur Verwirklichung und erlauben ihm auf diese Weise, *seine* Lösungen für *seine* Probleme zu finden.

Suggestion (Eingebung, Einredung) ist jede geistige Einwirkung eines Menschen auf einen anderen, ist die Beeinflussung menschlicher Gedanken und menschlichen Wollens. Unsere Sinne übermitteln Eindrücke und lösen Suggestionen in uns aus; auch jedes gehörte Wort und jeder gelesene Satz übt eine Suggestion auf uns aus. Im Sprachgebrauch sprechen wir von Suggestionen nur da, wo Handlungen und Gefühle, Wollen und Denken durch äußere Eindrücke beeinflußt werden, ohne daß objektiv ein Grund zu solchen neuen Handlungen, Gefühlen und Gedanken vorliegt.

Der Mensch ist suggestibel, weil er für Vorstellungen zugänglich ist. Ein hypnotisierter Mensch ist hypersuggestibel, für geistige Vorstellungen in erhöhtem Maße zugänglich.

Suggestion ist ein anderer Name für die Macht von Ideen, wenn diese Überzeugungen und Verhalten beeinflussen. Ideen können über den einen Menschen Macht gewinnen und sich bei dem anderen als völlig kraftlos erweisen: Ideen können zu bestimmten Zeiten und in gewissen menschlichen Umgebungen einflußreich sein, sind es zu anderen Zeiten und anderswo nicht. Um suggestiv zu wirken, muß eine Idee einem Individuum mit der Kraft einer Erleuchtung begegnen.

In Hypnose ist Manipulation besonders wirkungsvoll. jede Kommunikation, die zu Einstellungs- und Verhaltensänderungen führt, ist Manipulation, somit auch Kommunikation in Hypnose. Manipulation hat nichts mit gut oder böse zu tun. Unser Leben ist von der Geburt bis zum Tod Manipulation. Die Mutter manipuliert ihr Baby, damit es überlebt, der Lehrer manipuliert seine Schüler, damit sie lesen und schreiben lernen. Das Leben ist fortlaufend Manipulation. Paul Watzlawick sagt: „Man kann nicht nicht beeinflussen." Jede Kommunikation ruft Reaktionen hervor und ist somit Manipulation. Ich muß mich bemühen, wirkungsvoll, sinnvoll und konstruktiv zu manipulieren. Warum soll ein Mensch weniger wertvoll als Mensch sein, wenn ich ihn durch Hypnose verändere, manipuliere und dadurch sein Leben glücklicher mache? Für manche Therapeuten ist es unanständig, ihre Patienten zu beeinflussen. Dabei sind wir alle das Ergebnis von Beeinflussungen.

Hypnose ist Feedback, eine Rückkoppelung zwischen Hypnotiseur und Hypnotisiertem. Zwischen beiden gehen viele Informationen hin und her, verbale und nonverbale. Und von den vielen Signalen, die ich mit einem Hypnotisierten austausche, sind einige bewußt, die meisten sind unterbewußt. Mein Verhalten wird zum stetigen Rückmeldungsmechanismus für das Verhalten meines Gegenübers.

Hypnose ist ein Zustand, in dem der Hypnotisierte unabhängig von seinen gegenwärtigen Raum-Zeit-Koordinaten ist. Die einzige Verbindung zwischen dem Hypnotisierten und seinen gegenwärtigen Raum-Zeit-Koordinaten ist die Stimme des Hypnotiseurs. In allen anderen Dimensionen ist der Hypnotisierte oft ganz woanders.

Hypnose ist für mich ein Bündel von Vorgehensweisen und nichts Isoliertes wie traditionell nur die Suggestion. Hypnose ist dem gesamten Inhalt eines Werkzeugkastens vergleichbar und ist nicht nur ein einzelnes Werkzeug. Mit unterschiedlichen Vorgehensweisen kann ich Veränderungen in Hypnose herbeiführen.

Hypnosetherapie ist Therapie des Unterbewußten

Hypnosetherapie ist Psychotherapie in Hypnose. Psychotherapie ist Krankenbehandlung durch seelische Beeinflussung, nicht allein die Behandlung seelischer Störungen - obwohl Psychotherapie vorwiegend bei seelisch-nervösen Störungen angewandt wird - sondern aller Krankheiten, wenn man davon ausgeht, daß die Ursache von Krankheit nicht ausschließlich auf der körperlichen Ebene liegt.

Hypnosetherapie ist Kommunikation mit dem Unterbewußtsein zur Heilung und zum Vorbeugen von Krankheiten.

Das meiste im Leben eines Menschen wird vom Unterbewußten bestimmt und gesteuert. *Veränderungen eines Menschen sind am wirkungsvollsten und dauerhaftesten, wenn sie sein Unterbewußtsein betreffen.*

jeder von uns kann und soll seinem Unterbewußten vertrauen. Wir wissen und können unterbewußt viele Dinge, von denen wir bewußt nicht wissen, daß wir sie wissen und können.

Die meisten Psychotherapien sehen im Unterbewußtsein etwas Böses, das mit dem Verstand zu kontrollieren sei, und sie streben das Bewußtmachen um jeden Preis an. Dabei bedenken solche Therapien nicht, daß, wenn jemand alles in seinem Leben *bewußt* machen will, er sich übertrieben selbst beobachten wird, was zu einem völligen Versagen führen wird. Übertriebene Selbstbespiegelung und Selbstbeobachtung bedeutet Mißtrauen gegenüber dem eigenen Unterbewußtsein. Nur der Kranke, der aufhören kann, sich ständig bewußt selbst zu bespiegeln und zu beobachten, und der außer sich selbst auch noch andere sinnvolle Inhalte im Blickfeld seines Lebens hat, der wird geheilt werden.

Schelling meint, daß „des Menschen edelste Tätigkeit die ist, die sich selbst nicht kennt" - und Nietzsche sagt, daß „alles vollkommene Tun gerade unterbewußt und nicht mehr gewollt ist".

Für mich ist das Unterbewußtsein eine wichtige Kraftquelle, mit der man sich anfreunden und die man benutzen sollte, anstatt sie zu bekämpfen, wie es die meisten psychotherapeutischen Schulen tun. Jeder sollte wissen: Mein Unterbewußtsein ist klug. Und ich kann mich darauf verlassen, im richtigen Augenblick das Richtige zu denken, zu sagen und zu tun.

Sich selbst vertrauen heißt: seinem Unterbewußtsein vertrauen. Wir haben in unserem Gehirn wie in einem Computer vieles gespeichert, das wir dauernd automatisch benutzen. Unsere Gesten sind automatisch und in keiner Weise vom Willen geleitet. Wir müssen nicht mehr neu lernen, mit Eßbesteck zu hantieren. Wir sprechen, wir schreiben - wie automatisch. Wir fahren automatisch Auto, wir fahren automatisch Fahrrad. Wir überlegen nicht, ob wir beim Radfahren jetzt gerade lenken, treten oder balancieren müssen. Wir tun es gleichzeitig und automatisch. Fast alle Dinge des Alltags tun wir automatisch. Und wir können unserem inneren Roboter - unserem Computer-Gehirn - vertrauen, daß wir alles richtig machen.

Gegenüber der Summe alles richtig Gespeicherten hat der Computer eines Kranken nur ein paar wenige fehlerhafte Verhaltensmechanismen falsch eingespeichert. Falsch Gelerntes, falsch Programmiertes kann ich nur im Unterbewußten eines Kranken korrigieren und ihn so heilen.

Menschen *hören* im Schlaf und in Narkose

Auch schlafenden Menschen kann man Suggestionen geben und mit ihnen einen Rapport herstellen, weil wir im Schlaf hören können. Ich kann einen Schläfer vom physiologischen Schlafzustand in den besonderen Schlafzustand einer Hypnose hinübergleiten lassen.

Auch Menschen, die während einer Operation *narkotisiert* sind, sind nicht völlig weggetreten. Obwohl ihr Wachbewußtsein ausgeschaltet ist, funktioniert ihr Gehör. Vollnarkosen vermögen nicht alle Sinne des Menschen auszuschalten. Das Unterbewußtsein registriert Wahrnehmungen des Gehörs.

In England hat man hierzu Versuche durchgeführt: Per Kopfhörer hörten Patienten während der Operation in Vollnarkose besprochene Kassetten. Nach der Operation befragte man die Patienten nach dem Inhalt der Bänder: die Patienten antworteten ausnahmslos richtig. Patienten können somit auch in Narkose unterbewußt etwas aufschnappen, was operierende Ärzte miteinander reden. Anspielungen, negative Erwartungen aus dem Munde von Operateuren können somit zu einer Art von posthypnotischem Auftrag für den Patienten und zum Schaden dieses Patienten werden. Chirurgen und Anästhesisten sollten sich während einer Operation nie laut über ungünstige Befunde unterhalten.

Experimente aus dem Jahre 1961 berichten schon darüber. Eine Zeitungsmeldung aus den USA vom 3. 11. 89 bestätigt das Gesagte: „New York - Trotz Vollnarkose kriegen viele Patienten im Unterbewußtsein mit, was im Operationssaal gesprochen wird: Negative und abfällige Bemerkungen während der Operation können daher eine Heilung verzögern, aufmunternde Worte können sie beschleunigen, unterstützen.' Die Vermutung wurde durch entsprechende Versuche bestätigt: Patienten bekamen während der Vollnarkose gesagt, daß sie nach der Operation interviewt würden. Sie sollten sich dabei möglichst oft am Ohr ziehen. Nach dem Aufwachen machten sie es tatsächlich - bis zu sechsmal. Patienten, denen man gar nichts gesagt hatte, griffen sich nur einmal oder gar nicht ans Ohr. Untersuchungen der Universität Glasgow ergaben ähnliche Ergebnisse. Narkotisierten wurden ausgefallene Fakten erzählt. In den anschließenden Tests wußten die Patienten die richtige Antwort.

Sollen Operateure ihre Patienten während des Eingriffes mit freundlichen Worten ermuntern? Sollen narkotisierte Patienten während eines chirurgischen Eingriffs per Kopfhörer mit Musik ihrer Wahl unterhalten werden? Werden Patienten schneller gesund, wenn man ihnen während der Narkose heilende und optimistische Suggestionen gibt?

Psychotherapie kann gefährlich sein

Ich stimme MILTON H. ERICKSON zu: „Jede theoretisch begründete Psychotherapie ist falsch, weil jeder Mensch anders ist." Die Ausbildung eines Psychotherapeuten bestimmt sein Vorgehen. Wenn sich eine psychotherapeutische Schule oder Person zum Mittelpunkt erhebt und alles andere verurteilt oder abweist, wird jeder Patient in dieses eine Schema gepreßt, weil der Therapeut nichts anderes gelernt hat. Die von einem Psychotherapeuten gewählte Methode hat mit seiner eigenen Struktur zu tun und ist das Ergebnis seiner Ausbildung.

Ich stimme WEITBRECHT zu: „Hervorragende Psychotherapeuten werden nicht an Universitäten oder Instituten dadurch ausgebildet, daß sie in einem noch kaum eigenständigen kritikfähigen Alter den überaus einseitig prägenden Einfluß einer bestimmten Schulrichtung erfahren, sondern sie sind, wie jeder vorzügliche Arzt, ein Glücksfall."

Fast alle Psychologiestudenten sehen den großen Nutzen ihres Studiums darin, ihre eigenen persönlichen Probleme besser bewältigen zu lernen. Viele namhafte Therapeuten haben eigene Verfahren zur Bewältigung ihrer eigenen krankhaften persönlichen Probleme entwickelt. Die Genialität dieser Therapeuten besteht darin, *daß sie ihren persönlichen Versuch ihrer Problemlösung verallgemeinern konnten,* somit vermarkten konnten.

Das beeindruckendste Beispiel ist die Selbstanalyse FREUDS. KARL KRAUS spottet einmal, Psychoanalyse sei die Krankheit, deren Therapie zu sein sie vorgebe. „Wenn Sie zu früh kommen, sind Sie ängstlich. Wenn Sie rechtzeitig kommen, dann sind Sie zwanghaft. Und wenn Sie zu spät kommen, sind Sie feindselig." Diese anekdotenhafte psychoanalytische Redewendung zeigt, daß der Psychoanalytiker jegliches Verhalten pathologisiert: alles, was man macht, ist falsch.

Es gibt heute auf der Ebene der Psychotherapien zusätzlich regelrechte Subkulturen, die Probleme auf irrealen Ebenen kommentieren. Es werden nie Antworten auf etwas gegeben, sondern nur Kommentare zu und über etwas.

Bedauernswert ist jeder Patient, denn er muß unter weit über 1000 angebotenen Therapieformen der Psychoszene auswählen. Nicht einmal der Fachmann und schon gar nicht der Laie kann sich in diesem Dickicht zurechtfinden! Und es finden sich immer neue Therapieformen, um angeblich noch bestehende Lücken zu schließen. Die Psychoszene lebt nicht nur, sie schwappt über. Psychotherapie kann gefährlich sein!

Traditionelle Hypnosetherapie ist dringend reformbedürftig

Hypnosetherapie wird zu verschiedenen Zeiten unterschiedlich bewertet. Zu der einen Zeit wird die Hypnose als eine verwerfliche, mystische, des Arztes unwürdige Methode gebrandmarkt. Wenig später ist es wieder Mode zu hypnotisieren und hypnotisierende Ärzte fordern, nicht zu Unrecht, daß Hypnosetherapie nur dem ärztlichen Stande vorbehalten sein möge. Die traditionelle Hypnosetherapie ist wie schon vor 100 Jahren vorwiegend eine rein suggestive Therapie und in ihrer einfachen Form am Symptom orientiert. Deshalb ist traditionelle Hypnosetherapie früher und heute in der Regel mehr ein Zufallsprozeß: wenn ein Hypnotiseur einem Patienten ausschließlich direkte Suggestionen gibt, muß dieser Patient intrapsychisch selbst Möglichkeiten haben, diese Suggestion zu verwirklichen. Die traditionelle Hypnosetherapie ist überaltert und braucht dringend neue Denkanstöße zu besseren therapeutischen Möglichkeiten.

Meine Hypnosetherapie ist heute viel mehr als eine Therapie allein mit Suggestionen. Von der Hypnoseanalyse habe ich mich enttäuscht abgewandt. Ich korrigiere automatisch gewordenes falsch Gelerntes im Unterbewußtsein nicht direkt durch inhaltliche verbale Suggestionen, sondern zuerst durch neue äußere Signale (= Reize) unserer Sinneswahrnehmungen. Erst danach und häufig indirekt suggeriere ich inhaltliche innere Veränderungen. Ich begleite dann meinen Patienten schrittweise, um erwünscht genaue Resultate zu erzielen und um Verschiebungen von Krankheitssymptomen zu vermeiden.

3. Kapitel

Seele klingt nicht zeitgemäß

Seelische Erfahrungen sind innere Erfahrungen, Lachen, Weinen, die Tonlage der Stimme, Aggressionen, Zufriedenheit, Erregung, Angst und andere Gefühle sind angeborene seelische Ausdrucksformen. Hinzu kommen mimische Ausdrucksformen und die Körperhaltung, auch das Sprechen. Seelische Vorgänge wirken auf das Gehirn und auf diesem Weg auf den übrigen Körper ein, im nützlichen oder auch im krankmachenden Sinne.

In den meisten Lehrbüchern der Psychiatrie, Psychologie und angrenzender Gebiete kann man im Sachregister das Wort Seele nicht finden.

Nach dem Glauben der alten Griechen und vieler nachfolgender Philosophien und Religionen ist die Seele ein Eigenwesen, das irgendwoher stammt, von einem Körper Besitz nimmt, und sich im Tode wieder von ihm trennt. Weil nach dem Tod des Körpers die Seele nicht stirbt, muß sie wohl für die Lebensfähigkeit eines physischen Körpers entscheidend sein.

PLATO sieht in der Seele die Kräfte des Begehrens, des Gemütes und der Vernunft. Für Aristoteles ist Seelisches vor allem mit Tun verbunden, die Seele ist lebendige, wirksame und gestaltende Funktionskraft. Sie macht aus der Materie die Form, so wie ein Künstler aus einem Stück Holz oder Marmor eine Skulptur.

Im Mittelalter meint THOMAS VON AQUIN: „Jede Idee, die in der Seele entsteht, ist ein Befehl, dem der Körper gehorcht." Und wenig später erklärt Meister ECKEHART: „Die Vorstellungen der Seele wirken kräftiger auf den Leib als der Arzt und seine Arzneien." Später wird eine unmittelbare Wechselwirkung zwischen Seelischem und Körperlichem oft bezweifelt. Zeitweilig glaubt man, daß seelische und körperliche Vorgänge Ereignisse seien, die ursächlich nichts miteinander zu tun haben, sondern nur zeitlich zufällig zusammenfallen: Körper und Seele seien in sich geschlossene Reihen und nie bewirke ein physischer einen psychischen Vorgang und umgekehrt.

In unserem Jahrhundert befassen sich Philosophen selten mit der Seelenfrage und für Naturwissenschaftler ist die Seele kein Thema, weil sie bisher naturwissenschaftlich nicht zu beweisen ist. Den Naturwissenschaftler interessiert, wie der Mensch mit seinem Zentralnervensystem Informationen verarbeitet, und er vergißt beim spannenden Forschen, daß der Mensch darüberhinaus denkt und fühlt. Wahrnehmen, Fühlen, Sich-Erinnern, Vorstellen, Wollen, Denken, Meinungen, Wünsche, Erwartungen, Befürchtungen und vieles mehr werden allgemein als *seelische* Zustände oder Vorgänge bezeichnet.

Später und heute bestätigt man seelisch-körperliche Wechselwirkungen. Das neue Gebiet der Psychoimmunoneurologie zeigt, wie seelische Vorgänge auf biochemischer Ebene ablaufen. Heute ist das Wort psycho-physisch durch das Wort psychosomatisch ersetzt.

Wo ist Seele?

Für die alten Griechen hatte die immaterielle und unsterbliche Seele ihren Sitz im Herzen. PLATON (427 bis 347 v. Chr.) äußert sich über Sitz und Wirken der Seele: „Entweder hat sie ihren Sitz innerhalb des Körpers und leitet die Bewegung, oder sie nimmt von außen her einen feuer- oder luftähnlichen Körper an und treibt so einen Körper durch den anderen, oder sie bleibt völlig körperlos, verfügt aber über wunderbare Kräfte, die die Bewegung leiten."

Heute gilt kein spezieller Körperteil als der mögliche geheimnisvolle Sitz der Seele. Sie verschwindet in der Faszination der Körperlichkeit, der Körper gilt als „beseelte Maschine" mit dem Kopf als Zentrum: vor allem das Gehirn registriert körperliche und seelische Empfindungen.

AUGUST BIER schreibt in seinem Ruhestand Anfang der dreißiger Jahre sein Buch „Die Seele". Der Chirurg BIER kritisiert seinerzeit die Hirnphysiologen und die gesamte Ärzteschaft, die die Seele im Gehirn lokalisieren. Nach BIER gibt es dafür keinen einzigen beweisenden Hinweis.

Viele Philosophen und Religionslehrer sprechen von einer Dreiteilung des Menschen in Körper, Seele und Geist.

Nach der Anthroposophie RUDOLF STEINERS besteht der Mensch aus vier Teilen: 1. dem physischen Körper, 2. dem Ätherleib als Träger der Lebenskräfte und Organisator des physischen Leibes, 3. dem Astralkörper als dem Träger der Seele, und 4. dem geistigen Ich, dem unzerstörbaren menschlichen Geist.

Einige esoterische Schulen differenzieren heute die Einteilung des Menschen weiter und nehmen bis zu neun verschiedene leiblich-seelisch-geistige Ebenen an. Gemeinsam ist allen Auffassungen die Grundannahme, daß der Mensch eine Mischung aus sterblichen und unsterblichen Teilen ist und daß der unsterbliche Teil sich zu Lebzeiten mit dem sterblichen stofflichen Körper verbindet.

In seinem Buch „The Vital Message“ schreibt CONAN DOYLE: „Die Seele ist das physische Grundelement der übersinnlichen Erkenntnis. Sie ist das vollendete Doppel des Körpers und gleicht ihm aufs Haar, obschon sie ein weitaus feinstofflicheres Gebilde ist. Unter normalen Bedingungen sind diese beiden Körper so ineinander verwoben, daß die Existenz des feinstofflichen Körpers vollkommen im Verborgenen bleibt. Im Tod oder unter bestimmten Lebensbedingungen können sie sich allerdings spalten und einzeln erscheinen.“

JOHN C. LILLY, ein Zeitgenosse, meint: „Ein menschliches Wesen ist ein Bio-Roboter mit einem Bio-Computer darin - dem Gehirn. Doch wir sind nicht jenes Gehirn, und wir sind nicht der Körper. Ein Seelenwesen bewohnt uns, und unter Drogen, in Narkose, in einem Koma stellen wir fest, daß das Seelenwesen überhaupt nicht an die Gehirntätigkeit gebunden ist.“

Nicht nur unsere bewußten, wahrscheinlich auch viele unserer unterbewußten Möglichkeiten sind an Vorgänge im Gehirn gebunden. Und somit wird das Gehirn zum Hauptinstrument, auf dem die Seele wie ein Künstler „spielt“ (BIER). Auf einem beschädigten Instrument (= Gehirn) kann der Künstler keine Musik machen, dennoch bleibt er existent. Sind Teile des Instrumentes zerstört oder verstimmt, so ist es auch mit der Harmonie vorbei.

Seelisches
- ist lebendige, wirksame und gestaltende Funktionskraft,
- ist Belebung, wird durch Reize in Gang gesetzt und ist zielstrebig,
- ist immateriell (?),
- ist unsterblich (?),
- ist vor allem unterbewußt,
- spielt vor allem auf dem Gehirn als Hauptinstrument (?),
- steht mit dem Körper in Wechselwirkung.

Dualismus oder Monismus?

Unsere Welt stellt sich unserem Gehirn subjektiv über unsere Sinnesorgane dar, und diese Sinnesorgane sind in ihren Möglichkeiten, uns die Welt mitzuteilen, begrenzt. Das Auge überträgt nur einen bestimmten Wellenlängenbereich des Lichtes, das Ohr nur einen engen Bereich mechanischer Schwingungen und mit den anderen Sinnesmodalitäten ist es ähnlich. Die von unseren Sinnesorganen registrierte Welt wird auf verschiedenen Feldern der Hirnrinde lokalisiert. Trotz aller Suche hat man bisher keinen Ort und keine Instanz im Gehirn gefunden, die fähig ist, diese komplexen, räumlichen und zeitlichen Aktivitätsmuster zusammenzufassen. Ist es die Seele, die als eigene Substanz von außen kommend in die Hirntätigkeit eingreift und Verschiedenes zu einem Wahrnehmungserlebnis zusammenfaßt? Hirnforscher wie PENFIELD und ECCLES nehmen den „selbstbewußten Geist" oder die „Seele" an, die die Vielheit zur Einheit zusammenfügt, mit der Vergangenheit integriert und in die Zukunft projiziert. Für diese Naturwissenschaftler ist es ein revolutionärer Standpunkt anzunehmen, daß seelische Vorgänge auf physikalische Vorgänge im Gehirn einwirken und dort Prozesse auslösen sollen, die rein physikalisch nicht zustandekommen würden. Ist Seele eine in Erscheinung tretende Eigenschaft der Materie, die die Kontrolle über die Maschinerie des Gehirns übernimmt? Diese Sichtweise entspricht den Anschauungen des Dualismus.

Eine dualistische Deutung ist für andere Naturwissenschaftler unbefriedigend: etwas von außen Kommendes, das mit der Arbeitsweise des Gehirns nichts zu tun hat, muß herangezogen werden, um menschliches Erleben „irgendwie" zu erklären? Da müsse überhaupt nichts hinzukommen: für die Monisten sind physiologische und psychische Funktionen etwas Einheitliches, etwas

Gemeinsames. Alle Aktivität, die zu einer bestimmten Zeit an verschiedenen Orten des Gehirns abläuft, sei das Wahrnehmungserlebnis selbst.

Der Sprung von dem, was wir wissen, zu dem, was sein oder nicht sein könnte, ist groß. Wir können heute aber mit einiger Sicherheit sagen, daß unterbewußte Wahrnehmungen mindestens zu einem Teil von Prozessen bestimmt werden, die nicht im Gehirn lokalisiert werden können und die möglicherweise alles andere als im heutigen Sinne physikalisch sind.

Wir müssen uns damit abfinden, daß der Begriff „Seele“ zur Zeit naturwissenschaftlich nicht zu entschlüsseln ist.

4. Kapitel

Bewußtsein - Unterbewußtsein

Der Begriff Bewußtsein wird recht vage gebraucht, alltagssprachlich, naturwissenschaftlich und philosophisch. Ich versuche, verschiedene Bewußtseinsbegriffe miteinander zu verbinden:

1. Bewußtsein ist Inhalt und Erfahrung unseres Selbst.

2. Bewußtsein greift aber immer über das Individuum hinaus und verwirklicht sich in der Beziehung von Menschen zueinander. Bewußt sind auch psychische Ereignisse, die kommuniziert werden können. Bewußtsein steht immer in einem sozialen Rahmen, ohne andere gibt es kein Bewußtsein. Zwischenmenschliche Reflexionen werden zu einem wesentlichen Teil mit Hilfe der Sprache vollzogen; somit ist menschliches Bewußtsein immer mit der Sprache verknüpft. Zum Bewußtsein gehört außer dem Erlebnischarakter auch die Mitteilbarkeit seiner Inhalte, sich selbst und anderen gegenüber. Bewußtsein muß erfahren und mitgeteilt werden können. Weitere Kriterien von Bewußtsein sind die Abspeicherbarkeit im Gehirn, die Erinnerbarkeit und die Kontinuität in der Zeit.

3. Neurophysiologisch sind die formalen Bedingungen des Bewußtseins hauptsächlich zeitliche Bedingungen. Bewußtes Erleben ist unmittelbar im Jetzt. Ein Integrationsmechanismus sorgt in unserem Gehirn dafür, daß aufeinanderfolgende Ereignisse, wahrgenommen oder selbst gestaltet, zu überschaubaren Erlebnissen zusammengefaßt werden, die wir als Jetzt erleben und die bis zu einer zeitlichen Grenze von drei Sekunden den Bewußtseinsinhalt ausmachen. Was jeweils innerhalb eines solchen Intervalls zusammengefaßt ist, das erscheint uns als gegenwärtig bewußt. Was darüber hinausgeht, sprengt das Bewußtsein, da es die Kapazität des Integrationsmechanismus überschreitet.

Was ist Bewußtsein? *Bewußtsein ist Inhalt und Erfahrung von uns selbst und unserer Welt im Drei-Sekunden-Fenster des Jetzt.*

Wichtige Bewußtseinsfunktionen sind Wahrnehmung, Abstraktionsvermögen, Intentionalität, Reflexionsvermögen, Kommunikationsvermögen. jeder dieser Begriffe bezeichnet einen Komplex von Funktionsformen, die alle eng miteinander zusammenwirken. Obgleich Bewußtsein oft ausschließlich mit Verstand und Vernunft gleichgesetzt wird, ist menschliches Bewußtsein von Gefühlen begleitet.

Obwohl man bisher nicht weiß, welche Strukturen und Zustände eines Nervensystems unmittelbares bewußtes Erleben hervorbringen, ist das Bewußtsein vor allem das Produkt von Gehirnprozessen.

Was ist Unterbewußtsein?

Die verschiedenen Bedeutungen des Wortes „bewußt" kommen am deutlichsten in den Verneinungen zum Ausdruck: „bewußt" oder „bewußtlos" (unconscious) und „unterbewußt" (subconscious).

Das Personal einer Intensivstation versteht unter „bewußtlos" natürlich etwas anderes als der Psychoanalytiker unter „unbewußt". Der Begriff des Unterbewußten ist verwirrend unklar. Unbewußt werden unsere Körperfunktionen vom autonomen Nervensystem gesteuert. Unbewußt im Sinne des Bewußtseinsbegriffes bedeutete zu Zeiten von LEIBNIZ und KANT nicht-geistig oder nicht-seelisch. FREUD beschränkte sein Unterbewußtes auf das Verdrängte, das nur in der Ausnahmesituation der Fehlhandlung ins Bewußtsein drängt. Laien und Fachleute ordnen FREUD den Begriff des Unterbewußten zu, es gab ihn aber schon weit vor ihm. HERBART, E. V. HARTMANN und andere philosophierten im 19. Jahrhundert lange vor FREUD über das Unterbewußte, davor gab es den Begriff aber auch schon. C. G. JUNG spricht vom kollektiven Unterbewußten, weit weit vor ihm hat man schon von Gruppenseele gesprochen.

Unbewußt und unterbewußt werden heute in der Regel gleichbedeutend gebraucht. Mich interessiert Unbewußtes nicht, mein Thema ist das Unterbewußte.

Das Unterbewußte ist Informations- und Gedächtnisspeicher für alle früheren Ereignisse, Erlebnisse, Emotionen und Erkenntnisse unseres Lebens, auch der unterschwelligen, die wir vor Jahren erlebt haben und die sich heute der bewußten Erinnerung entziehen. Das Unterbewußtsein ist Ursache und Quelle unserer Gewohnheiten. Alles, was wir gelernt haben und was scheinbar „von allein" (automatisch) geht, besorgt unser Unterbewußtsein; von allein geht in Wirklichkeit gar nichts. Selbst die einfachsten Vorgänge wie Stehen und Gehen werden unterbewußt gesteuert.

Das Stammhirn hat im Laufe der Menschheitsgeschichte Erfahrungen und Programme gespeichert, die automatisch ablaufen, um unser Überleben zu gewährleisten: Atmung, Kreislauf, Stoffwechsel. Weil diese Prozesse weitgehend automatisch ablaufen, redet man vom Autonomen oder Vegetativen Nervensystem. Daß es sich auch hierbei nicht um rein mechanisch-physikalische Vorgänge handelt, ersieht man an der leichten Beeinflußbarkeit dieser Vorgänge durch seelische Faktoren, also durch Vorstellungen und Gedanken: Störungen von Atmung, Kreislauf und Stoffwechsel sind beinahe ausnahmslos seelisch bedingt.

Stecken nur Informationen - Erlebtes, Automatisiertes und Gelerntes aus dem bisherigen Leben - in dem ungeheuren Reservoir unseres Unterbewußtseins? Oder liegt dort auch ein Wissen, das wir nicht erst im Laufe dieses Lebens aufgenommen und erworben haben, sondern das bereits vor der Geburt vorhanden war? Beinhaltet es auch intuitiv Zukünftiges?

Das Unterbewußte ist die Summe alles Nicht-Bewußten. Unterbewußtes ist Erlebtes und Gelerntes, das unserer unmittelbaren Wahrnehmung momentan verschlossen ist, momentan nicht-gewußt' ist. Alles Unterbewußte haben wir einmal bewußt erlebt oder gelernt oder auch unterschwellig wahrgenommen, bevor es unterbewußt wurde. Das Unterbewußte ist die Summe aller inneren Wahrnehmungen, ist die Summe aller Lebenserfahrungen, ist der Speicher unseres Gedächtnisses.

Das Unterbewußte bleibt oft im Gefühl stecken und äußert sich dann als instinkthaftes Wollen oder Widerstreben. Unterbewußt ist in erheblichem Maße auch die Suche nach Erinnerungen, Einsichten und Problemlösungen. Im Unterbewußtsein sind alle Einzelerlebnisse und Einzelinhalte zusammengefügt und miteinander verwoben.

Unterbewußtes ist unserer unmittelbaren Wahrnehmung verschlossen, kann aber in Hypnose erschlossen werden. In Hypnose, Traum und Meditation wird unterbewußtes Material freigelegt, das dem Bewußtsein normalerweise nicht zugänglich ist.

Auch das Denken ist kein vollständig bewußter Vorgang, denn beim Denken oder Sprechen eines Satzes wird im Unterbewußten der nächste Satz vorgebildet und hat bereits eine fertige Grundstruktur, bevor man ihn beginnt. Alles intuitive vorlogische Denken ist unterbewußt. Die für alles Neue so wichtige Intuition als unmittelbare Erkenntnis und Einsicht in Zusammenhänge ist unterbewußt, nirgendwo bewußt gewonnen, auch nicht durch Reflexion. Intuition ist das richtige Gespür, die glückliche Eingebung oder die ahnungsvolle Wahrnehmung einer noch verborgenen Wirklichkeit, die der Verstand erst begreifen wird, nachdem sie sich zumindest teilweise offenbart haben wird.

Über Intuitionen hinaus gehen künstlerische Inspirationen. Mancher Schriftsteller sagt: „Es wurde mir diktiert." Ein Künstler fühlt sich oft aus zwei Personen bestehend: die eine völlig unbedeutend mit einem unwichtigen Dasein, die zweite, andere Person steht hinter dem Künstler wie ein Echo und dichtet, komponiert, malt. Auch Schauspieler haben nach einer Vorstellung manchmal Schwierigkeiten, aus einer Rolle wieder herauszukommen. Sie sind andere Menschen geworden, die andere Kräfte benutzen als die, die ihnen als Privatpersonen zur Verfügung stehen.

Das Bewußte ist gegenüber dem Unterbewußten nur die Spitze eines Eisberges

Informationen werden in ihre kleinsten Einheiten (Bit) zerlegt und lassen sich zählen. Pro Sekunde fliegen durch unsere verschiedenen Sinne 600 000 Bit ins Gehirn, mehr als $^4/_5$ davon sind Sehdaten. Durch unser Bewußtsein fliegen aber nur 10-20 bit/sek. Unser gesamtes Langzeitgedächtnis umfaßt etwa 400 Millionen Bit. Somit stößt nur ein Vierzigtausendstel der Informationen, die der wache Mensch aufnimmt, bis in sein Bewußtsein vor. Der Rest wird schon vorher ausgefiltert. Von den 30 Milliarden Bit, die menschliches Bewußtsein im Laufe des Lebens erreichen, kann das Gedächtnis nur gut ein Hundertstel speichern. Unter drei Millionen Bit, mit denen das Gehirn beschäftigt ist, steht nur eins dem Bewußtsein dauerhaft zur Verfügung: durch unser Bewußtsein strömt also nur ein verschwindend kleiner Teil der Informationen, mit denen ein menschliches Gehirn zu tun hat.

Das Sehzentrum unseres Gehirns bekommt vom Bild auf dem Fernsehapparat einen Informationsfluß von mehreren Millionen bit/sek zugeführt. Von dieser auf uns einströmenden Informationsmenge wird nur ein geringer Prozentsatz bewußt wahrgenommen - es sind weniger als 100 bit/sek. Wenn wir das Gesicht eines bekannten Schauspielers erkennen, wird die visuelle Information bis auf 1 bit/sek vermindert, das entspricht einer ja/nein Entscheidung. Eine solche Informationsreduktion spielt eine sehr wichtige Rolle beim Zuordnen und Erkennen von Mustern. Dabei werden charakteristische Merkmale von unbedeutenden getrennt. Das Ganze ähnelt der Zeichnung eines Karikaturisten, der mit wenigen Federstrichen charakteristische Merkmale zeichnet, die man mit einer bestimmten Person verknüpft. Der Informationsfluß wird am Fernsehgerät von mehreren Millionen auf eine Einheit, die das Bewußtsein dann erfassen kann, reduziert.

Ich verbünde mich mit dem Unterbewußten

Die meisten Dinge unseres Alltagslebens tun wir automatisch, unterbewußt, ohne zu „denken". Wir haben als Kind gelernt zu gehen, wir haben gelernt, vom Stuhl aufzustehen, wir haben gelernt, mit Messer und Gabel zu essen. Wir haben viele Dinge gelernt, leider haben wir auch Verhalten falsch gelernt und falsch in unserem Unterbewußtsein gespeichert.

Sobald wir über Alltägliches nachdenken oder es in Frage stellen, geht das ursprünglich Unterbewußte - wir können es hier auch das Spontane nennen - verloren, störende Gedanken tauchen auf: wir essen nicht mehr, wenn wir essen wollen, wir können nicht schlafen, wenn wir schlafen wollen, und vieles mehr.

Leider wird in den gegenwärtigen Psychotherapien das Bewußtmachen um jeden Preis angestrebt. Wenn jemand alles im Leben bewußtmachen will, wird er sich übertrieben selbst beobachten, er wird alles in Selbstreflexion tun wollen, was zum Versagen führen wird. Übertriebene Selbstbeobachtung bedeutet Mißtrauen gegenüber dem eigenen Unterbewußtsein. Diese Therapeuten legen großen Wert darauf, den bewußten Gedanken ihrer

Patienten alle Aufmerksamkeit entgegenzubringen. Aber das Bewußte eines Patienten weiß am wenigsten darüber, was mit seinem falschen Verhalten los ist. Wenn jemand zu mir zur Therapie kommt, hat er bereits mit allen bewußten Möglichkeiten selbst versucht, sich zu ändern und hat dabei immer nur Fehlschläge erlitten.

Das *Unterbewußte* eines Menschen weiß sehr viel mehr von seinen Bedürfnissen als sein Bewußtes, und auch sehr viel mehr, als ich als Therapeut von außen jemals wissen könnte. Ich verbünde mich mit dem Unterbewußten meines Patienten.

Ist Unterbewußtes in der nicht-dominanten Hirnhälfte gespeichert?

Das Gerede um die Gehirnhälften ist eine Modekrankheit, die ihren Höhepunkt bereits überschritten hat. Beide Hemisphären unseres Großhirns sind in ihrer Funktion ungleich. Es ist ein brauchbares Klischee und gilt immer für den Rechtshänder, daß die linke Hirnhälfte unsere rationale und die rechte Hirnhälfte unsere intuitive Seite verkörpert. Das heißt nicht, daß das rechte Gehirn keinerlei Denkvorgänge leistet und schon allein deswegen irrational sei, weil das linke rational ist. Bewußt erlebt werden nur diejenigen Leistungen, die von der dominanten, sprachfähigen, rationalen Hemisphäre unseres Gehirns vollbracht werden.

Die Denkleistung der linken Gehirnhälfte hat drei Hauptmerkmale:
1. linearer Informationsfluß, 2. Analyse als ein Prozeß in logischen Reihen, 3. fortwährende Bezugnahme auf vergangene Erfahrungen, die als Erinnerung gespeichert sind.

Für eine Reihe von Hirnforschern entspricht Bewußtsein dem linken Gehirn. Sie drängen das rechte Gehirn in die Ecke des Unterbewußten, der Stummheit ab. Wissenschaftler und Philosophen nehmen seit langem an, daß es zwei Arten von Bewußtsein gibt, die jeweils in den einzelnen Hirnhälften lokalisiert sind. Bewußte Prozesse sind der linken Hemisphäre zugeordnet; sie sind rational, intellektuell, abstrakt, fortlaufend-zeitlich, analytisch, erworben, vernunftgesteuert, überlegt. Unterbewußte Prozesse sind der rechten Hemisphäre zugeordnet: sie sind intuitiv, konkret, räumlich-zeitlich, gestalthaft, angeboren, gedacht, spontan. Die mystische rechte Hirnhälfte ist für manche ein Ersatz geworden für Seelisches, weil die Wissenschaft die Seele wegrationalisieren will.

Es ist strittig, ob die nicht-dominante Hirnhälfte „Bewußtsein“ hat oder nicht. Beim Hypnotisieren ist die nicht-dominante Hemisphäre aktiv, das kann man heute an Computeraufzeichnungen zeigen. Die nicht-dominante Hemisphäre könnte nach Eccles „mit einer Art Geist in Verbindung stehen, der sich grundlegend von dem bewußten Geist unterscheidet“. Unterbewußtes scheint vor allem in der nicht-dominanten Hemisphäre gespeichert zu werden. Erreiche ich in Hypnose Unterbewußtes in der nicht-dominanten Hemisphäre?

Therapieerfolge sind Patienten oft nicht bewußt

Wenn ich Patienten durch meine Therapie verändert habe, ist ihnen auch das oft nicht bewußt. Vor allem Angstpatienten vergessen sehr leicht, wie viele Jahre sie blockiert waren, irgend etwas zu tun, was sie nunmehr wieder tun können.

Eine Patientin, die eine Prüfung bestanden hat, kommentiert den Prüfungserfolg ganz beiläufig: „Ich war viel zu müde, um aufgeregt zu sein.“

Eine Patientin, die Ängste hat vor Menschenansammlungen, vor allem im Kaufhaus, wird von mir im Laufe der Therapie in verschiedene Kaufhäuser zum Einkaufen geschickt. Sie berichtet: „Da war noch kein eindeutiges Ergebnis, denn ich war mir gar nicht bewußt, daß ich im Kaufhaus war.“

So wie viele Patienten sich nicht bewußt sind, hypnotisiert zu sein, so sind sich viele Patienten auch nicht eines Therapieerfolges bewußt. Als Therapeut, der vor allem das Unterbewußtsein programmiert, kann ich damit leben.

Mit dem Unterbewußtsein sprechen

Im Unterschied zu allen anderen psychotherapeutischen Schulen kann ich in Hypnose mit dem Unterbewußtsein meines Patienten sprechen, direkt und häufiger indirekt. Das Unterbewußtsein ist eine wichtige Kraftquelle, mit der ich meinen Patienten anfreunden kann und die ich nutze, anstatt sie zu bekämpfen. Für die meisten Therapeuten ist das Unterbewußtsein etwas Böses (die berüchtigte „Schlangengrube"), das man mit dem Verstand zu kontrollieren hat.

Wir alle können unserem Unterbewußtsein vertrauen, daß es gut für uns sorgt. Und wenn wir gedankenverloren Autofahren, werden wir an der roten Ampel automatisch stehen bleiben. Und wenn die Ampel auf grün umspringt, dann weiß unser Unterbewußtsein, daß wir weiterfahren dürfen, und wir hängen immer noch unseren Gedanken nach, doch auf unser Unterbewußtes können wir uns immer verlassen. Und immer, wenn wir uns von unserem Unterbewußtsein leiten lassen und unser Unterbewußtsein Autofahren lassen, können wir uns darauf verlassen, daß unsere bewußte Aufmerksamkeit sofort voll da sein wird, wenn wir sie plötzlich brauchen.

Hypnosetherapie gibt meinen Patienten neue Freiheiten zu eigenen Entwicklungsprozessen, vor allem zu neuen unterbewußten.

Ist Traumbewußtsein auch Unterbewußtsein?

Zwischen Traum und Hypnose besteht eine enge Verbindung. Beide legen unterbewußtes Material frei, das dem Bewußtsein normalerweise nicht zugänglich ist. Der Traum ist an den Schlafzustand gebunden. OVID überliefert uns den Traum (morpheus) als den Sohn des Schlafes (hypnos).

Es gibt schon Träume im Mutterleib, vor der Geburt. PÖPPEL spekuliert, daß der Traum nur ein Überbleibsel eines vorgeburtlichen Programmes darstellt, wobei das Gehirn „eingefahren" wird wie eine neue Maschine, bevor sie benutzt werden kann. Das Gehirn des Ungeborenen gerät in der Traumphase in einen Zustand, als ob es Informationen verarbeiten würde, um nach der Geburt Informationen unserer Sinnesorgane aufnehmen und verarbeiten zu können. Ich stimme nicht mit FREUD überein, daß der Traum der „Königsweg zum Unterbewußten" ist, weil die Hypnose der bessere Weg ist und weil ich eben nicht wie FREUD glaube, daß Unterbewußtes nur etwas Verdrängtes ist. Für FREUD und JUNG war der Traum das wichtigste Instrument der Therapie, weil er für sie die einzige Möglichkeit war, Zugang zu den Inhalten des Unterbewußten zu bekommen; beide konnten nicht hypnotisieren. Im Unterschied zu FREUD sind für JUNG die Träume nicht nur die Zeichen für persönliche Konflikte, sondern eine Urerfahrung universaler Probleme im Rahmen seines Begriffes des kollektiven Unterbewußten.

Im menschlichen Gehirn wechseln nachts während der Schlafstunden regelmäßig 90-Minuten-Zyklen von Traumschlaf und traumlosem Schlafen. Nach Untersuchungen fallen auch Menschen alle 90 Minuten in Tagträume, wenn man sie sich selbst überläßt. So sagt JUNG etwas spekulativ Richtiges: „Es ist alles in allem wahrscheinlich, daß wir ständig träumen, aber das Bewußtsein macht während des Wachens solchen Lärm, daß wir es nicht hören." Wenn JUNG sagt „Man träumt nicht, man wird geträumt", sind wir Objekte. Er hat damit nur bedingt recht, denn man kann lernen, kreativ zu träumen und Träume zu steuern. Wer seine Träume steuern kann, kann sogar Möglichkeiten entwickeln, einen Traum wie einen Film anzuhalten und ein Traumbild wie das Einzelbild eines Filmes solange stehen zu lassen, bis er es eingehend betrachtet hat. Für dieses kontrollierte Träumen braucht man ein Signal. DON JUAN schlägt CASTANEDA vor, er solle seine Hände als ruhenden Punkt verwenden und zwischen ihnen und den Bildern hin und her gehen; CASTANEDA lernt nach einigen Monaten seine Hände zu finden und den Traum anzuhalten.

Träume ignorieren Raum und Zeit und bringen uns gelegentlich ein Wissen, das aus einem anderen Raum oder einer anderen Zeit zu stammen scheint. FREUD sah es als eine unwiderlegbare Tatsache an, daß der Schlaf günstige Bedingungen für Telepathie schaffe, dennoch scheinen telepathische und hellseherische Träume selten zu sein. Amerikanische Traumforscher haben experimentell bewiesen, daß es telepathische und hellseherische Träume gibt; auch in Hypnose sind parapsychologische Phänomene wie Telepathie besser als im Wachzustand möglich.

Verbirgt sich in Träumen etwas zu Deutendes, oder sind Träume bedeutungslos? Traumbedeutungen in Symbolen auch heute noch von FREUDS Gefolge praktiziert - sind nicht nur verwirrend, sondern genauso grotesk wie fast die gesamte Psychoanalyse.

Traumforscher treffen sich bei den Senoi

Traumforscher aus aller Welt haben den Stamm der Senoi auf Malaysia besucht. Für die Senoi ist es ein Muß, sich mit den Geistern der Traumwelt anzufreunden. Sonst könnten diese Geister untereinander paktieren und eine so starke Armee bilden, daß Lebensängste und Probleme auftreten. Die Senoi erzählen sich täglich ihre Träume, und sie verarbeiten diese Traumerlebnisse in der Realität. Wenn sich beispielsweise ein Senoi von einem übergroßen Fisch im Traum bedroht fühlt, der ihn mit der Angel ins Wasser zu ziehen droht, geht am nächsten Tag ein anderer mit dem Angstträumer zum Fischen, und der Betroffene lernt, daß er in Wirklichkeit stärker als jeder Fisch ist.

Ich lese immer wieder voll Verwunderung, daß es bei den Senoi keine kriegerischen Auseinandersetzungen und keine Kriminalität geben soll. Kennen die Senoi keine Aggressionen? Soll man es glauben?

Träume sind experimentelles Theater der Seele

Sprichworten zufolge ist man „am Morgen klüger als am Abend", oder man sollte „ein Problem erst einmal überschlafen". Tatsächlich finden wir manchmal am nächsten Morgen leichter die Lösung eines Problems, und dafür gibt es nur eine Erklärung: unser Gehirn durchsucht in der Nacht sein gesamtes Gedächtnissystem auf unterbewußter Ebene, auch wenn es auf einer bewußten Ebene schon eine scheinbar befriedigende Antwort gefunden hatte. Während das Bewußtsein ruht, findet eine unterbewußte Suche statt. *Träume sind experimentelles Theater der Seele, in dem Fragen beantwortet und neue Lebensmöglichkeiten erschlossen werden.* Träume können kreativ gesteuert, wie ein Theaterstück inszeniert werden. Träume haben wichtige Funktionen.

Weil wir nicht Angstträume als Objekte im Sinne der Psychoanalyse ertragen müssen, sollten wir uns unsere Träume vor dem Schlafengehen programmieren. So empfehle ich meinen Patienten, sich vor dem Einschlafen zu suggerieren, im Traum neue alternative Verhaltensweisen zu entwickeln, um ein momentanes Problem zu lösen. Träume zeigen oft neue Verhaltensweisen! Und es gelingt, sogenannte Angstträume in freundliche Richtung zu verändern.

5. Kapitel

Der größte Computer: unser Gehirn

Das Gehirn ist ein riesiger biologischer Computer, ein Informations-Speichersystem, das 50 Milliarden Zellen umfaßt und dem Körper quasi als Roboter dient.

Andere Experten der Gehirnphysiologie bestätigen, daß das menschliche Gehirn etwa 10^{10} Neuronen enthält und jedes Neuron kann etwa 10^4 Synapsen aufnehmen. Das bedeutet, daß etwa 10^{14} „Lötstellen" zwischen Nervenzellen vorhanden sind. Gespeicherte Informationen sind in einem Code verschlüsselt. Bei einem Code sind für eine Information mehrere Neuronen miteinander verknüpft. Ein Neuron ist sicherlich an der Speicherung mehrerer Informationen beteiligt. ECCLES sagt: „Die Möglichkeiten der Verbindung zwischen den Nervenzellen der grauen Substanz des menschlichen Gehirns sind unvorstellbar groß. Um eine ähnliche Maschine herzustellen, benötigen wir den Raum einer Großstadt. Das menschliche Gehirn ist demnach die größte elektronische Maschine auf kleinstem Raum, die jemals geschaffen worden ist. Sie ist millionenmal komplexer zusammengebaut als das bisher größte Elektronengehirn, das je gebaut wurde." Der englische Neurophysiologe GRAY meint, es würden mindestens 10 Billionen Elektronenröhren benötigt, um ein Elektronengehirn zu konstruieren, das annähernd dem menschlichen Gehirn gleicht. Diese Menge von Elektronenröhren und Drähten würde allerdings Hunderttausende von Kubikmetern Raum benötigen und über eine Billion Watt elektrischen Stroms wären erforderlich, um dieses Monsterelektronengehirn in Tätigkeit zu setzen.

Von allem, was wir je getan haben, bilden sich im Gehirn Aufzeichnungen, die den elektromagnetischen auf einem Magnettonband ähneln. Aus vielen Milliarden solcher elektromagnetischen Kreise und Einzeichnungen (Engrammen) ist das menschliche Erinnerungsvermögen gebildet.

Es besteht eine Analogie zwischen Gehirn und Computer. So haben Gehirnforscher darauf hingewiesen, daß nach dem Ausfall des Sprachzentrums die

Ausbildung eines neuen Sprachzentrums in der unbeschädigten Hemisphäre an das Reprogrammieren eines Computers erinnert. Und das zeigt wieder, daß ein Computer ohne den Programmierer hilflos ist.

Das Gehirn unterscheidet schlecht zwischen Wirklichkeit und Möglichkeit

In Hypnose hat man wahrscheinlich sehr viele Gehirnzellen mehr zur Verfügung, die man normalerweise nicht benutzt. Unser Gehirn kann wirkliche und eingebildete Fehler nicht voneinander unterscheiden und erlebt in Hypnose vorgestellte Dinge als seien sie Wirklichkeit. In Hypnose kann ich unserem Gehirn intensiver als sonst Vorstellungen anbieten, die Menschen umprogrammieren und zur Heilung von Krankheiten führen können, manchmal auf recht einfache Weise. Dabei ist das Schicksal des einzelnen Patienten meistens nur Mythologie, die Struktur vieler Krankheiten ist eine ähnliche: seelische Vorgänge folgen bestimmten Mustern. Durch Unterbrechung und Umorganisation von Krankheitsmustern kann ich Lösungen herbeiführen.

Signale für das Unterbewußtsein

Signale fördern alles Leben, dienen der Kommunikation, haben Mitteilungscharakter. Signale werden in der Regel nicht einfach als gleichbleibende Reize übermittelt, sondern sie werden oft verschlüsselt. Ein Signal (sprich: ein Reiz) kann unterwegs zwischen Sender und Empfänger eine ganze Reihe von Umwandlungen erfahren. Was kann der Empfänger eines Reizes alles aus ihm machen? Das Beispiel der Placebo-Pille zeigt deutlich, wie ein objektiv völlig unwirksamer Stoff erst vom Empfänger zu einem Signal und Medikament umgewandelt werden kann.

In Gruppenversuchen testet man die Wirksamkeit pharmazeutischer Präparate, wobei eine Gruppe von Versuchspersonen das echte Medikament bekommt, eine zweite Gruppe ohne deren Wissen ein Scheinmedikament ohne Wirkstoff, ein Placebo. Bei vielen Arzneimitteln ergeben sich heilende Wirkungen ohne Unterschied zwischen echtem Präparat und Placebo. Es genügt in fast jedem zweiten Fall die gläubige Einstellung eines Patienten, um Besserung der Beschwerden oder gar eine Heilung herbeizuführen. Der Placebo-Versuch wurde von der naturwissenschaftlich denkenden Pharmakologie geschaffen, um die heilende Wirksamkeit einer Substanz zu beweisen. Als unerwünschtes Nebenprodukt ergab sich: ein Scheinmedikament wirkt bei etwa 40 % aller Patienten genauso wie das eigentliche Medikament, und das beweist die Kraft der Seele!

Beim doppelten Placebo-Versuch weiß der dem Patienten verordnende oder übergebende Arzt nichts von der Unwirksamkeit des Mittels, glaubt also auch an die Wirksamkeit der chemischen Substanz des Medikamentes. Der jetzt eintretende Placebo-Effekt ist als besonders wirksam zu deuten und nur dadurch zu erklären, daß zwischen Arzt und Patient ein besonders guter Rapport besteht. Vielleicht spielt dabei sogar eine intensive Gedankenübertragung (Telepathie) eine stärkere Rolle, als wir es bisher annehmen.

Auch Wahrnehmungen unserer Sinnesorgane haben Signalwirkungen für unterbewußte Vorgänge, die danach automatisch ablaufen. Die Industrie bemächtigt sich dieser Erkenntnis, vor allem in der Werbung. Unsere Sinnesorgane übertölpeln das Bewußte (= die Vernunft) und wir Verbraucher erliegen diesen Tricks.

Gegenteilig: weil wir ein Glas Bier in unserer Erinnerung als gelbliches Getränk assoziieren, schmeckt uns ein grün gefärbtes Bier nicht. Geschmackskonzentrate spielen in der Lebensmittelchemie eine wichtige Rolle, doch rote Himbeerbonbons in Form von Himbeeren schmecken auch noch nach Himbeeren, wenn sie mit Zitronengeschmack ausgestattet sind.

Unterschwellige unterbewußte Reize

Unser Gehirn reagiert dauernd auf Signale und assoziiert Erfreuliches und Unerfreuliches.

Oft fühlen wir uns „nicht gut drauf“ und haben keine bewußte Erklärung dafür, wo wir doch immer auf die Frage „warum“ eine Antwort parat haben wollen. Des Rätsels Lösung: wir haben oft *unterschwellige* unterbewußte Wahrnehmungen. Ein unterschwelliger Reiz ist zu schwach, um zu einem bewußten Wahrnehmungserlebnis zu führen. Ein unterschwelliger Reiz, der in uns unterbewußt gute Gefühle assoziieren läßt, wird gefühlsmäßig kaum registriert werden, er wird unbemerkt in andere Inhalte und Erlebnisse verwoben. Ein unterschwelliger Reiz, der unterbewußte schlechte Gefühle auslöst, ist nicht selten und uns allen ein unverstandenes Ärgernis.

6.Kapitel

Signalwirkungen bei Hypnosetherapie

Weil unser Gehirn dauernd auf Signale reagiert und Erfreuliches und Unerfreuliches assoziiert, nutze ich Signalwirkungen bei meiner Therapie in Hypnose. In meiner Arbeit bringen vor allem durch unsere Sinne bewirkte Signale - auch halluzinierte - Veränderungen und Erfolg. Wir Menschen haben dauernd Sinneswahrnehmungen. Sie werden von unserem Gehirn registriert und keiner kann sich ihnen entziehen, so wie wir zwangsläufig einen lauten Knall hören müssen, solange wir nicht taub sind. *Sinnesqualitäten können wir uns nicht entziehen.*

Äußere Wahrnehmungen verändern die innere Welt

Unsere Sinneserfahrungen zeigen uns die Grenzen unserer Welterfahrung. Was jeder als Wirklichkeit erfährt, ist nur die subjektive Wirklichkeit dieses einen Menschen. Wir erleben unsere Welt mit unseren Sinnen, und angenehme äußere Sinneswahrnehmungen machen in unserer Seele innere gute Gefühle. Alltägliche angenehme Dinge wie unser tägliches Bad können wir kaum noch genießen, weil sie uns selbstverständlich geworden sind. Anders wäre es, wenn man ein solches Bad nach einer langen Entbehrungszeit nähme. Was empfinden wir Wohlstandsbürger als angenehm? Für den einen ist es der gemütliche Abend auf der Couch im Wohnzimmer, für den anderen ist es ein Urlaubserlebnis, und häufig der Urlaub am Meer oder in den Bergen. Oft sind es erinnerte Einzelerlebnisse, die immer wieder ein gutes Gefühl oder Entspannung herbeiführen: ein bestimmtes Getränk trinken, ein besonderes Kleidungsstück anziehen, ein geliebtes Musikstück hören oder vieles mehr.

In Hypnose vereinfache ich schöne Einzelerlebnisse zu Symbolen und hole sie mit unterschwellig wirkenden Signalen zurück, die jetzt neues Denken und neues Handeln automatisch (im Unterbewußtsein, ohne zu „denken“) ablaufen lassen so daß Patienten immer wieder gute seelische Gefühle bekommen und sich verändern.

Das Bewußtsein in seiner „männlichen“ Herrscherrolle greift oft störend in die Aktivität der behutsameren Stimme des „weiblichen“ unterbewußten Roboters ein. Das Bewußtsein hat quasi eine dicke Haut, stark und unempfindlich. Das Unterbewußtsein hat eine dünne Haut und ist geradezu gefährlich sensibel.

Wir können das Unterbewußtsein so trainieren, daß es auf Signale und Symbole reagiert. Ein Wagner-Fan braucht nur einen Takt aus dem „Liebestod“ zu hören, und es läuft ein angenehmes Prickeln über seine Kopfhaut. Wir können die Schleusen unseres Unterbewußtseins so konstruieren, daß sie auf ein besonderes „Sesam-öffne-dich“ reagieren. Um einen Schlager in die Hitparade zu bekommen, braucht man ihn nur immer wieder zu spielen, bis er bei den Hörern eine rituelle Reaktion hervorruft. Als Hypnotiseur kann ich mit meiner Stimme emotional gute Gefühle auslösen, wie es auch eine gesehene Farbe oder ein gefühlter Gegenstand tun kann. Das Symbol, das Signal, das eine gute Reaktion hervorruft, ist dabei in gewissem Maße sekundär, nur abhängig davon, ob der Empfänger des Signals eher ein sehender, hörender oder fühlender Typ ist.

Lernen ist in Hypnose besonders wirkungsvoll

Ist alles Verhalten erlernt, wie es die Schule von SKINNERS Behavioristen sagt? Oder sind alle Verhaltensweisen in den Genen vorprogrammiert, wie es einzelne Anhänger von KONRAD LORENZ auch heute noch behaupten? Der Mensch ist bestimmt durch Vererbung, Prägung und Konditionierung. Die Erbmasse eines Menschen gibt ihm die Möglichkeit, die er ausschöpfen kann, und sie setzt ihm Grenzen, die er normalerweise nicht überwinden kann. Unter Prägung versteht man den Lernprozeß der sehr frühen Entwicklungsphase. Der Begriff Konditionierung stammt aus der Physiologie: ein Reiz bringt eine Reaktion, oft auf der Basis von Belohnung.

Verhaltensstörungen sind auf falsche Konditionierungen (Lernen) zurückzuführen. Unter Konditionierung versteht man die Verbindung eines Reizes mit einer bestimmten Reaktion. Es entsteht eine neue Verbindung, die vorher nicht bestand, das nennt man Lernen. Lernen in Hypnose ist besonders wirkungsvoll.

Konditionierung und Suggestion, um in den Hypnosezustand zu kommen, sind zwar wichtig. Viel wichtiger sind jedoch Suggestionen und Konditionierungen *in Hypnose* - weil viel intensiver als im Wachsein wirkend. *Konditionierungen und Suggestionen in Hypnose sind bei meiner Arbeit das Wesentliche zum Heilen oder Programmieren eines Menschen.* In Hypnose gelernte Konditionierungen sind dauerhafter als solche, die in anderen Lernverfahren erworben werden, und falsch Gelerntes kann in Hypnose weniger wirksam gemacht werden.

Neues Denken und neues Handeln wird nur möglich, wenn ein neuer Weg „signalisiert" ist, den Einfluß vergangener blockierender und krankmachender Stimuli und Situationen zu brechen, wenn ein neues Signal die fortwährende Tyrannei früherer Reaktionen besiegt.

Neues Programm: Lachen anstatt Angst

Ein 52jähriger Patient kommt wegen einer Angstneurose zu mir. Er hat als Kind auf Leitern Höhenangst und kann auch nicht auf der Kirmes in einer Schiffschaukel sein.

Vor 10 Jahren hat er seine erste irreale Angst auf der Autobahn: er steuert einen Lkw, der plötzlich „schwimmt", als er über eine Rheinbrücke fährt. Er bekommt panische Angst, die Brücke hinunterzustürzen. Seitdem kann er nicht mehr Autofahren, schon gar nicht auf Autobahnen, denn da gibt es ja Autobahnbrücken.

Ich programmiere den Patienten auf ein Lachen bei den Worten „Autofahren", „Autobahn", „Autobahnbrücke" und auch bei Gedanken an diese Worte. Wenn er jetzt Auto fährt, spürt er zusätzlich meine Hand auf seiner Schulter, und wenn er auf eine Autobahn kommt oder auf eine Autobahnbrücke, muß er schon beim Gedanken an diese Worte lachen, denn er hört mich in Erinnerung diesen Begriff sprechen. Das halluzinierte Hören meiner Stimme und das Fühlen meiner Hand auf seiner Schulter programmieren diesen Patienten zum Lachen. An die Stelle seiner Angst tritt sein Lachen. Ich nehme vom Lachen meines Patienten eine Kassette auf, und er spielt sich beim Autofahren sein eigenes Lachen mit den auslösenden Reizen dazu vor.

Der Patient beginnt während meiner Therapie wieder Auto zu fahren. Die ersten Male kann er, obwohl er lacht, nur wenige Kilometer auf der Autobahn fahren, dann wird seine Angst stärker als sein Lachen, und der mitfahrende Sohn muß das Steuer übernehmen. Später ist sein Lachen stärker als die Angst vor einem „schwimmenden“ Auto und vor einem Abstürzen von einer Autobahnbrücke: Autobahnfahren wird nach 10 Jahren wieder möglich.

Erlebtes beeinflußt die Seele

Unsere Sinnesorgane informieren uns über unsere subjektiven Erfahrungen unserer Welt, in der wir leben. Wir sehen, wir hören, wir fühlen, wir schmecken und wir riechen. Schmecken und Riechen sind normalerweise für unser Erleben nicht sehr wichtig: es sei denn, wir kochen oder essen gerade, oder wir gehen an einer Bäckerei vorbei.

Obwohl wir Menschen keinen ausgeprägten Geruchssinn haben, kann auch erinnerter Geruch gute Gefühle auslösen. Einer meiner Patienten erinnert sich gern und deutlich an den Geruch von frisch geschlagenem Holz, vermischt mit Sonne und Harzgeruch. Diesen Geruch hat er beim Onkel - von Beruf Förster - in seiner Kindheit häufig gerochen. Wenn ich meinem Patienten in Hypnose diesen Geruch von frisch geschlagenem Holz anbiete, schnüffelt er ihn gierig ein und bekommt ein gutes Gefühl.

Bei einem anderen Patienten hat sein Arbeitsplatz einen besonders angenehmen Geruch: nach Gummi, nach Schleifmaschine und nach Verbranntem vom Brenner. Sein Arbeitsplatz wird eingespart, und er erlebt in Hypnose den früher angenehmen Geruch gegenteilig: am neuen Arbeitsplatz stinkt es. Nach drei Wochen am neuen Arbeitsplatz erkrankt er an Kniebeschwerden, später an Lumbagien, und daraus entwickelt sich eine schwerste zwanghafte Angstneurose. In Hypnose „überführe“ ich den Patienten durch den angenehmen und später unangenehmen Geruch seiner Arbeitsplätze. Als ich ihm den neuen ungeliebten Arbeitsplatz als Ursache für seine Angstneurose offeriere, widerspricht er wie erwartet heftig, aber er will nicht mehr gesund werden, er will mit 49 Jahren Frührentner bleiben, er ist ein Berufskranker.

Konditionieren in Hypnose

Weil wir die Welt mit unseren Sinnen wahrnehmen, benutze ich beim Konditionieren in Hypnose äußere Wahrnehmungen unserer Sinnesorgane (Licht, Farbe, Klang, Geruch, Geschmack, Berührung), um die innere Welt zu verändern (Empfindungen von Freude und Trauer, von Angst und Zorn, Zukunftspläne, Gedanken, Gefühle, Erinnerungen, Träume, Vorstellungen, Absichten). Konditionierungen, die nicht über den äußeren Sinn, sondern direkt auf einen inneren Inhalt zielen, bedürfen - wie bei einer direkten Suggestion - intrapsychischer Möglichkeiten, die nur wenige Patienten haben, um sie zu verwirklichen.

„Gedankenstop“ als direkte einmalige Suggestion gehört für mich ins Reich der Märchen.

Beim Konditionieren arbeite ich mit Signalen. Ich lasse hypnotisierte Patienten fühlen, daß meine Hand auf einer Schulter liegt und löse äußere Reaktionen aus (Lachen, Husten, Übelkeit). Ich kann durch Berühren von Körperteilen (wie z. B. von Schultern, Ellenbogen oder Händen) bestimmte Verhaltensmuster verankern. Wenn ich einen hypnotisierten Patienten leicht mit der Hand berühre, kann er sich dieser Berührung nicht entziehen. Das Berühren wird zum Signal, das innere Reaktionen bringt. Ich kann durch solche Signale auch bei Suchtkranken Konfusionen schaffen, nicht nur locker manipulieren.

Sprachliche Signale

Unsere Sprache ist ein besonderes Signalsystem. Beim Konditionieren arbeite ich neben Signalen der Sinneswahrnehmungen auch mit sprachlichen Signalen. Man kann annehmen, daß sich Sprache aus einem Signalsystem entwickelt hat, in dem bestimmte Laute automatisch bestimmte Reaktionen auslösen, so wie wir es von „sprachlichen“ Signalsystemen bei Tieren kennen. Somit läßt auch Sprache reflexartig und nicht bewußt einsichtig reagieren. Sprachliche Kommunikation findet häufig auf unterbewußter Ebene statt. Mit Hilfe von Worten kann ich mich direkt an den menschlichen Organismus wenden, er reagiert auch ohne dazwischengeschaltetes Denken. Worte können Reflexe und Spontanhandlungen auslösen, Worte sind dann Reize.

Menschen sind oft Opfer sprachlicher Einflußnahmen, vor allem in Werbung und politischer Propaganda. Nur wenige Menschen sind gegen solche automatisch wirksamen sprachlichen Auslöser immun, ich nutze dies therapeutisch in Hypnose.

7. Kapitel

Hypnosetherapie ist keine Vergewaltigung der Seele

Bei meiner Hypnosetherapie sitzen sich zwei Menschen gegenüber: mein Patient und ich als sein Therapeut. Mein Patient ist unglücklich und mit seinem gegenwärtigen Leben unzufrieden. Er kommt sich festgefahren und blockiert vor. Er erlebt in seinem Leben Leid. Er ist krank. Ich stehe vor der Aufgabe, meinem Patienten dabei zu helfen, sich so zu ändern, daß er wachsen kann, daß ihm mehr Möglichkeiten zum Zufriedenwerden und Zufriedensein zur Verfügung stehen werden und daß er weniger Leid in seinem Leben erfährt. Ich muß meinem Patienten helfen, seine Erfahrungen zu bereichern, seine Gedanken zu ordnen, sein Handeln und sein Verhalten in der Gesellschaft neu auszuloten.

Hypnosetherapie ist das Gegenteil einer seelischen Vergewaltigung, wie es manche Laien meinen. Ich gebe einem unfreien Kranken seine Freiheiten zurück.

Hypnose ist ein schnelles Transportmittel für Psychotherapie

Ich wiederhole: für mich ist die *Hypnose ein schnelles Transportmittel für Psychotherapie.* Psychotherapie in Hypnose ist aber nur möglich, wenn der Patient rapportfähig bleibt. Ich begleite meinen Patienten und überlasse es nicht dem Zufall, ob er oder sein Unterbewußtsein Möglichkeiten haben, hingeworfene Suggestionen zu verwirklichen. Ich will die Möglichkeiten meines Patienten mehren, mit den Widernissen seines Lebens besser umgehen zu können und seine Flucht in Krankheit überflüssig zu machen. Ich will aus meinem Patienten keinen Menschen machen, der zum hypnotisierten Automaten oder zum nachplappernden Papagei wird.

Viele Psychotherapeuten fordern von ihren Patienten Verhaltensänderungen, die sie als Therapeut für richtig halten, die ihre Patienten von sich aus oft nie anstreben würden. Dabei fühlen sich Therapeuten auch noch in der Rolle eines kalten harten Richters wohl. Mein Therapieziel richtet sich immer nach den Wünschen des Patienten oder des Klienten. Wenn aber ein Patient „nur vom Heroin loskommen" möchte, dann müssen wir uns darüber einigen, daß Krankheit oder Sucht im Leben eines Menschen nichts Isoliertes ist, und wir müssen uns vor Therapiebeginn über Kurskorrekturen im Leben meines Patienten verständigen.

Hypnosetherapie ist immer ein Lernprozeß

Ich muß meinem Patienten neue Erfahrungen, neue Lernprozesse ermöglichen. Wenn ein Patient zur Therapie kommt („Helfen Sie mir! Es geht mir schlecht.") so kann ich davon ausgehen, daß dieser Patient vergeblich versucht hat, sich zu verändern, mit allen Möglichkeiten, die er sich *bewußt* erschließen konnte. Dieser Patient hat Fehlschläge erlitten. Ich kann ihm nur helfen, wenn ich eine *Kommunikation* zu seinen *unterbewußten Möglichkeiten* herstelle. Seine bewußten Möglichkeiten hat mein Patient allein und mit anderen Therapeuten längst ausgeschöpft. Es ist eine Illusion zu glauben, daß unser Bewußtsein unser Verhalten kontrolliert. Besonders unter Intellektuellen ist diese Meinung nicht auszurotten. Sie glauben, daß ihr Leben von ihnen nur mit Hilfe ihres „bewußten" Verstandes gemeistert wird.

Ich therapiere meine Patienten dahingehend, das zu tun, was sie schon immer liebend gern getan hätten. Ich lasse ihnen viele Möglichkeiten zu Veränderungen offen und biete neue Möglichkeiten an. Der Patient sucht selbst seinen richtigen Weg, ich mische mich nur manchmal ein, wenn er sich an einer Kreuzung nicht entscheiden kann. Somit bestimmt fast immer mein Patient selbst den Weg seiner Therapie.

„Die Schönheit liegt im Auge des Betrachters", oder mit HEINRICH HEINE: „Die Herrlichkeit der Welt ist immer adäquat der Herrlichkeit des Geistes, der sie betrachtet." Therapien verändern nicht die Welt, auch Hypnosetherapie nicht. *Meine Therapie besteht darin, die Erfahrungen meines Patienten von der Welt zu ändern.* Ich muß als Therapeut daran arbeiten, meinem Patienten neue Erfahrungen zu schaffen, mit seiner aktiven, kreativen und produktiven

Beteiligung. Mein Patient bekommt für sein zukünftiges Leben neue Wahlmöglichkeiten zur Verfügung gestellt. Ich kann in Hypnose *brauchbare Selbsttäuschungen* schaffen, die verwertbarer sind und mit denen es sich besser leben läßt, als mit den bisherigen Selbsttäuschungen, die Patienten so haben.

Mein Therapieziel: der produktive Mensch

Patienten, die durch viele „Therapien gegangen“ sind, erkenne ich an ihrem Vokabular: „Selbstfindung“ und „positiv denken“ nehmen dabei Spitzenstellungen ein und sind für mich Kotzbrocken.

Psychiater und Psychologen geben oft allgemein gehaltene Ratschläge, inhaltslose Sprechblasen („Ich denke positiv! Mein Körper ist im Gleichgewicht und in vollkommener Harmonie! Ich vertraue allen Teilen meines Körpers und liebe sie! Ich finde innere Ruhe und Frieden! Ich öffne mich der Liebe“!). Solche Bla-Bla-Sprüche fürs Poesie-Album kann jeder Briefkastenonkel einer Zeitschrift auch geben.

Meine Patienten behalten ihre Freiheit, auch „negativ denken“ zu dürfen. Positives Denken ist wünschenswert, erlaubt ist es aber auch, negativ zu denken. Man muß nicht seinen bösen Nachbarn lieben! Man darf auf seinen bösen Nachbarn für eine kurze Zeit wirklich wütend sein, und man darf dabei „negative“ Gedanken haben. Aber die Bosheit eines Nachbarn ist dessen Problem! Ein Patient neigt häufig dazu, die Probleme anderer zu seinen eigenen zu machen!

Unsere Umwelt, die uns umgebenden Mitmenschen ärgern nicht uns, wir ärgern uns über die Umwelt. Es heißt ganz richtig: „Ich ärgere MICH!“ (Wen ärgere ich? - Mich!). Jeder ist für seine Reaktionen selbst verantwortlich, niemand braucht auf das Verhalten anderer zu reagieren. Jeder kann abschütteln, an sich ablaufen lassen, ruhig, entspannt und heiter bleiben.

Für mich ist erstrebenswert: meine Patienten sollen *optimistisch, produktiv und nützlich denken* und *handeln* lernen, sie sollen eigene Kreativität entwickeln, schöpferisch tätig werden. Dem produktiven Denken folgt zwangsläufig, daß meine Patienten in ihrem Leben *neu handeln.*

Mehr agieren als reagieren

Meine Patienten haben in ihrem bisherigen Leben in der Regel nur reagiert, sie lernen bei mir, in Zukunft mehr zu *agieren.*

Ein *Agierer* hat das Gefühl, sein Leben selbst zu gestalten. Was auch immer er tut, es ist das Ergebnis seines freien Willens. Er tut alles, weil er es tun will und die Resultate seiner Aktivitäten sind für ihn wertvoll. Er denkt eingehend darüber nach, was er auf dieser Welt jetzt und in Zukunft erreichen möchte, wählt die für ihn wichtigsten Ziele aus und streicht die, die ihm zu unbedeutend oder zu riskant sind.

Ein *Reagierer hat das* Gefühl, ihm wird von den anderen aufgezwungen, was auch immer er tut. Er tut es, weil er dazu genötigt wird, und die Ergebnisse seiner Aktivitäten machen ihn deshalb auch nicht stolz auf sich. Da er sein Geschick durch äußere Faktoren bestimmt sieht, wählt der Reagierer seine Lebensziele nicht sorgfältig genug aus, er kümmert sich auch nicht darum, wie er sein eigenes Geschick lenken könnte.

Niemand nennt sich selbst einen *Pessimisten,* Pessimisten bezeichnen sich stets als Realisten.

Optimismus mit einem Hang zu Egozentrik ist ein Zeichen geistigen Wohlbefindens. Obwohl Optimismus den Glauben der Selbsttäuschung beinhaltet, daß die eigenen Fähigkeiten stärker sind als die Hindernisse, auf die man normalerweise stößt: Optimismus mit einem Schuß Egozentrik ist wesentlich ergiebiger als Bescheidenheit.

Kreative Veränderungen - abschaffende Veränderungen

Eine *kreative Veränderung,* die mir etwas Neues bringt und bei der ich etwas Neues perfektionieren will, das ist für mich ein Ziel. Mit einer *abschaffenden Veränderung* will man etwas ändern, was man falsch macht, wie zum Beispiel das Rauchen aufgeben. Man sollte an sich selbst nicht in erster Linie etwas ändern, was man falsch macht, sondern man sollte etwas anderes weiterentwickeln oder etwas Neues noch besser machen, was man noch unvollkommen beherrscht. Wenn man genügend kreative, schöpferische Veränderungen vornimmt, wird man meistens auch so nebenbei die abzuschaffenden Probleme beseitigen.

8. Kapitel

Einfühlsam im fremden Ich operieren

Kann man Hypnose erlernen? Diese Frage wird mir oft gestellt. Meine Antwort weicht ab von der herkömmlichen Antwort meiner Arztkollegen, die Hypnose in Wochenendkursen für einfach erlernbar halten.

Ein Hypnosetherapeut muß selbstverständlich die Ritualtechniken der Hypnose beherrschen und braucht dennoch ein paar Fähigkeiten mehr.

- Er braucht ein angeborenes Talent zum Hypnotisieren.
- Er braucht Kreativität.
  Die Suggestibilität eines Hypnotisierten wird während einer Sitzung abnehmen, wenn der Hypnotiseur wenig Phantasie hat und die Gefühls- und Erlebniswelt des Hypnotisierten nicht ständig in Atem hält.
- Er sollte über praktische Erfahrungen in der Medizin verfügen.
- Er sollte ohne festen Therapieplan arbeiten und neue, bessere Lösungen abwarten und finden können, denn für die vielfältigen Probleme von Patienten gibt es keine schematisierten Patentlösungen. Da liegt der Unterschied zum Establishment der Schulmedizin, die im Schubladendenken schematisiert, dogmatisiert und katalogisiert, wenn sich auch von Zeit zu Zeit Behandlungsschemata erneuern. Einen Herzinfarkt behandelt man heute anders als vor 20 Jahren, aber der Infarktpatient ist immer noch „der Infarkt auf Zimmer 8“, ein seelenloser kranker Organismus, der zwar nach neuesten, wissenschaftlich erprobten Richtlinien, aber dennoch nach einem Standardprogramm repariert wird.

Ich zitiere noch einmal WEITBRECHT: „Hervorragende Psychotherapeuten werden nicht an Universitäten oder Instituten dadurch ausgebildet, daß sie in einem noch kaum eigenständigen kritikfähigen Alter den überaus einseitig prägenden Einfluß einer bestimmten Schulrichtung erfahren, sondern sie sind, wie jeder vorzügliche Arzt, ein Glücksfall.“ Auch ein guter Hypnosetherapeut ist ein Glücksfall, er wird geboren.

Als Hypnosetherapeut muß ich konzentriert arbeiten. Ich muß streng auf meine Wortwahl achten und auf den Tonfall meiner Stimme. Die Aufmerksamkeit des hypnotisierten Patienten ist ganz auf meine Stimme gerichtet. Oft fragt ein Patient nach der Hypnose: „Hatte es eine besondere Bedeutung, daß Sie dort ... noch einmal nachgehakt haben?“

Ein Patient überträgt in Hypnose seine „Selbstbestimmung” weitgehend auf mich. Ein Licht seines Ich-Spektrums erlischt, und der Patient gibt mir den Schlüssel des Schalters.

Der persönliche „Selbstrapport“ wird durch meinen „Fremdrapport“ abgelöst. Ich muß so einfühlsam im fremden Ich-Spektrum mit Worten und Begriffen operieren, daß ich der Individualität des sich mir anvertrauenden Patienten immer gerecht werde.

Beim Hypnotisieren keine festen Regeln

Beim Hypnotisieren gibt es für mich keine festen Regeln. Das einzige, worauf ich mich verlassen kann, ist, daß der Patient auf jede Kommunikation von mir reagiert. Ich muß aber genügend verschiedene Arten von Kommunikation anbieten. So finde ich schnell heraus, worauf der Patient als mein Gegenüber am besten anspricht. Ich kann mit oder auch ohne Worte eine Hypnose herbeiführen.

Ich muß mich um Formulierung bemühen, daß niemand, den ich hypnotisiere, ein Gefühl von Mißerfolg bekommt.

Solange es spürbare Wirkungen gibt auf ein langsames betontes -doch nicht monotones - Sprechen, kann ich es dabei belassen.

Hypnotische Suggestionen dürfen nicht affektlos sein

Bei einem Treffen europäischer Hypnoseärzte moniert ein italienischer Kollege, daß ich mit situationsbezogener Stimme spreche. Für ihn gilt der alte Grundsatz, während der gesamten Hypnosebehandlung nur monoton zu sprechen. Ich halte das für falsch, denn der Patient in Hypnose ist nicht bewußtlos, und ich kann seine Hypnose mit bewegter Stimme und bewegten Bildern erheblich vertiefen. Zu einem bewegten und bewegenden Bild gehört mehr als ein Predigerton oder ein Befehlston und schon gar keine monotone Begleitstimme. Wie ich als Hypnotiseur etwas sage, das ist genauso wichtig wie das, was ich sage. Hypnotische Suggestionen dürfen nicht affektlos sein. Jeder Gedankenstrom ist stärker, wenn er von einem Affekt begleitet wird. Oder umgekehrt: das Empfinden des Affekts ist ein Maßstab für die Stärke des Gedankens. Die besten Gedanken bleiben gegenüber anderen Menschen oft wirkungslos, wenn sie ohne Affekt empfunden und vorgetragen werden, und umgekehrt: mancher erzielt nur durch einen affektvollen Vortrag Eindruck, obgleich das, was er vorbringt, inhaltlich minderwertig oder falsch ist.

Wir alle lassen uns von Schauspielern im Theater oder im Film hin und wieder in einen hypnoseähnlichen Zustand versetzen. So sollte ein guter Hypnotiseur auch die modulationsfähige Stimme eines Schauspielers haben. In dieser Begabung sind viele Showhypnotiseure den meisten Hypnosetherapeuten überlegen.

Ist jeder hypnotisierbar?

Das ist eine der viel gestellten Fragen.

Die sogenannten Suggestibilitätstests der traditionellen Hypnotiseure werden von einigen Patienten erfüllt, von anderen nicht. Ich prüfe nie mit diesen Suggestibilitätstests, denn das Ergebnis könnte sein, daß der Patient oder ich das Gefühl bekommen, daß bei ihm Hypnosehindernisse bestehen, die wir nicht bewältigen können. Es ist anzunehmen, daß etwa 5 % aller Menschen nicht hypnotisierbar sind, dennoch können sie in eine leichte Trance fallen.

Die Hypnotisierbarkeit von Menschen ist unterschiedlich. Sie hängt auch vom Geschick des Hypnotiseurs ab. Ein Anfänger wird sicherlich nur eine von zehn Personen hypnotisieren können, während ein erfahrener Hypnotiseur bei 95 % aller Fälle erfolgreich ist.

Wer ist gut zu hypnotisieren? Kranke sind viel schwerer zu hypnotisieren als gesunde Versuchspersonen. Mancher sagt: „Ich glaube nicht, zur Hypnose geeignet zu sein, denn ich habe einen starken Willen.“ Doch gerade intelligente

Menschen, die sich als willensstark bezeichnen, eignen sich nach meiner Erfahrung am besten zur Hypnose. Derjenige ist gut zu hypnotisieren, der über eine reiche Vorstellungskraft verfügt und tiefer Gefühle fähig ist. Medizinisch ausgedrückt: alle jene Personen sind gut zu hypnotisieren, die überdurchschnittlich viele der relativ langsamen Alphawellen in ihrer Gehirnstromkurve haben.

Hat Hypnosetherapie etwas mit Magie zu tun? Für mich ohne jeden Zweifel: ja! Man kann Psychotherapie nicht hundertprozentig versachlichen.

Ein Patient kommt zu mir, und er kommt meinetwegen: weil er von mir gehört hat, und hofft, daß ich ihm helfen kann. Denn sonst wäre er in das dubiose Institut um die Ecke oder zu irgendeinem Heilpraktiker gegangen. Ich warne vor selbsternannten Heilkundigen, vor allen obskuren Instituten mit den wissenschaftlichsten Namen, hinter denen sich ein gelernter Elektriker oder Werbemanager verbirgt. Ich lasse mein Auto nicht von einem Bäcker reparieren! Aber hilfesuchende Kranke lassen ihre Seelen von einem „Professor für Suggestologie“ sezieren!

Der Therapieerfolg ist nicht von der Tiefe der Hypnose abhängig

Verschiedene traditionelle Hypnotiseure haben vor vielen Jahrzehnten Einteilungen über die Tiefen und Stufen der Hypnose vorgeschlagen: die einen benennen drei Stadien, andere bis zu neun Stadien. Für mich sind die verschiedenen Einteilungen in hypnotische Tiefen und Stufen überflüssig.

Weil sich Tiefenpsychologie als besonders wertvoll einstuft, werde ich oft gefragt, ob meine Hypnose eine Tiefenhypnose sei. *Die Tiefe einer Hypnose* hat nichts mit ihrem therapeutischen Erfolg zu tun.

Hypnotischer Schlaf und Suggestibilität stehen gewissermaßen im umgekehrten Verhältnis zueinander. Wenn ich einen tiefen hypnotischen Schlaf erreiche, wird die Suggestibilität darunter leiden, und es kann auf der anderen Seite die Suggestibilität eines fast Wachen auf das Höchste gegeben sein. Somnambulismus (hier: tiefste Hypnose mit posthypnotischer Erinnerungslosigkeit) ist zur Therapie bei anderen Therapeuten begehrt, bei mir unerwünscht.

Dennoch gibt es für mich in tiefer Hypnose Bewußtseinszustände, in denen interessante hypnotische Experimente und Phänomene möglich sind; das hat aber mit meiner Hypnosetherapie nichts zu tun. Nur etwa *5* % aller Menschen sind für Tieftrancephänomene tauglich.

Ich war gar nicht in Hypnose

Hypnotiseure sind immer mit großer Sorge darum bemüht, Patienten oder Versuchspersonen davon zu überzeugen, daß sie in Hypnose gewesen sind. Ich habe schon lange aufgehört, mir Gedanken darüber zu machen, ob Patienten nun wissen, daß sie in Hypnose waren oder nicht. Die Hauptsache ist, daß sie merken, daß sie sich verändert haben. Für mich zählen nur erzielte Resultate.

Falsche Vorstellungen einer Bewußtlosigkeit in Hypnose lassen manchen Patienten oft nach einer Hypnosebehandlung glauben, er sei gar nicht hypnotisiert gewesen, denn er erinnere sich an alles, was wir miteinander gesprochen haben.

Wenn Patienten sagen: „Ich war gar nicht in Hypnose, ich konnte ja noch alles mögliche hören und fühlen", dann darf ein Hypnotiseur getrost antworten: „Wer nichts mehr hört, der ist tot." Denn auch der Narkotisierte hört noch. In Hypnose ist aber das meiste, was man hört, sieht oder fühlt, viel intensiver als sonst.

Patienten, die einen Hypnosebeweis wünschen, überzeugte ich früher durch posthypnotische Suggestionen. Heute erspare ich mir diese Schaustellereien, weil ich keine Zeit dazu habe. Früher malte ich einen Kreis auf einen Unterarm und suggerierte posthypnotische Schmerzlosigkeit in diesem Bereich. Nach der Behandlung stach ich eine Einmalkanüle an dieser Stelle durch die Haut. Der Patient empfand keinen Schmerz.

Ein weiterer Hypnosebeweis ist etwa ein posthypnotisch suggerierter steifer Arm. Ich sage dem Patienten in Hypnose, daß nach dem Wecken einer seiner Arme steif sein werde. Ein steifer Arm im hellwachen Zustand verwundert einen Patienten schon sehr.

Ich erlebe mehrfach, daß Patienten, die darauf warten, endlich hypnotisiert zu sein, sich nicht daran erinnern, daß sie für eine Zeitung oder Zeitschrift von einem Fotografen nach vorheriger Erlaubnis bereits fotografiert wurden. „Wann kommt denn jetzt endlich der Fotograf? Sie hatten mich doch um die Erlaubnis gefragt." Diese Patienten sind ganz erstaunt, wenn ich Ihnen sage, daß der Fotograf längst da war. Der Fotograf, der in der Regel 20 bis 30 Fotos macht, springt um mich und den Patienten herum und benutzt meistens Blitzlicht. Der hypnotisierte Patient, der angeblich nicht in Hypnose war, hat dies gar nicht bemerkt.

Psychopharmaka sind Therapiehindernisse

Ich kann schlecht mit einem Alkoholiker in betrunkenem Zustand arbeiten. Genauso schlecht bekomme ich Zugang zum Unterbewußtsein meines Patienten, dessen Verhaltensweisen ich verändern möchte, wenn dieser Patient unter Psychopharmaka-Wirkung steht. Und solange ich die Hilfe des Unterbewußtseins nicht in Anspruch nehmen kann, um Veränderungen zu bewirken, rede ich mit dem falschen Teil meines Patienten. Psychopharmaka decken nur krankhafte Symptome zu, haben aber keine heilende Wirkung und behindern den Zugang zum Unterbewußtsein des Patienten. Medikamente sind ein Hindernis für Veränderungen. Deshalb ist es eine schwierige Herausforderung, mit Patienten zu arbeiten, die gleichzeitig unter Psychopharmaka-Wirkung stehen.

Gehirnuntersuchungen haben ergeben, daß Menschen, die Psychopharmaka, Schlafmittel, Schmerzmittel oder Drogen benutzen, für Hypnose weniger empfänglich sind. Die Ursache liegt darin, daß längerer Gebrauch dieser Medikamente die Neurotransmitter des Gehirns daran hindert, entspannende Gehirnwellen zu erzeugen. Für jeden Heilungsprozeß sind wenigstens Alpha-Wellen nötig. Jemand, der oben genannte Mittel einnimmt, kann quasi nur Betawellen produzieren, und sein Gehirn ist deshalb nie richtig entspannt und funktioniert nicht mehr optimal.

Wann hypnotisieren - wann enthypnotisieren?

Alles, was der Volksmund an Krankheitssymptomatik schildert ist seelisch bedingt. Redensarten des Volksmundes sind oft eine Organsprache. So Erkrankungen

- des Herzkreislaufsystems:	„Man nimmt sich etwas zu Herzen.“ „Das Herz schlägt bis zum Hals.“
- des Magen-Darm-Traktes:	„Es schlägt auf den Magen.“ „Etwas in sich hineinfressen.“ „Man ärgert sich ein Loch in den Bauch.“ „Es ist einfach zum Kotzen.“ „Etwas hinunterwürgen.“ „Ich kann das nicht schlucken.“
- der Atemorgane:	„Es bleibt einem die Luft weg.“ „Etwas schnürt die Kehle zu.“
- des Halsbereiches:	„Vor Schreck bleibt die Spucke weg. „Es bleibt mir im Halse stecken.“
- der Blutgefäße:	„Das Blut gefriert in den Adern.“
- der Augen:	„Das kann ich nicht mit ansehen.“
- des Gehirns:	„Alles steigt zu Kopf.“
- der Galle und der Leber:	„Ich könnte Gift und Galle spucken.“ „Es läuft vor Wut die Galle über.“
- der Nieren oder Blase:	„Es geht mir an die Nieren.“ „Das schlägt auf die Blase.“
- des Bewegungsapparates:	„Vor Schreck wie gelähmt sein.“ „Es ist mir in die Glieder gefahren.“ „Es ist einfach ein Kreuz.“
- der Haut:	„Es kratzt mich, es juckt mich.“ „Vor Scham erröten.“ „Eine Gänsehaut bekommen.“ „Es sträuben sich die Haare.“ „Es ist zum Aus-der-Haut-fahren.“ „Das Problem geht unter die Haut.“

Hypnosetherapie nicht nur bei Krankheiten des Volksmundes

Weil ich davon ausgehe, daß die Ursache einer jeden Krankheit über einer körperlichen Ebene liegt, ist *Hypnosetherapie bei allen Patienten angebracht, die bereit sind, verkrustete seelische Strukturen zu verändern und an deren Organen noch kein irreparabler Schaden eingetreten ist.*

Abartige Hypnosewünsche

„Hypnotisieren Sie meinen Mann, bringen Sie ihm bei, daß er keine andere Frau liebt, nur mich.“ -

Gehen Sie mit mir zur Kreissparkasse. Sie hypnotisieren den Kassierer, und ich trage das Geld.“ -

In meinem Sekretariat wird immer wieder angefragt, ob ich auch ent-hypnotisiere. Natürlich enthypnotisiere ich nicht so, wie es der Fragesteller meint. In der Regel kommen diese Anfragen - ohne daß ich die Patienten kennen muß - von geisteskranken Patienten, die mit Sicherheit an einer endogenen Psychose erkrankt sind, die dem Formenkreis der Schizophrenie (Prozeßpsychose) zuzuordnen ist. Die Patienten fühlen sich von anderen verfolgt und „hypnotisiert.“ Sie sind es natürlich nicht.

Am 26.1.1988 sucht mich ein eifersüchtiger Ehemann mit seiner Frau zu einem Vorgespräch auf. Er wünscht, daß seine Frau von mir hypnotisiert wird, damit er den *Beweis* bekommt, daß sie ihn auf einer Party vor etwa sechs Jahren nicht betrogen habe. Selbstverständlich lehne ich dieses Ansinnen ab und erkläre den beiden, daß Eifersucht ein Fall von Liebe sei, krankhafte Eifersucht jedoch behandelt werden müsse. Ich rate dem Ehepaar, daß sich der krankhaft eifersüchtige Ehemann behandeln läßt. Nicht die Frau, sondern der Ehemann ist zu therapieren. Er bittet sich Bedenkzeit aus.

Dennoch: Ich hypnotisiere und enthypnotisiere

Natürlich enthypnotisiere ich keine schizophrenen Patienten, die sich von jemand anderem hypnotisiert fühlen. Dennoch enthypnotisiere ich dauernd Patienten, die sich selbst - in falscher Selbstsuggestion - mit destruktiven Gedanken beladen haben. Ich enthypnotisiere von falschen, krankmachenden Vorstellungen und befreie von hypnotisch lähmenden Vorurteilen. „Das steht mir nicht zu"- „Das verdiene ich nicht" – „Ich kann nicht" sind solche falschen Vorstellungen, von denen ich enthypnotisieren kann.

Hypnosemißbrauch

Gravierend finde ich den Mißbrauch der Hypnose durch Heilpraktiker und durch obskure Institute, die regelmäßig in Zeitungen werben.

Einer der Weltmeister der Showhypnotiseure aus dem Guiness-Buch der Rekorde hat mir erzählt, daß er in einer Arztpraxis für einen Psychiater und für einen Psychologen Patienten hypnotisieren sollte. Schlimm! Dem „Hypnose-Weltmeister" gelang selten das Hypnotisieren, denn Hypnose-*patienten* sind wenigstens psychisch Kränkelnde. Dazu braucht es einfach eines besonderen Talentes, um sie zu hypnotisieren, und eines Wissens um psychopathologische Vorgänge bei Erkrankungen.

Show-Hypnose harmlos?

Hypnose ist nicht geeignet für Gesellschaftsspiele, dafür sind ihre Folgen zu tiefgehend. Ob Hypnose bei öffentlichen Showvorführungen gesundheitsschädlich ist oder nicht, wird von den einen heftig bestritten, von den anderen bejaht. Nach öffentlichen Vorführungen sollen einzelne über Kopfschmerzen, tagelanges Unwohlsein, Benommenheit, nervöses Zucken und Angstzustände geklagt haben.

In Hypnoseshows sieht man vom Täter und von seinen Opfern Karikaturen menschlichen Verhaltens. Der Show-Hypnotiseur ist oft in seinem Äußeren und in seinem Gehabe die schlecht geschauspielerte Karikatur eines Magiers. Er steht unter Zeitdruck, deswegen holt er sich aus dem Publikum eine Reihe von Versuchspersonen und erteilt Befehle. Die besonders gut gehorchenden behält er für die Show auf der Bühne. Das macht er richtig, denn die, die widerstandslos Befehle entgegennehmen, sind in der Regel auch gut suggestibel. Der Show-Hypnotiseur kann es sich nicht leisten, vor Publikum sogenannte schwer hypnotisierbare Menschen als Versuchspersonen auszuwählen. Der Show-Hypnotiseur ist nicht in der Lage, jeden zu hypnotisieren, und schon gar nicht unter Zeitdruck.

Die wie Marionetten agierenden Opfer des Show-Hypnotiseurs erweisen sich oft als humorlos und reagieren meist böse. Deshalb behaupten öffentlich hypnotisierte Personen immer wieder, sie seien gar nicht hypnotisiert gewesen, und so werden Hypnoseshows oft als Schwindel und Betrug bezeichnet.

9. Kapitel

Warum werden wir krank?

Krankheit ist ein Naturphänomen der lebendigen Welt. Wie die Fortpflanzung zur Erhaltung des Lebens dient, ist Krankheit ein Mittel zur Beseitigung und Zerstörung von Leben. Krankheit ist zwangsläufig wie der Tod. Völlige Gesundheit ist utopisch.

Religionen und Philosophien als Lebenshelfer

Religion, Philosophien und Ideologien sind Orientierungshilfen für Menschen. Je größer der Gefühlswert einer Idee ist, um so „ansteckender" ist sie. Philosophien sind im allgemeinen zu blutarm, um die emotionalen Seiten des menschlichen Wesens ausreichend zu versorgen. Politische Ideologien geben Menschen klassenkämpferische Orientierungen, aber sie sind ohne warmes Fühlen, haben einen Hang zur Besserwisserei und Rechthaberei und sind gegenüber Kritik mehr als empfindlich.

Religiöse Menschen haben das Bedürfnis, verbindliche Anweisungen von Gott zu erhalten. Sie leben heutzutage in der Regel unaufdringlich und bemühen sich um Toleranz. Man versucht sogar in anderen Weltanschauungen etwas Gutes zu sehen und von ihnen zu lernen (ökumenische Gedanken).

Wer betet, braucht weniger Pillen

„New York - Wer bei Krankheit betet, gebraucht weniger Medikamente. Wer betet, wird schneller wieder gesund. Das ist das Ergebnis einer amerikanischen Studie, die im renommierten ‚Southern Medical Journal' veröffentlicht wurde. Dabei wurden Menschen mit identischen klinischen Befunden untersucht. Religiöse Menschen genasen schneller als Menschen ohne Glauben. Und: wer an Gottesdiensten teilnimmt, erkrankt seltener." So lese ich am 09.02.89

in der Zeitung. Ich kann das bestätigen, auch ohne Statistik.
Wenn religiöse Menschen zu mir zu einem Vorgespräch kommen, sage ich ihnen, daß sie wahrscheinlich meine Hilfe nicht brauchen. Sie mögen Gott noch einmal um Hilfe bitten, beten und ohne jeden Zweifel an Gottes Hilfe glauben.

Ganzheitsmedizin kontra Mikrobenjäger

CLAUDE BERNARD, der große französische Arzt, der als Begründer der experimentellen Medizin gilt, empfindet gegen Mitte des 19. Jahrhunderts ein Mißtrauen gegenüber dem einseitigen Eifer der Mikrobenjäger. Er und PASTEUR sind zeitlebends gegenteiliger Auffassungen. BERNARD ist der Meinung, daß Krankheit zwar überall lauert, aber nur dann eintritt, wenn der Körper auf Empfang eingestellt ist. Die Mikrobe ist für CLAUDE BERNARD zweitrangig, ihr „Terrain", der Körper, alles. Für CLAUDE BERNARD steht der Körper im Mittelpunkt der Forschung, für PASTEUR, KOCH und andere Mikrobenjäger ist die Suche und Bekämpfung des Krankheitserregers wesentlich. Wenn für CLAUDE BERNARD der Körper in seiner Gesamtheit stabil ist, vor allem in seiner inneren Welt (milieu interieur), so kann sich der Körper selbst vor krankmachender Umwelt (milieu exterieur) schützen.

Ich gehe weiter: eine Abwehr des Körpers vor Bedrohlichem der Außenwelt ist nur möglich, wenn sich Körper und Seele im Gleichklang befinden.

Auch Schnupfen seelisch bedingt?

Zwischen Weihnachten 1944 und Neujahr 1945 kommt es in vielen Kriegsgefangenenlagern und in Konzentrationslagern zu einem Massen-sterben. Dieses Massensterben kann nicht durch veränderte und verschlech-terte Lebensbedingungen oder durch das Neuauftreten von Infektions-krankheiten erklärt werden. Die Erklärung: viele Häftlinge klammern sich an die Hoffnung: „Weihnachten sind wir zu Hause!" Weihnachten kommt, aber man ist doch noch nicht zu Hause, und man gibt alle Hoffnung auf, in abseh-barer Zeit nach Hause zu kommen. Das führt zu einem Herabsetzen der Vitalität und zu Infekten, so daß die nun Hoffnungslosen sterben.

Haben körperliche Beschwerden und Erkrankungen ihre Ursache in einem seelischen Fehlverhalten oder Falschreagieren? Ist schon ein Schnupfen seelisch bedingt? Öffnen wir uns nicht auch schon für grippale und bakterielle Infekte? Wir schleppen in unseren Luftwegen immer Bakterien und Viren mit uns herum, ohne daß diese Schaden anrichten, ohne daß diese krankmachend wirken. Bei seelischer Stabilität öffnen wir uns nicht diesen krankmachenden Keimen, wir bieten ihnen keine Angriffsfläche. Zu Zeiten seelischer Belastungen, zu Zeiten persönlichen, familiären oder beruflich bedingten Ärgers werden wir krank, und wir erkranken vielleicht an einem sogenannten Infekt der oberen Luftwege. *Die Immunlage eines Menschen hängt von seiner Affektlage ab.*

Etikett „naturwissenschaftlich" - besonders wertvoll?

Man versucht in der Medizin „naturwissenschaftlich" zu denken und man ist stolz darauf. Naturwissenschaft, vor allem die Physik als ihre Grundlage, erfaßt Vorgänge in Raum und Zeit, die objektiver Beobachtung und Messung zugänglich sind. Ziel der Naturwissenschaften ist es, die Natur zu erklären. Naturwissenschaft erhebt den Anspruch, daß ihre Grundgesetze auf alle Ereignisse in Raum und Zeit anwendbar sind. Ist alles bisher Unerklärliche deswegen abzulehnen?

„Naturwissenschaftliches" Denken ist ohne Bezug zum Menschen und als etwas Objektives konstruiert. Wie NEWTON Mensch und Natur trennt, so wird heutzutage in der Schulmedizin immer noch Krankheit unabhängig von der erkrankten Person gesehen. Es werden Behandlungen vereinheitlicht, schematisiert, dogmatisiert. Krankheit wird als ein vom erkrankten Menschen völlig unabhängiger Zustand angesehen, quasi ein Zufallsprodukt, das mit der Biographie und mit der Seele keinen vorstellbaren Zusammenhang hat.

Die heutige Medizin repariert

Die heutige Medizin befaßt sich mit Auswirkungen von Krankheiten, aber nicht mit ihren Ursachen. Krankenhäuser sind mehr und mehr Reparaturwerkstätten: kranke Organe und Organsysteme werden entfernt und als Spitzenleistung sogar ausgewechselt, die Ursachen für Erkrankungen dieser Organe sind medizinischen Handwerkern unserer Tage ziemlich gleichgültig. Auch technisch orientierte Psychotherapierichtungen neigen dazu, den Therapeuten als eine Art Mechaniker zu sehen, der beschädigte Teile repariert.

Wir wissen, daß wir ohne Blinddarm, ohne Gallenblase, ohne Zweidrittel unseres Magens, ohne Augen, ohne eine eigene Niere, ohne ein eigenes Herz auskommen können. Um unser Leben zu retten würden wir uns alle ein Glied amputieren lassen oder ein Organ - wie das Herz - neu einpflanzen lassen. Würden wir eine Transplantation des Gehirns zur Rettung unseres Körpers ablehnen? Auf beträchtliche Teile unseres Gehirns können wir ohne Störungen unserer Persönlichkeit verzichten, andere Verletzungen oder Störungen des Gehirns schädigen oder beeinträchtigen unsere geistigen Leistungen. Geistiges ist das, was vor allem Gehirne schaffen. Die gelungene Transplantation eines Gehirns (eine Horrorvision?) wird uns zeigen, ob damit eine völlige Übertragung von geistigen Leistungen, von Bewußtem und Unterbewußtem möglich ist.

Streß ist etwas Positives

Streß ist ursprünglich etwas Erstrebenswertes und Positives: es ist die Kraft in uns, die uns zu überdurchschnittlichen Leistungen verhilft. Krankmachende Reize auf dem Weg zu einem überdurchschnittlichen Ziel bezeichnen wir heute als „Disstreß“.

Ich erläutere meinen Patienten immer, daß in den „goldenen 50er-Jahren“ Streß und Managerkrankheit (sprich: Herzinfarkt) vorzeigbar waren. Wer damals einen Herzinfarkt bekam, der war tüchtig und durfte seine Krankheit auch vorzeigen! Heute ist ein Herzinfarkt beinahe so unedel wie Krebs. Darüber spricht man nicht. Es hat sich herumgesprochen, daß Herzinfarkt und Dummheit geradezu gleichzusetzen sind.

Im Verhalten der Massenmedien sind oft unsere Politiker und deren PR-Berater Vorreiter: über eine Krebserkrankung hüllt man den Mantel des Schweigens, soweit das möglich ist. Einen Herzinfarkt verschweigt und bedeckt man auch: man redet von einem „völligen Zusammenbruch des Herzkreislaufsystems“ wegen Überarbeitung. Offen vorzeigen kann man heute einen Hörsturz. Das ist eine wirklich „schicke“ Krankheit und der Beweis eines 16-Stunden-

Arbeitstages. Für mich sind auch der Hörsturz oder als Vorstufe die Ohrgeräusche nichts als Beweise für falsch gelebtes Leben.

Krankheit ist falsch gelebtes Leben

Krankheit ist ein Naturphänomen alles Lebendigen und so zwangsläufig wie der Tod. Dennoch bleibt schwere und häufige Krankheit vor dem Erreichen der biologischen Altersgrenze etwas völlig Überflüssiges. Ich sehe in einer Krankheit überhaupt keine Bewährungsprobe fürs Leben. Wenn Menschen ihr Verlangen ungestillt lassen, nicht mehr agierend handeln können oder nicht auch mal verzichten können, dann leben sie falsch. *Krankheit ist falsch gelebtes Leben. Krankheit ist der falsche Weg, Unerträgliches erträglich zu machen. Krankheit ist ein Hilferuf der Seele.*

Bei den Naturvölkern ist die Anschauung verbreitet, daß Krankheit ein Verlust der Seele bedeutet. Man kann das auch so verstehen, daß ein Verlust an Harmonie gemeint ist. Schon vor tausenden von Jahren erkennen Ärzte und Heiler, daß Krankheit ihren Ursprung auf einer anderen Ebene als der körperlichen hat. *Ursache und Beginn einer Krankheit liegen im seelischen Bereich.* Seelische Konflikte, wie Verhaltens- und Gefühlsstörungen, führen zu seelischen und körperlichen Krankheiten. Die logische Folgerung aus Gesagtem: nicht ein Krankheitssymptom ist zu behandeln, sondern durch geistige und gedankliche Arbeit vor allem die Seele des Erkrankten.

„Flucht in eine Krankheit" findet dauernd statt und viel häufiger, als wir es meinen. Um schwierigen Lebenssituationen zu entgehen, fliehen Lebewesen (nicht nur der Mensch!) in Krankheiten und gewinnen diesen Krankheiten unterbewußt nützliche Werte ab: mit oder durch Krankheit ist das Leben mehr oder minder besser zu meistern oder zu ertragen.

Manche predigen, daß Krankheit ein Korrektiv zur Beseitigung seelischer Fehler sei. Krankheit als Weg zu einem besseren Menschen? Vor allem für von Geburt an Behinderte erscheint mir diese plakative verkaufsträchtige Lebenshilfe geradezu zynisch.

Krankheit führt zu früherem Tod! Wir alle sollten aber ein hohes biologisches Alter anstreben. Weil jede Krankheit lebensverkürzend ist, ist sie mehr als überflüssig und primär nirgendwo ein Gewinn. Nach überwundener schwerster Krankheit wird sich ein Mensch verändert haben, nur manchmal zu seinem Vorteil. In diesen wenigen Fällen hätte Krankheit sekundär so etwas wie einen Gewinn?

10. Kapitel

Geheilt durch Hypnose
Heiserkeit verschwindet - Backe wird dünn

Eines Morgens ist eine meiner Arzthelferinnen stockheiser. Nach der Vormittagssprechstunde wecke ich in ihr in Hypnose die Vorstellung, daß in den nächsten Stunden große Mengen heilender weißer Blutkörperchen ihren Kehlkopf und ihre Stimmbänder durchfließen werden. Diese weißen Blutkörperchen werden alle Entzündungsstoffe mitnehmen, ihre Kehlkopfregion wird dabei angenehm warm werden, und am Nachmittag wird sie von ihrer Heiserkeit befreit sein. Meine in Hypnose gegebene Vorstellung wird Wirklichkeit: am Nachmittag spricht meine Arzthelferin wieder mit völlig normaler Stimme.

Eine andere meiner Mitarbeiterinnen hat sich einen Weisheitszahn ziehen lassen müssen. Sie kommt mit dick geschwollener Wange zur Arbeit. Ich suggeriere ihr eine ähnliche Vorstellung in Hypnose: große Mengen weißer Blutkörperchen werden wärmend ihre geschwollene Wange durchfluten und alle Entzündungszeichen werden in wenigen Stunden abklingen. Diese in Hypnose noch bildhaft ausgeschmückte Vorstellung bewirkt auch bei dieser Arzthelferin ein schnelles Abschwellen der Wange. Darüber hinaus ist sie auch von ihrem postoperativen Schmerz befreit.

Imaginationstherapie in Hypnose

Die Vorstellungskraft (Imagination) spielt bei meiner Therapie eine große Rolle. Ich gebe in Hypnose meinen Patienten Vorstellungen vom Abtöten von Bakterien und Viren, von der Bildung neuer Zellen, um geschädigte - wie beispielsweise krebskranke - zu ersetzen. Ich vermittle meinen Patienten in Hypnose die Vorstellung der Glättung rauher Flächen, der Heilung wunder Stellen, der Entspannung verkrampfter Muskulatur, der Kühlung heißer Körperregionen, der Druckfreisetzung, der Druckbefreiung in angespannten Körpergegenden oder der Versorgung ermüdeter Körpergegenden mit Energie.

Zum Visualisieren oder zur Imagination gehören nicht nur der Gesichtssinn, sondern vor allem auch das Fühlen und Hören. Ich muß Visualisierung und Imagination in den drei wesentlichen Wahrnehmungen unserer Sinnesorgane nachvollziehen.

„Sie und ich, wir werden Ihre Krankheit in den Griff bekommen", das ist keine leere Redensart von mir. Auch *ich* brauche und habe eine positive Imagination von dem letztendlich gesunden Patienten.

Auch ohne hypnotisiert, in Selbsthypnose oder in einem entspannten Zustand zu sein, kann jeder Kranke lernen, *sich gesund zu sehen.* Er muß daran glauben, gesund zu werden. *Ohne jeden Zweifel zu glauben,* das fällt uns allen nicht leicht. *Die Vorstellungskraft weckt immense Selbstheilungskräfte in uns.* PARACELSUS (1493 bis *1541)* sagt über die Imagination: „Der Mensch besitzt eine sichtbare und eine unsichtbare Werkstatt. Die sichtbare, das ist sein Körper. Die unsichtbare, das ist seine Imagination (Vorstellungskraft). Die Imagination ist die Sonne in der Seele des Menschen. Die Macht der Imagination ist ein bedeutender Faktor in der Medizin, sie kann Krankheiten verursachen und heilen. Krankheiten des Körpers können mit Hilfe von Arzneien geheilt werden und dank der Kraft des Geistes, der durch die Seele wirkt."

Die Stigmatisation mit dem Auftreten der Wundmale Christi auf Innen- und Außenflächen von Händen und Füßen, dem Bluten aus Stirn und Kopf entsprechend dem Kranz der Dornenkrone, auch aus der Herzwunde nach dem Lanzenstoß, das Weinen blutiger Tränen sind eine Spitzenleistung lebhafter Vorstellungskraft mit Körperbeeinflussung. Es ist dieses nicht immer Betrug, wenn man auch im Einzelfall schon blutige Tränen als Betrug beweisen konnte. Man kann Stigmatisationszustände bis heute nicht restlos klären. Sie zeigen aber deutlich, zu welchen ungewöhnlichen Leistungen menschliche Imagination fähig ist.

„Ich kann kaum glauben, daß ich jetzt gut schlafe"

Eine wegen Schlafstörungen von mir behandelte Patientin schreibt:
„Nachdem ich Anfang Oktober bei Ihnen war, schlafe ich schon sechs Wochen lang gut. Ich will es kaum glauben, und ich bin dankbar für jede Nacht. Wie erstaunlich, daß so etwas möglich ist.

Die mir von Ihnen im Verlauf der Therapie gegebene Hilfestellung: „Wie tief Sie auch in den Schlaf fallen mögen, Sie landen immer sanft“, wurde mir zum Anker in der Not. „Ihr Schlaf wird sich genauso wie andere Dinge in Ihrem Leben mit *natürlicher Selbstverständlichkeit* einstellen. Zusätzlich machen Sie bitte von dem natürlichen Vorgang des Träumens Gebrauch.“ Auch eine gute Hilfe.

Der Schlaf ist etwas Spontanes und gleicht einem Vogel, der fortfliegt, wenn man nach ihm greift.

Schlaf und Hypnose

Zum Thema Schlaf gibt es tausende von wissenschaftlichen Abhandlungen. Dennoch wissen wir fast nichts darüber, warum wir schlafen. Es gibt wenig Beweise für die populäre Antwort, daß der Schlaf eine stärkende Wirkung habe und dem Körper erlaube, sich zu erholen und zu erneuern.

Was ist Schlaf? Der Schlaf ist bei Menschen ein Zustand, bei dem die Augenlider geschlossen sind, sich die Pupillen stark verkleinern, die Sekretion von Verdauungssäften, Urin und Speichel abnimmt, die Luftzufuhr in die Lungen geringer und der Herzschlag langsamer wird und wahrnehmbare Veränderungen der Gehirnströme auftreten. Doch auch diese Zeichen für Schlaf verraten wenig darüber, was Schlaf wirklich ist. Schlaf ist ein unwillkürliches Verhaltensmuster, das notfalls aufgeschoben werden kann, wenn auch nicht für ewig.

Ob Schlaf als Ermüdungszustand durch lähmende Stoffwechselprodukte oder auch durch den biologischen Grund der Erneuerung der Ganglienzellen eintritt, das Einschlafen hängt noch von anderen Faktoren ab: von der Abschirmung äußerer Reize, vom Einstellen der geistigen Arbeit, von der Absicht einzuschlafen. Man kann auch durch starke Erschöpfung vom Schlaf überwältigt werden.

Auch das Rätsel des Traumlebens ist nicht gelöst. Warum haben die Reproduktionen im Traum so häufig einen halluzinatorisch lebhaften Charakter, wo es sich doch um Erregungen in der ermüdeten Nervensubstanz handelt? Greift im Schlaf die Erregung auf motorische Zentren über, so entstehen beim Träumer Bewegungen. Diese können kompliziert oder auch gut koordiniert sein wie beim Schlafwandeln, beim Somnambulismus (Schlafwandeln; somnus = der Schlaf, ambulare = herumgehen). Im Somnambulismus treffen sich Schlaf und Hypnose, denn bei tiefer Hypnose spricht man von hypnotischem Somnambulismus, und doch sind Hypnose und natürlicher Schlaf nicht identisch.

Schlafstörungen sind häufig

In der Praxis von Allgemeinmedizinern und Internisten bekommen 1988 31 % der Patienten ein Rezept für Schlaftabletten und 41 % eines für Tranquilizer. In der Bundesrepublik Deutschland werden pro Tag fast 5 Millionen Tranquilizertabletten verkauft.

Schlafstörungen muß ich therapeutisch verschieden angehen, es gibt auch gegen Schlafstörungen nicht die Patentlösung. Organische Ursachen sind sehr selten. Meistens begleiten Schlafstörungen andere, seelisch verursachte Krankheiten. Ich muß also die Grundkrankheit behandeln, Fehlverhalten korrigieren.

Viele Menschen, die an Schlaflosigkeit leiden, führen Selbstgespräche mit einer lauten, hohen, aufgeregten Stimme und das hält sie wach, selbst wenn sie darüber sprechen, wie dringend sie den Schlaf benötigen. Schlaflose Menschen sind meistens sehr aufgeweckt und motiviert. Sie glauben, daß sie nicht viel schlafen, aber Untersuchungen haben ergeben, daß sie ungefähr soviel schlafen wie andere Menschen. Ein menschlicher Organismus holt sich das Minimum der Schlafmenge, das er unbedingt braucht, auf jeden Fall. Das sollte jeder Schlafgestörte wissen, und aus diesem Wissen soll er Vertrauen zum eigenen Organismus schöpfen.

Schlafgestörte fördern ihre Schlaflosigkeit neben den Selbstgesprächen mit hoher, aufgeregter Stimme, indem sie sich an viele sehr hell aufleuchtende Bilder erinnern und sich diese immer wieder vorm Einschlafen ansehen.

Warum sollte nicht an die Stelle der Angst vor Schlaflosigkeit die Absicht treten, eine schlaflose Nacht zu verbringen, also bewußt auf den Schlaf zu verzichten? Ein schlafgestörter Patient kann sich vornehmen: „Heute nacht möchte ich gar nicht schlafen, heute nacht will ich mich bloß entspannen und an etwas

Schönes denken." Wenn also das Schlafen-wollen ein Einschlafen nicht möglich macht, so kann Schlaflos-sein-wollen paradoxerweise den Schlaf herbeiführen. Man wird Schlaflosigkeit nicht mehr fürchten und ist dann schon auf dem Wege, um in den Schlaf hineinzugleiten, hineinzufallen.

Für den schlafgestörten Leser noch ein Hinweis: Werten Sie nicht die „schlaflose" Zeit als verlorene Zeit, sondern als Guthaben-Zeit. Sie haben endlich Zeit zum Lesen, zum Musikhören, zum Lieben. Freuen Sie sich über diese Guthaben-Zeit, denn irgendwann werden Sie müde werden und einschlafen, leider.

Schiefhals: nur wegschauen vor diesem Ekel?

1972 kommt eine Patientin mit einem muskulären Schiefhals (= Torticollis spasticus) zu mir. Sie hat schon diverse Therapien -einschließlich zweier Operationen - hinter sich.

Die Hypnoseanalyse (1972 hypnoanalysiere ich auch noch recht fleißig!!) zeigt, daß die Patientin in ihrem Berufsalltag seit mehreren Jahren unter den sexuellen Anzüglichkeiten ihres Chefs, Prokurist der Firma, leidet. Er ist kein Busengrabscher, aber voller verbaler Anzüglichkeiten, und sie *dreht immer ihren Kopf weg.* Im Vorgespräch und ohne Hypnose ist ihr das als Ursache nicht deutlich. Ihre „Schamhaftigkeit" reizt den Prokuristen zu immer stärker werdenden verbalen Schweinigeleien. Sie wendet ihren Kopf immer mehr von dieser bei ihr Ekel erregenden männlichen Person ab. So beginnt ihre Krankheit.

In Hypnose kann die Patientin ihren Kopf immer frei bewegen. Aber meine Patientin ist anfangs auch in Hypnose so prüde, daß sie mir nicht erzählt, mit welchen Worten der Vulgärsprache sie ihr Chef bombardiert.

In Hypnose wird meine Stimme zur Stimme der Mutter, des Vaters, der Geschwister, der Freunde, der Feinde, meine Stimme wird zur Stimme aller.

Auch mir ist Vulgärsprache zuwider. Und jetzt muß ich zur Stimme des schweinigelnden Prokuristen werden! Aber wir beide, meine Patientin und ich in der Rolle des Prokuristen, wir steigern uns von Sitzung zu Sitzung. Nicht nur in

Hypnose, auch am Arbeitsplatz übertrifft sie nach der Therapie ihren Chef an säuischen Ausdrücken. Ihr Chef ist es, der sich zuletzt ihre „Sauereien“ verbietet. Die Patientin wird gesund.

Dieses Verhalten empfehle ich allen, die am Arbeitsplatz sexuellen Anzüglichkeiten ausgesetzt sind. Auf einen groben Klotz gehört ein noch gröberer Keil! Mit vor lauter Schamhaftigkeit niedergeschlagenen Augen oder mit Beschwerden an die still in sich hineinfeixende Obrigkeit ist ein solches Problem nicht zu lösen.

Ein Mund voller Ruinen

Vor einigen Jahren kommt ein 25jähriger Patient zu mir, der eine panische Angst vor Zahnbehandlungen hat. Ich inspiziere seine Mundhöhle: es ist ein Mund voller Ruinen, gesunde Zähne sind kaum auszumachen. Auf dem Stuhl seiner Zahnärztin wird bei jedem Behandlungsversuch seine Angst so übermächtig, daß er trotz erneuter guter Vorsätze immer wieder die Flucht ergreift.

Da ich nicht bei jeder Zahnbehandlung meines Patienten in einer anderen Stadt anwesend sein kann und will, muß ich dem Patienten sogenannte *posthypnotische Suggestionen* geben. Im Rahmen meiner damaligen Allgemeinpraxis betreibe ich kleine Chirurgie und benutze dazu auch eine Standleuchte, die der Beleuchtung über einem Zahnarztstuhl ähnelt. Mit dieser Leuchte strahle ich während der Hypnosetherapie den Patienten bei geöffneten Augen an.

„Wenn Sie im Zahnarztstuhl sitzen und in die Lampe über dem Behandlungsstuhl schauen, werden Sie ganz ruhig und gelassen sein. Sie spüren im Bereich Ihres Vollbartes und im Mund keine Schmerzen.“

Bei jeder späteren zahnärztlichen Behandlung wird der posthypnotische Auftrag Wirklichkeit. Nach wenigen Wochen verfügt der Patient über ein saniertes und prothetisch versorgtes Beißwerkzeug.

Es gibt in Deutschland nur wenige Zahnärzte, die soweit suggestive Hypnosetherapie beherrschen, daß sie für ihr Fachgebiet Schmerzfreiheit suggerieren können. Wenn Sie zu den überängstlichen Zahnarztpatienten gehören, forschen Sie nach einem hypnotisierenden Zahnarzt. Oder aber Sie gehen zu einem Hypnosetherapeuten. Auch jeder traditionelle Hypnosetherapeut sollte mit posthypnotischen Suggestionen helfen können.

Rhythmusstörungen nach Herzinfarkt: „Ich wäre bis nach Amerika geflogen."

Im August 1986 kommt ein Telefonanruf von südlich der Mainlinie. Der Anrufer hatte einen Herzinfarkt erlitten. Chirurgen hatten danach einen Bypass gelegt, um den Herzmuskel wieder besser zu durchbluten. Jetzt hat der Patient einen unregelmäßigen Herzschlag und dauernd Herzjagen. Diese Herzrhythmusstörungen sind medikamentös nicht zu beeinflussen. Der Patient setzt sich noch am gleichen Tag ins Auto und kommt zu mir, nachdem ich seinem Drängen nachgebe und ihm noch am späten Abend einen Behandlungstermin anbiete. Nach der ersten Hypnosebehandlung am gleichen Abend schlägt sein Herz ruhig und gleichmäßig. Der Patient ist verwundert und erstaunt zugleich: denn um einen ruhigen und gleichmäßigen Herzschlag zu bekommen, wäre er nach eigenen Worten „bis nach Amerika geflogen". Einen ruhigen Herzschlag erreiche ich erst einmal durch hypnotische Suggestionen.

Nachdem ich die Lebensgeschichte des Patienten gehört habe, wird mir mehr und mehr klar, daß der Gordische Knoten, den er um sich geschlungen hat, schwer zu lösen sein wird. Oft begleitet mich ein altes Sprichwort bei Gesprächen mit meinen Patienten: „Wenn du deine *Lebensumstände* nicht ändern kannst, mußt du deine Einstellung ändern". Diese Worte habe ich vor vielen Jahren bei meiner viermonatigen Arbeit im Strafvollzug als Medizinalassistent sehr häufig und hilfreich benutzt. Mein Patient nimmt sich seine „Beziehungskisten" zu Frauen so zu Herzen, daß er einen Herzinfarkt bekommt. Eine nachfolgende Operation und weitere Behandlungen werden notwendig. Er wird schließlich Frührentner.

Die Beziehungen zur geschiedenen Frau und zur verstoßenen und zurückgeholten Freundin sind kompliziert und verschlungen. Ich ermuntere den Patienten, daß er während der zehntägigen Therapie von seiner Freundin besucht wird, denn wenn erneut Herzrhythmusstörungen auftreten, dann lieber während meiner Therapie als danach. Der Besuch der Freundin führt zu erneuten heftigen Diskussionen untereinander und auch in meinem Beisein. Der

Patient verabschiedet sich ohne Herzrhythmusstörungen, aber auch ohne gelöste Probleme, obwohl wir gemeinsam alle Lösungsmöglichkeiten in Hypnose durchlebt haben.

Ich habe gehört, daß er wieder - und jetzt als Frührentner - im Rundfunk erfolgreich Musiksendungen moderiert. Das war ihm vor meiner Therapie nicht mehr möglich. Wenn man krankmachende Lebensumstände nicht ändern kann, muß man seine Sicht auf Probleme, muß man seine bisherige Einstellung zu seinen Problemen ändern.

„An Ihnen ist ein Wunder geschehen!"

Im November 1987 kommt ein 71jähriger Patient zu mir mit der Diagnose: Absolute Arhythmie bei Vorhofflattern. An diesem Patienten sind eine Reihe von rhythmisierenden Medikamenten ausprobiert worden, ohne daß ein Erfolg eingetreten ist.

Nach der Behandlung schreibt mir der Patient: „Mein Internist war erstaunt und begrüßte mich bei der Untersuchungsbesprechung: „Herr L., an Ihnen ist ein Wunder geschehen!" Mein Urteil: Hypnosetherapie hat den Erfolg gebracht, und dafür sage ich Ihnen meinen herzlichen Dank. Mein Durchhalten bei Ihnen hat sich gelohnt."

Der Patient schreibt mir erneut 1 1/2 Jahre später und teilt mir mit, daß es ihm gut geht: „Mein Herz schlägt ruhig und gleichmäßig". Er schreibt mir aber nicht, um den erfreulichen Therapieerfolg mitzuteilen, er braucht eine Bescheinigung zur Vorlage beim Finanzamt. Hypnosetherapie war bei dem Patienten indiziert und erfolgreich - das sollte das Finanzamt berücksichtigen.

Asthma bronchiale: „Die Seele schreit nach Luft"

Zu mir kommt Anfang Dezember 1987 eine 49jährige Patientin zu einem Vorgespräch. Sie leidet seit 1977 an einer Bronchitis, hat aber seit September 1985 schwerste Asthmaanfälle mit Erstickungsgefahr. Sie ist seit 1985 mehrfach über längere Zeiträume in stationärer Behandlung in einer Lungenfachklinik. „Endogenes Asthma bronchiale" lautet die Diagnose. Sie nimmt zur Zeit 35 Einzeldosen an Medikamenten pro Tag, benutzt daneben vier Dosier-Aerosole und hängt täglich vier bis fünf Stunden am Sauerstoffgerät. Das Lungenfachkrankenhaus empfiehlt eine vorzeitige Berentung.

Meine Patientin weint häufig in Hypnose. Es kommt öfter vor, daß Patienten in Hypnose weinen. Darauf reagiere ich als Therapeut ganz unspezifisch: „Sie spüren eine ganz intensive Reaktion.“ -„Und während Ihre Tränen Ihre Wangen hinabrollen, fühlen Sie wachsende Behaglichkeit und Sicherheit. Sie sind bei mir beschützt.“

Ich begleite auch diese Patientin angemessen neutral und spreche in Allgemeinplätzen, um nicht falsch zu reagieren.

Im April 1985 stirbt der älteste, rauschgiftsüchtige Sohn der Patientin bei einem Verkehrsunfall. Angeblich habe er diesen Unfall inszeniert, um vorzeitig Rente zu bekommen.

Jetzt beginnt der Kreislauf zum Status asthmaticus. Der medikamentöse Dauerbeschuß der Krankheit beginnt, das Nebennierenhormon Cortison steht an erster Stelle. Von den Nebenwirkungen bekommt die Patientin ein Mondgesicht, einen Büffelnacken und eine Stammfettsucht, auch Magengeschwüre und Darmbluten. Ihr früheres Gewicht von etwa 50 Kilogramm steigt auf mehr als 100 Kilogramm.

Sie erzählt einem Journalisten: „Ich bin von den Schulmedizinern aufgegeben. Dr. Bernard ist der letzte Ausweg, meine große Hoffnung. Meine Mediziner wissen, wovon ich spreche. Nach ihrer Meinung hatte ich nur noch wenige Jahre zu leben. jetzt ist die große Erlösung da, der Tod sitzt nicht mehr auf meinem Stuhl. Kein Darmbluten mehr als Nebenwirkung vom Cortison, kein Sauerstoffgerät mehr. Ich sehe die Sonne im Herzen und habe wieder Mut. Nach zwei Wochen Behandlung war ich das erste Mal seit Jahren auf dem Fischmarkt. Dr. *Bernard* ist für meine Seele da. Und die Seele schreit nach LUFT: In drei Wochen habe ich literweise Schleim abgehustet, kein Medikament konnte vorher den Schleim lösen.“

Der Tod des mißratenen Sohnes ist Auslöser des schwersten Asthma bronchiale. Es ist nur der Tropfen, der das Faß zum Überlaufen bringt. Wenn bei tropfendem Wasserhahn ein Waschbecken oder eine Badewanne zugestöpselt ist, merkt man erst beim Überlaufen, daß der Hahn tropft. Ähnlich ist es bei Krankheiten. Dem vehementen Ausbruch einer Krankheit geht oft ein schleichender Beginn voraus.

Mit 65: erster Status asthmaticus

Eine 65jährige Patientin bekommt Silverster 1987 erstmalig einen Status asthmaticus, ein Asthma bronchiale besteht seit einem halben Jahr. Sie sieht in Hypnose als Ursache ihres Asthmas das ernste verbissene Gesicht ihrer Tochter, die Alkoholikerin ist. In der nächsten Sitzung erscheint ihr das Gesicht der Tochter als versteinert und verzerrt, mit einem hämischen Lächeln: „Vielleicht hofft sie, daß sie das Kind wiederkriegt, wenn ich nicht gesund werde!"

Meine Patientin betreut seit sechs Jahren einen Sohn der alkoholsüchtigen Tochter, die weitere vier Kinder mehr schlecht als recht selbst versorgt. Der zwölfjährige Enkelsohn ist seiner Oma, meiner Patientin, ans Herz gewachsen.

Sie bekommt ihr Asthma bronchiale, als die alkoholsüchtige Tochter ihren Sohn zurückfordert. Die Tochter will nicht aus Liebe ihren Sohn zurück, sie braucht das Pflegegeld vom Jugendamt, um es in Spirituosen einzutauschen. Zum Status asthmaticus meiner Patientin kommt es, als die Tochter - unter Alkohol stehend - pausenlos ihre Mutter anruft und ihren Sohn zurückfordert.

Meine Patientin lernt es in meiner Therapie, der alkoholsüchtigen Tochter Paroli zu bieten, die suchtkranke Tochter und nicht sich selbst als die wirklich Kranke zu betrachten. Sie setzt nach drei Behandlungen eigenmächtig alle Medikamente ab und bleibt beschwerdefrei. Ich rate dennoch zum Beibehalten einer kleinen abendlichen Einnahme von Theophyllin. Die Patientin wird gesund.

„Mein Asthma trägt deinen Namen!"

Ein Patient bekommt 72jährig erstmalig einen Asthmaanfall mit nachfolgendem Asthma bronchiale. Er wird in einem Lungenfachkrankenhaus behandelt und lebt danach mit vielen Medikamenten.

Ich bin nicht auf dieser Welt, um deine Erwartungen zu erfüllen, und du bist nicht hier, um dich nach mir zu richten. Du bist du selbst und ich bin ich. Es ist schön, daß wir einander begegnet sind."

Seine Frau will sich diese Worte einrahmen lassen. Hoffentlich auch danach leben.

Die Geliebte ausradieren?

Hypnosetherapie ist oft Ehe- und Familientherapie, denn die Familie ist für uns Menschen das nächstliegende uns umgebende soziale Gefüge. Intakte Familien sind selten oder seltener geworden.

Im Oktober 1987 sucht mich ein 62jähriger erfolgreicher Geschäftsmann auf. Sein Wunsch: ich soll seine Geliebte aus seinem Kopf ausradieren, weil sie auch zu anderen Männern sexuelle Kontakte hat, und das kann er nicht ertragen. Er „betrügt" seine Ehefrau, und er fühlt sich von seiner Geliebten „betrogen". Dabei hat er selbst hohe Moralvorstellungen: sein Sohn wird nur das Geschäft übernehmen, wenn sich die katholische Schwiegertochter verpflichtet, sich protestantisch trauen zu lassen und gemeinsame Kinder protestantisch zu erziehen. Daß ihn seine Ehefrau nicht betrügt, dessen ist sich mein Patient selbstverständlich ganz sicher, denn sie legt auf Sexualität keinen großen Wert. Sie darf aber seine Fingernägel feilen, und wenn sein Gebiß drückt, zu Hause darf er es herausnehmen.

Er schwärmt, daß bei seiner Geliebten alles anders ist. Nicht in erster Linie der Sex ist es, denn da klappt es manchmal auch bei ihm nicht so recht, sondern die gemütliche Atmosphäre. Natürlich nimmt er bei seiner Geliebten nicht die Prothese aus dem Mund, natürlich muß ihm die Geliebte nicht die Nägel feilen. Aber sie hat sicherlich etwas, was seinen Vorstellungen von Sexualität entspricht. Für die Geliebte selbst ist er im Rahmen des geizigen Spießbürgers ein kleiner Goldesel.

Beide Frauen, sowohl die Ehefrau als auch die Geliebte, suchen mich zu einem Einzelgespräch auf. Mein Urteil: die unglückliche Ehefrau ist der Geliebten in allen Belangen - ausgenommen die Sexualität - weit überlegen. „Kann ich mich mit meinen 56 Jahren noch ändern, nach meiner Erziehung zur

Prüderie und nach meinem unbedarften Sexualleben? Ich war immer nur für meinen Mann da.“ Glücklicherweise ist die unglückliche Frau im gemeinsamen Geschäft erfolgreich. Wir unterhalten uns.

Selbstverständlich schlage ich den Wunsch meines Patienten ab, ihm seine Geliebte aus dem Kopf auszuradieren, obwohl sich fast immer mein Therapieziel nach den Wünschen meiner Patienten richtet: sie sollen so werden, wie sie es sich wünschen. Ich will aus keinem Patienten einen nachplappernden Papagei oder einen hypnotisierten Automaten machen, selbst wenn Patienten es in dem einen oder anderen Fall im Moment für richtig halten. Der von seiner Geliebten betrogene Patient muß sich selbst frei entscheiden, selbst wenn dieser Prozeß für die unglückliche Ehefrau Monate oder Jahre dauern sollte. Ich bin mir sicher, er wird sich nicht gegen die Ehefrau entscheiden, denn ich habe Ehefrau und Geliebte kennengelernt. Obwohl der Patient geschäftlich mit Automaten zu tun hat, ich will aus ihm keinen Automaten machen. Er muß und soll positive wie negative Erfahrungen durchleben, ich kann ihm bestenfalls Hilfestellung und Entscheidungshilfen geben, auch in Hypnose.

„Sehen Sie den Hollywoodfilm Ihrer Liebe!“

Im September 1988 kommt eine 52jährige Patientin mit Ängsten zu mir. Sie hat auch Übergewicht, einen zu hohen Blutdruck und berichtet, daß sie ihren Mann nicht mehr lieben kann. Sie schläft seit sieben Jahren auf der Couch im Wohnzimmer, angeblich weil ihr Mann schnarcht. Sie ist davon überzeugt, daß sie nie wieder mit ihrem Mann Geschlechtsverkehr haben wird. Jahrelang war dieses Ehepaar vergeblich bei Ehe- und Famillientherapeuten.

Ich verändere die Patientin. Zur sechsten Behandlung kommt sie allein mit der S-Bahn von Harburg nach Hamburg, vorher hat sie 17 Jahre lang Harburg nicht allein verlassen können. Zu dieser Zeit hat sie schon 3 1/2 kg abgenommen, sie hat nach sechs Behandlungen das erste Mal wieder Geschlechtsverkehr mit ihrem Mann, und sie schläft auch wieder im Ehebett.

Wie schaffe ich das? Ich bringe beide, im Wartezimmer auch ihren Ehemann, in Hypnose in die Zeit ihrer Verliebtheit zurück. Beide sehen den Hollywoodfilm ihrer Liebe von 1958/59 in schönsten Colorfarben. Und ich lasse sie sich dann anschauen, wenn sie sich an ihre Verliebtheit zurückerinnern und nicht dann, wenn sie sich angiften. Dieses neue Verhalten verankere ich in beiden. Sie sind wieder ineinander verliebt.

Vergeben - aber nicht Vergessen

Über Ehe- und Familientherapie gibt es eine Unmenge an Literatur. Ich will nichts Bekanntes wiederholen, zumal ich fortlaufend dieses Thema berühre.

„Ich kann vergeben, aber nicht vergessen." Das ist ein beliebtes Wortspiel und es bedeutet: „Ich kann grundsätzlich nicht vergeben." Vergebung, völliges Vergessen heißt, mit einem scharfen Skalpell alte Narben auszuschneiden. Halbherziges Verzeihen, halbes Vergeben entspricht einer mißlungenen Narbenrevision. Und wer gar stolz auf sein Vergeben ist, erwartet ständig Dankbarkeit von dem, dem er vergeben hat. Doch man vergibt keine Schuld, indem man einem anderen Schuld aufbürdet.

Öfter höre ich von Frauen, die ihren Mann einer Untreue überführen: „Ich verzeihe ihm, aber vergessen kann ich das nie." Diese Frauen machen dem Mann das Leben zur Hölle, im umgekehrten Fall ist es natürlich genauso. Wer so vergibt, sollte den anderen gehen lassen und sich scheiden lassen.

Verzeihen heißt: den Schuldschein zerreißen, und heißt nicht: eine neue Schuld aufbürden und den alten Schuldschein gegen einen neuen eintauschen.

Korrektur der Sonntagspredigt: Colitis ulcerosa

Ein junger Pastor aus Norddeutschland kommt 1981 zu mir, er leidet an einer Colitis ulcerosa (= schwere entzündliche Dickdarmerkrankung). Ein Stück seines Dickdarms soll entfernt werden.

Das erste Auftreten der Colitis ulcerosa erfolgt nach dem Tode des Vaters. Aus Trauer um den Tod des Vaters erkrankt der Sohn. Der übermächtige Vater, ein pensionierter Staatsanwalt, hat seinen Sohn zeit seines Lebens bevormundet. Zuletzt hatte der Vater den Sohn an jedem Sonnabend besucht, um dessen Sonntagspredigt zu korrigieren. Und nach dem Tod des Vaters?

Der Sohn atmet tief durch und in seinem Unterbewußtsein hörbar auf, denn der väterliche Druck ist endlich weg. Da es sich aber für den Sohn nicht gehört, über den Tod seines Vaters unterbewußt Freude zu empfinden und sich das für einen Pastor schon gar nicht geziemt, bestraft sich der Patient mit einer schweren Krankheit.

Nach zwei Jahren bringt mir der jetzt gesunde Pastor einen Alkoholiker zur Therapie. Von sich selbst weiß er nur beiläufig zu berichten, daß er gesund ist. Nach langen qualvollen Jahren des Krankseins kann Gesundheit so nebensächlich sein. Und dieses Ziel strebe ich bei jeder Therapie an.

Wiedererleben verdrängter Erlebnisse?

Zu meiner Hypnosetherapie gehörte früher auch die schon mehrfach erwähnte Hypnoanalyse: ich suchte in Hypnose nach krankheitsauslösenden Konfliktsituationen im früheren Leben (stufenweise Altersregression). Hypnoanalyse ist keine neue Methode unserer Tage, als die sie immer propagiert wird. Schon ab 1917 begegnet man in der Literatur dem Ausdruck Hypnoanalyse sporadisch.

Nach meiner Erfahrung führt das Wissen um das bisher nicht gewußte krankheitsauslösende Ereignis (Schlüsselerlebnis) nie allein zu einer Heilung. Fehlverhalten wird automatisch und unterbewußt und kann nur im Unterbewußtsein korrigiert werden. Krankheit *kann* von einem „übermächtigen" Vater oder von einer „überbesorgten" Mutter zwar ursächlich ausgelöst werden, ich entlocke es dem Unterbewußtsein in Hypnose in wenigen Stunden, Psychoanalytiker brauchen Jahre dazu.

Das Wort „Schuld" mag ich überhaupt nicht. In kurzer juristischer Diktion heißt es „Schuld ist Vorwerfbarkeit." Schuldigsein im rechtlichen oder strafrechtlichen Sinne bezieht sich auf Verstöße gegen geltende Gesetze. Menschen sollten keine Schuldgefühle haben und keine Schuldgefühle machen. Auch sollten sich Therapeuten nicht zu harten Richtern aufspielen und einen anderen Menschen - besonders dafür beliebt sind Vater und Mutter - für eine Krankheit schuldig sprechen. Der Schuldspruch eines anderen führt nie zu einer Heilung. Das durch Liebesentzug oder Strafandrohungen vom Vater oder von der Mutter ausgelöste Fehlverhalten wird oft nahtlos auf mehrere Ehemänner oder

Ehefrauen oder Vorgesetzte im Arbeitsleben übertragen und nährt permanent Krankheissymptome.

Nur schöne Erinnerungen assoziieren

Psychoanalytisch orientierte Psychotherapeuten lassen dauernd ihre Patienten mit schlechten Erinnerungen der Vergangenheit assoziieren.

Wenn ich die Hypnose dazu benutze, einen Menschen unangenehme Erfahrungen wiedererleben zu lassen, dann muß ich vorher sorgfältig abwägen, ob es die Sache wirklich wert ist. Manchmal brauche ich aus irgendeinem Grund Informationen über ein bestimmtes Ereignis der Vergangenheit. Wenn mir aber als Arzt ein Patient von seinem früheren Herzinfarkt erzählt, dann will ich ja auch nicht, daß er das alles noch einmal genauso durchmacht: es wäre lebensgefährlich, einen Herzinfarkt noch einmal erleben zu lassen.

Erinnerungen kann man *assoziiert* und *dissoziiert* betrachten. Assoziiert bedeutet: die Erfahrung noch einmal durchleben. Dissoziiert bedeutet: das Erinnerungsbild nicht mit jetzigen Augen sehen, sondern aus einem beliebig anderen Blickwinkel.

Jeder sollte versuchen, nur mit angenehmen Erinnerungen zu assoziieren. Wenn ein Gehirn das grundsätzlich verstanden hat, wird es dies automatisch mit allen guten Erinnerungen tun. Leider assoziieren viele Menschen mit allen unangenehmen Erfahrungen, die sie jemals hatten und sie durchleben dann auch wieder die gleichen schlechten Gefühle. Angenehme Erinnerungen sind für diese Menschen oft nur schwache, weit entfernt liegende dissoziierte Bilder. Wieder andere neigen dazu, mit allen vergangenen Erfahrungen assoziiert zu sein, mit allen guten wie auch mit allen schlechten.

Mancher will alles objektiv, unvoreingenommen oder distanziert sehen: er dissoziiert alles. Einem solchen Menschen muß ich beibringen, die guten Erinnerungen zu assoziieren und dadurch wieder eine gefühlsmäßige Verbindung zu seinen nützlichen Erfahrungen zu bekommen.

Viele Menschen singen dauernd häßliche Melodien der Vergangenheit wie auf verkratzten Tonträgern. Sie singen klagend über erlittenes Unrecht, und sie hören sich singen, und die anderen sollen sie wegen begangener Fehler bemitleiden. Die dauernde Wiederholung der Mißerfolgsmelodie macht aber jetzige und zukünftige Lebenssituationen zum Mißerfolgschor.

Um zu verhindern, daß bei der Reaktivierung verdrängter Erlebnisse Gefühle direkt wiedererlebt werden, lasse ich den Patienten in Hypnose sich *selbst* beim Erleben des Ereignisses *beobachten.* Sein Erinnerungsbild ist dissoziiert. Er beobachtet sich dabei und sieht das Ganze, als ob er im Kino sitzt und sich selbst zuschaut, wie er einen Film angebaut, in dem er Hauptdarsteller ist.

Ich verankere schöne Erinnerungen

Ich frage oft Patienten nach besonders schönen Erlebnissen aus ihrer Vergangenheit.

Das schönste Erlebnis eines 46jährigen österreichischen Patienten: Als 12-jähriger Bub gewinnt seine Mannschaft bei der Jungschar ein Spielturnier im Völkerball durch seine gute Leistung, wo er doch so unsportlich ist. Alle loben ihn. Das ist der Tag, an dem er besonders glücklich und stolz ist. Es ist der schönste Tag in seinem Leben.

Manche weiblichen Patientinnen sehen als schönstes Erlebnis ihre Hochzeit. Sie sehen sich vor der Kirche mit Ehemann und dem Pastor, mit Verwandten und Freunden, sie hören die Kirchenglocken läuten und Orgelmusik, und sie fühlen Wärme, Zuneigung und Liebe.

Für eine junge Dame ist das schönste Erlebnis, das sie verankert haben möchte, ein Discobesuch mit 16 Jahren. Sie sieht sich dort ausgelassen tanzen. Der Discobesuch hat einen Hauch des Verbotenen, denn erst mit 18 Jahren ist der Eintritt erlaubt. Sie hört wilde, fetzige Disco-Musik. Sie fühlt sich frei und erwachsen.

Eine 38jährige Patientin sieht sich mit anderen auf einem Segelboot, das beinahe geräuschlos über das Wasser zieht. Alle Mitsegler haben feierlich entrückte Gesichter, sie verharren andächtig in Ruhe. Sie hört wenig Schiffsgeräusche, nur sanfte Segelbewegungen, sanftes Wasserrauschen, einen sanften Wind. Und sie fühlt Ruhe, Wärme, Zuneigung.

Ein erfolgreicher 55jähriger Geschäftsmann sieht sich mit 16 Jahren zu Beginn seiner Seefahrerzeit in der Koje liegen, die Sonne scheint durch das Bullauge. Er hört das Stampfen der Maschine. Er fühlt sich von Wärme und Behaglichkeit durchströmt: „So könnte das Leben bleiben!"

Ein Immobilienmakler sieht sich nach einer erfolgreichen, komplizierten Abwicklung eines Nachlasses an einem Spätsommerabend am Main in Frankfurt spazierengehen. Er hört den Straßenverkehr. Er fühlt Stolz, Zufriedenheit und Wärme. Das ist für ihn das erfolgreichste, schönste Erlebnis seines bisherigen Lebens.

Mit diesen schönen Erlebnissen und Erinnerungen dürfen Patienten assoziieren. Mehr noch: ich verankere in Hypnose die guten Erinnerungen.
Die schlechten Erinnerungen der Vergangenheit lasse ich Patienten in Hypnose dissoziieren und schwäche sie ab, löschen kann man sie leider nicht.

„Ich kann das Leid meiner Familie nicht mit ansehen"

Oft erzählen Briefe die hoffnungslose Lage eines Patienten: „Sehr verehrter Herr Doktor, in meiner Not und Verzweiflung wende ich mich an Sie, da ich nur noch von Ihnen Hilfe erwarte. Ich leide an einem *Augenlid-Zwang.* Ich gehe blind durch die Straßen, falle oft auf die Straße, kann nichts sehen und schreibe jetzt auch blind. Augenärzte können mir nicht helfen, sie sagen, es sei eine Verkrampfung. Wenn mein Unterbewußtsein umgeschaltet werden könnte, würde ich sicher wieder richtig sehen können. Ich bin so verkrampft, daß ich mit allem guten Willen nicht gegen diesen Augenkrampf angehen kann. Ich möchte aus dem Leben gehen, weil es so sinnlos geworden ist. Ich hoffe soviel von Ihrer seelischen Kraft, daß Sie auch mir helfen können, um den Rest meines Lebens noch erträglich zu machen. Bitte helfen Sie mir, ich weiß nicht weiter. Mit freundlichen Grüßen."

Zu mir wird im Dezember 1987 diese Patientin hereingeführt, die sich wie eine Blinde bewegt. Die Augen sind verkrampft zugekniffen. Die fast 78jährige hat viel Leid in ihrem Leben durchmachen müssen. Sie führte eine überaus glückliche Ehe und hat drei Kinder. Nach dem Tod des Mannes hat sie noch zehn Jahre lang das gemeinsame Geschäft weitergeführt, konnte aber ohne Alkohol plus Schlaftabletten nicht mehr einschlafen. Ihre drei Kinder im Erwachsenenalter bringen ihr Sorgen und Leid. Der Sohn wird von ihr als mißraten bezeichnet, eine Tochter hat nach einem Verkehrsunfall ein Bein verloren und wird seitdem „als Krüppel“ von ihrem Ehemann nicht mehr akzeptiert. „Ich mag das Leid in meiner Familie nicht mehr sehen. Und mein verstorbener Mann nannte uns immer eine glückliche Familie.“

In Hypnose erzählt die Patientin, daß sie seit dem sechsten Lebensjahr einen von ihr zeitlebens geschickt verborgenen *Eßzwang* hat: sechsjährig kommt sie zu einer Hochzeitsfeier zu spät, es wird für sie nachgedeckt, und alle Hochzeitsgäste schauen ihr beim Essen zu. Sie stochert nur in den einzelnen Gängen des Hochzeitsmenüs herum und kann vor lauter Angestarrtwerden nicht essen. Danach und auch während ihrer Ehe schafft sie es mit viel Geschick, ihr gestörtes Eßverhalten zu verbergen. Die Familie nimmt ohne die Mutter die Mahlzeiten ein, denn sie erfindet immer neue Ausreden: sie mache gerade eine Diät, oder sie habe schon vorher in der Küche beim Abschmecken gegessen. Welche Anstrengung!

Seit 10 Jahren besteht nun dieser Augenlidzwang: sie will das Leid in der Familie nicht mehr ansehen: den Verlust des Ehemannes, das Unglück mit ihren Kindern. Sie verschließt krampfhaft vor der Wirklichkeit ihre Augen.

In Hypnose ist ihr Gesicht endlich in einem entspannten Zustand, und ich kann erst jetzt erkennen, welch slawisch schönes Gesicht die fast 78jährige hat. Sie bestätigt, daß ihr Mann sie immer mit Schauspielerinnen mit slawischer Gesichtsschönheit verglichen habe. Der Augenlidzwang läßt sie nicht nur die Augen zudrücken, das ganze Gesicht ist verkrampft und entstellt.

Nach wenigen Behandlungen ist die Patientin geheilt: ich kann natürlich nicht die Familien-Welt der Patientin verändern. Ich öffne ihr mit dem Transportmittel Hypnose die Augen: für eine neue Sicht auf die leider immer noch unheile Welt ihrer Familie.

Nochmals: Augenlidzwang

Im September 1988 kommt eine 69jährige Patientin zu mir, die seit fünf Jahren einen Augenlidzwang beiderseits hat.

Ihre Krankheit beginnt 1983 mit einem Brennen und einem Druck im Bereich des rechten Auges. Sie sieht sich in Hypnose mit ihrem sieben Jahre jüngeren verheirateten Geliebten zu Hause auf der Couch, und sie blinzelt erstmalig. Die Universitäts-Augenklinik in Frankfurt am Main diagnostiziert: Verdacht auf Trigeminusneuralgie. Man injiziert der Patientin lokal Novocain. Danach bekommt sie zwischen 1984 und 1987 Psychopharmaka, zwei verschiedene Sorten Antidepressiva. Das zeigt wieder deutlich, wie hilflos die etablierte Medizin solcher Krankheit gegenübersteht.

In Hypnose erzählt meine Patientin auch, daß sie auf die Ehefrau ihres Geliebten eifersüchtig ist. „Sie hat ihn immer. Ich habe ihn nur eine Stunde." Und sie schämt sich schon seit sechs Jahren wegen dieses Verhältnisses: „Das darfst du nicht! Du machst etwas Schlechtes! Du hast selbst den Mann weggenommen gekriegt!" Die Patientin war selbst zweimal verheiratet. Ihren sieben Jahre jüngeren Geliebten hat sie 1977 kennengelernt, schon damals ist dem verheirateten Geliebten im Rahmen seiner Ehe angeblich kein Verkehr möglich, weil seine Frau monströs fettsüchtig ist.

Wie schon geschildert beginnt 1983 dann der Leidensweg der Patientin. Nach den schulmedizinischen Behandlungsversuchen erfolgt noch ein Versuch mit Akupunktur. Später versuchen drei Heilpraktiker vergeblich, die Patientin zu heilen. 1987 setzt sie alle Psychopharmaka ab, nimmt nur noch Knoblauch und Baldrian.

Das erste Auftreten des Augenlidzwanges wird deutlich in Hypnose. Ursächlich ist wohl die Ambivalenz der Gefühle, auf der einen Seite: „Das darfst du nicht!" und auf der anderen Seite: „Sie hat ihn immer." Die Patientin verschließt ihre Augen vor der Realität; sie wählt eine Zwangsneurose, weil ihr kein besseres Verhaltensprogramm zur Verfügung steht.

Nach der dritten Behandlung geht die Patientin ohne Sonnenbrille, am nächsten Tag kann sie sich wieder selbst im Spiegel betrachten. Sie geht heute wieder mit offenen Augen durch die Welt, ohne sich zu stoßen und ohne andere anzustoßen.

11. Kapitel

Lachen in Hypnose

In der Regel sind Menschen traurig gestimmt, wenn sie zur Psychotherapie gehen. Für sie ist das Leben momentan eine ernste Angelegenheit.

Wie wichtig ist Lachen? Kann man lachen lernen? Können Menschen das Lachen neu lernen, wenn sie es verlernt haben? Muß man zum Lachen immer einen Grund haben?

„Lachen ist gesund“

Das ist eine alte Volksweisheit. „Lachen ist ansteckend“, „schallend lachen“, „Tränen lachen“, „aus vollem Halse lachen“, „sich vor Lachen krümmen“, „wer zuletzt lacht, lacht am besten“ sind weitere von vielen Redewendungen über das fröhliche und „herzhafte“ Lachen.

Ist Lachen ein menschliches Grundbedürfnis wie Essen, Schlafen, Lieben? Von der Antike bis zur Gegenwart wird das Lachen meistens mit Gesundheit, Wohlbefinden und einem hohen Alter in Verbindung gebracht. Über die heilende Wirkung des Lachens wurde vieles geschrieben, und auch heute gilt:

- Lachen ist eine physiologische Äußerung eines Zustandes der Freude und der Lust.
- Lachen ist ein Zeichen körperlicher und seelischer Gesundheit und trägt zu einem längeren und gesünderen Leben bei. Die Gesundheit eines Menschen ist proportional zur Häufigkeit seines Lachens.
- Lachen ist Gymnastik für Seele, Verstand, Muskulatur und Atmung.
- Lachen löst übermäßige Spannungen und ist somit ein wichtiger Mechanismus zur Entspannung.
- Lachen kann seelische Störungen *heilen,* im Gegensatz zu Psychopharmaka.

Lachen schafft bessere zwischenmenschliche Beziehungen und fördert einen Gruppenzusammenhalt.

Lachen ist ansteckend

Das Lachen ist unwillkürlich, nicht dem Willen unterworfen und es hat seinen Sitz tief im Innern des Gehirns. Ist das Lachen einmal ausgelöst, wird das bewußte Gehirn ausgeschaltet.

Daß Lachen in Gesellschaft ansteckend ist, weiß jeder Komiker, und manche Lehrer wissen es auch. Wenn in einer Schulklasse eines oder zwei Kinder zu kichern anfangen, dauert es in der Regel nicht lange bis alle anderen einfallen, und es gibt kaum ein Mittel für den Lehrer, eine solche kleine Lachepidemie zu stoppen.

Warum lachen wir?

Im Laufe der Jahrhunderte gibt es auch negative Meinungen über das Lachen. So sind Lachen und Sport im 17. Jahrhundert keine christlichen Beschäftigungen. Und gerade die Kirchen theoretisieren, das Lachen habe seine Ursprünge in der Ursünde, es sei eine Form des Hochmuts, verbunden mit dem grausamen Gefühl der Überlegenheit, der Schadenfreude. BAUDELAIRE schreibt: „Auch die Engel lachten nie und Christus hat nie gelacht, denn das Lachen ist teuflisch." Zu Zeiten Königin Victorias war das Lachen in den englischen Salons verboten, lautes Lachen galt als die Ausgelassenheit des Pöbels, der an törichten Dingen Gefallen findet.

In der Literatur - von der Antike bis heute - gibt es viele Beispiele für das Lachen als brutalen Triumph, als Zeichen der Verachtung des Siegers. Das Siegerlachen ist ein Ausdruck der Befriedigung, des Verlangens nach Überlegenheit und Eitelkeit.

Humor nennt man diesen komplizierten Verhaltensmechanismus, der zum Lachen anregt. Beim Erwachsenen ist Humor oft mit Gemeinheit, Obszönität und Brutalität gepaart und ähnelt dem, was Kinder zum Lachen anregt. Eine witzige oder komische Bemerkung nicht-aggressiven Inhalts wird von Kindern oft gar nicht beachtet, aber Demütigung, Unbehagen, Fopperei, Anärgern eines anderen ruft bei Kindern leicht ein Lachen hervor.

Lachen kann grausam, zynisch, sadistisch, bitter und unverhüllt feindselig, triumphal und respektlos sein.

Die komische Wirkung, die zum Lachen anregt, wird durch einen Widerspruch hervorgerufen: „Es muß in allem, was ein lebhaftes, erschütterndes Lachen anregen soll, etwas widersinniges sein“ (KANT). Lächerliche Mißgeschicke haben etwas Komisches, und dabei ist es oft Schadenfreude, die den Lachreflex auslöst.

Wenn wir in Lachlaune sind, lachen wir über die kiksig falsch gesungene Note einer Sängerin, über die Ungeschicklichkeit eines Kellners oder über das Stürzen eines englischen Snobs. Dieses Lachen aus Schadenfreude ist uns nachträglich peinlich, „das Lachen bleibt uns im Halse stecken“, macht uns Schuldgefühle, wenn wir uns dabei ertappen. Solches Lachen entsteht aus dem Mißklang zwischen dem, was wir erwarten, und dem, was wirklich passiert. Das ist zum Grundschema der meisten Clownnummern geworden, obwohl wir von den grell-geschminkten Clowns natürlich Mißliches erwarten. Lustig beschreibt etwas, was komisch aussieht, witzig bezeichnet etwas, das sich auf der Ebene des Verstandes abspielt und zum Lachen bringt. Ein Clown, der ein bizarres Kostüm trägt, ist lustig als Wahrnehmung, und wenn er etwas Unerwartetes tut, löst das beim Zuschauer den Prozeß des Komischen, des Witzigen aus.

Oft geschieht es, daß ein Mensch an der Grenze des Erträglichen lacht, man nennt es Galgenhumor.

Lächeln ist selten ein kleines Lachen

Lächeln ist eine Geste der Maske („keep smiling“) von Asien bis Amerika, die alles und nichts sagt, zur repräsentativen Gebärde schlechthin geworden: maskenhaft, verlegen und künstlich, soll höflich, konventionell oder entschuldigend sein, soll im zwischenmenschlichen Bereich entkrampfen. Lächeln kann außerdem als diabolisches Lächeln sadistisch und bösartig sein. Lächeln kann aber auch eine Übergangsform zum fröhlichen Lachen sein.

Die Physiologie des Lachens

Lachen ist ein ausschließliches menschliches Phänomen.

Lachen findet auf verschiedenen Ebenen des Gehirns statt: 1. kortical, auf dem bewußten Niveau der Hirnrinde, 2. auf subkorticalem Niveau, wo die für das Lachen auslösenden Daten gespeichert werden, 3. auf dem Niveau des Hypothalamus. Das kortikale Zentrum für das Lachen liegt auf der nicht-dominanten Hemisphäre und steht wie die gesamte nicht-dominante Hemisphäre mit ihren emotionalen seelischen Reaktionen (Angst, Verzweiflung, Ekel, Ekstase, Sinneslust, Optimismus, u.a.) in einer starken Wechselbeziehung mit dem limbischen System. Eine unfallbedingte Zerstörung des Lachzentrums bewirkt eine vollständige Lachhemmung. In diesem Zusammenhang ist anzumerken, daß es bei einigen Krankheiten wie Epilepsie, Wundstarrkrampf oder Vergiftungen zu einem spontanen pathologischen Lachen kommen kann.

Lachforscher, die sich Gelotologen (gelos =Lachen) nennen, haben festgestellt, daß beim Lachen die Herztätigkeit genauso stark wie bei einer anstrengenden sportlichen Betätigung angeregt wird, daß der Blutdruck steigt, daß die Lunge überreichlich mit Blut und damit auch mit Sauerstoff versorgt wird, daß die Verdauungsdrüsen angeregt werden und daß die Immunabwehr gefördert wird. Das Lachen aktiviert eine große Anzahl von Muskeln, löst eine Welle aus, die sich allmählich fortsetzt, an Stärke zunimmt und die willkürliche und unwillkürliche Muskulatur einbezieht: die kleinen Gesichtsmuskeln, die Muskeln des Kehlkopfes, die Atemmuskeln, das Zwerchfell, die Bauchmuskulatur und auch die Muskulatur der Gliedmaßen. Insbesondere aber wird das Zwerchfell so stark beansprucht, daß es regelrecht hüpft und dadurch eine Reihe von inneren Organen gleichsam massiert.

Meine in Hypnose lachenden Patienten, die sich „vor Lachen krümmen" oder „den Bauch vor Lachen halten müssen", schwitzen ebenso stark wie Sporttreibende und bekommen danach Bauch-muskelkater.

Gibt es ein Lachhormon?

Bei unserem Hang, alles naturwissenschaftlich beweisen zu müssen, sollen Forscher in Amerika herausgefunden haben, daß Lachen die Streßhormone Adrenalin und Cortisol im Blut abbaut und damit die Immunkräfte stärker werden läßt. Auch soll bei blockierten Lachmuskeln der Blutfluß zum Gehirn gehemmt sein und heitere Stimmung auslösende Gefühlsstoffe (Neurotransmitter) können nicht zum Gehirn kommen. Das Spiel der Lachmuskulatur ist selbstverständlich für unsere Gemütslage entscheidend, aber ob es wirklich Gute-Laune-Transmitter gibt, ist mir ziemlich gleichgültig. Muß man alles naturwissenschaftlich beweisen wollen?

Im Gehirn lachender Menschen soll es tatsächlich zur Ausschüttung eines Endorphins kommen, das in seiner Wirkung dem Morphium gleicht, also luststeigernd wirkt, Schwermut beseitigt und Schmerzen abbaut. Vielleicht liegt darin der wichtigste therapeutische Nutzen des Lachens.

Die Hypothese eines Lachmoleküls oder Lachhormons wird immer wieder aufgestellt. Es gibt chemische Substanzen wie das Lachgas (N_2O, Distickstoffmonoxyd genannt), die das Lachen auslösen können. Das Lachgas ist zunächst Jahrmarktattraktion, denn sein Einatmen bringt die Leute zum Lachen. Wenig später nutzt man dieses Gas wegen seiner narkotisierenden und analgetischen Eigenschaften zur Anästhesie. Man nimmt an, daß es im Nervensystem spezialisierte Empfangsstellen für solche Substanzen gibt. Wenn das körperfremde Molekül N_20 das Lachen auslöst, so bedeutet das nicht nur, daß Lachen organisch in uns angelegt und ein notwendiges Phänomen ist, sondern auch, daß das Gehirn biochemisch an der Herstellung eines solchen Stoffes beteiligt sein kann. Sollte man das Lachmolekül entdecken, dann wird man Traurigkeit und Niedergeschlagenheit auf die gleiche Art heilen können, wie wir heute einen Hormonmangel beheben.

Nach dem Lachanfall kommt es zur Entspannung: der Blutdruck sinkt, das Herz schlägt weniger schnell, die gesamte Körpermuskulatur wird weitestgehend entspannt. Alles zusammen bewirkt, daß sich nach dem Lachen der Mensch wohlig und angenehm entspannt fühlt. Der gesamte Körper hat sich durch das Lachen so entspannt, wie dies nur nach Sport oder nach körperlicher Arbeit möglich ist.

Kitzeln erzeugt Lachen

Das Lachen ist eine Reaktion auf einen seelischen Reiz (Witz) oder auf einen körperlichen Reiz. Weil beim lachenauslösenden Kitzeln das bewußte Element fehlt, das als Reaktion auf einen Witz zumindest oberflächlich vorhanden ist, nennt man das Lachen als Reaktion auf Kitzeln einen Reflex. Dieser Reflex wird an einem peripheren Ausgangspunkt ausgelöst. Empfindliche Stellen zum Kitzeln, die ein Lachen auslösen, sind Fußsohlen, liegen unter den Achseln, am Bauch. In Hypnose kann ich diesen Reflex mit einem halluzinierten Reiz auslösen.

Beim Kitzeln lachen wir deshalb, weil jemand mit unserer angeborenen Abwehrbereitschaft spielt, indem er jene Körperteile zart berührt, die mit Schutzreflexen ausgestattet sind. Gekitzeltwerden kann lästig und unangenehm sein, kann gleichgültig lassen oder Vergnügen und Lachen hervorrufen. Die Reaktion der gekitzelten Person hängt davon ab, ob 1. der Gekitzelte es als Spiel empfindet, ob 2. der Kitzelnde es als Spiel empfindet und 3. welche Gefühle der Gekitzelte der kitzelnden Person entgegenbringt. Ist der Gekitzelte in Lachlaune, so wird das Kitzeln Vergnügen bereiten, sofern die beiden anderen Faktoren auch positiv sind. Jemand, der gekitzelt wird, macht automatisch ähnliche Bewegungen, als wenn er sich gegen einen Angriff wehrt. Er leistet Widerstand und ist bemüht, die Hände des anderen wegzustoßen. Der gekitzelte Teil seines Körpers zieht sich ruckartig zusammen, und das Lachen kommt schallend und unkontrolliert. Gekitzelt-werden wird durch Neurone über höhere Bereiche des Rückenmarks an den Hypothalamus weitergeleitet. Die Bewegungsmeldungen gehen darauf zu den verschiedenen Muskeln, während die autonomen Reflexe zu Veränderungen der Atmung und der Herztätigkeit führen. Die Vokalisierung des Lachens geschieht ebenfalls unwillkürlich und ist ein Teil der Reflexreaktionen.

Im Mittelalter hat man die Fußsohlen von zu folternden Personen mit Salz beschmiert und hat dieses Salz von Ziegen ablecken lassen. Angeblich haben sich die so Gefolterten dabei „zu Tode gelacht“.

Psychoanalytiker lachen nicht

Ist Lachen im ursprünglichen Sinne eher destruktiv aggressiv? Aggression kommt aus dem Lateinischen und bedeutet „Annäherung, jemandem nahe treten"; Aggression wird oft als etwas Destruktives gedeutet. Psychoanalytiker warnen vor der zerstörerischen Wirkung des Humors, weil Lachen und Humor aggressiv seien. Psychotherapie will eine todernste Sache sein. Für FREUD und seine Anhänger wird Witz mit Aggression, Feindschaft und Sadismus assoziiert und Humor ist mit Depression, Narzißmus und Masochismus verbunden.

Bei meiner Therapie lachen die Patienten in Hypnose „ohne Grund". Somit kann ich als Therapeut nicht unter dem Deckmäntelchen des Humors eigene Aggressionen ausleben.

Lachen sollte in der therapeutischen Situation freundlich und liebenswürdig sein, es sollte das Lachen der Spontaneität, Freiheit und Fröhlichkeit sein. Dabei ist Lachen immer angenehm und lustvoll.

Therapiezentrum für Lachen?

Zur Lachtherapie stellt sich der französische Arzt RUBINSTEIN ein Lachzentrum vor, mit Therapeuten und Komikern als Lachtrainer. Eine solche Selbstbedienungszentrale des Lachens müsse Platz für Gesellschaftsspiele, für ein Kino mit Lustspielen und Zeichentrickfilmen haben, müsse zum Lachen anregende Bücher und Karikaturen anbieten. Dort solle all das konzentriert sein, was mit Humor, Spott, Blödelei, Foppereien, makabren Scherzen und auch ungeniertem Humor zum unwiderstehlichen Lachen reizt. RUBINSTEIN empfiehlt auch, den Überlebenspackungen für Forschungsreisende eine Auswahl lustiger Geschichten, eine Patrone mit Lachgas und eine Vogelfeder zum Kitzeln beizufügen.

Wie lacht man in Hypnose?

In Hypnose lacht man unschuldig, ohne auf einen makabren Scherz oder aggressiv-destruktiven Anlag zu reagieren.

In Hypnose kann jeder auch ohne Grund, quasi als Gymnastik lachen. Ich kann einen Patienten in eine Situation zurückversetzen, in der er herzhaft gelacht hat. Dieses Lachen der Vergangenheit verankere ich und hole es in Hypnose immer wieder zurück.

Ich erfinde „kitzelnde Chinesen"

Ich lasse in Hypnose Patienten auf einem fliegenden Teppich die verschiedensten Länder besuchen. Bei einem solchen halluzinierten Besuch in Rotchina fällt den Chinesen auf, daß mein Patient überhaupt nicht fröhlich aussieht. Ein schlitzäugiger, lächelnder Chinese erklärt ihm, daß man im „Land des Lächelns" immer fröhlich sein muß. Wenn ihm das wegen seiner Krankheit nicht möglich ist, dann gibt es in seinem Land Abordnungen, die einen Traurigen solange kitzeln, bis er lacht. Und er klatscht mit Sing-Sang in die Hände und die chinesische Kitzelabordnung kitzelt meinen Patienten in Hypnose, bis er lauthals lacht. Sobald er wieder traurig wird, tauchen „seine" Chinesen auf, um ihn halluziniert zu kitzeln. Und jedes Kitzeln ist mit einem wirklich herzhaften Lachen verbunden.

In Hypnose Lachen auslösen und nutzen

Beim hypnotisierten Patienten kann ich Lachen verschiedenartig auslösen und nutzen:

1. Ein Patient lacht, wenn ich ihn in Hypnose in eine frühere Situation zurückversetze, in der er herzhaft gelacht hat. Dieses Lachen der Vergangenheit verankere ich und hole es durch einen Reiz immer wieder zurück.
2. Ein Patient wird in Hypnose halluziniert gekitzelt, oft benutze ich dazu meine „kitzelnden Chinesen'.

3. Ohne Grund, auf einen äußeren Reiz hin, der später unterschwellig wird, bei einer bestimmten Farbe, bei einem bestimmten Symbol, bei einem bestimmten Gefühl lacht mein Patient in Hypnose und auch später als posthypnotischem Auftrag.
4. Der Patient lacht seine Krankheitssymptome aus. Bei den Worten „Kreislaufkollaps“, „Lebensangst“, „Versagensangst“, „Depression“, „Flucht in Migräne“, „Kopfschmerz“ lachen meine Patienten auf diese akustischen Signale. Wenn ich dies in Hypnose immer wieder verankere, nehme ich den traurigstimmenden schwergewichtigen Krankheitssymptomen die Bedeutung.
5. In Hypnose gebe ich gegenteilige Suggestionen: „Sie lassen sich das Lachen von niemandem verbieten“, und gleichzeitig lasse ich Menschen oder Symptome sagen: „Lachen ist verboten.“ So kann die Depression sagen: „Lachen ist verboten“, und der Patient ist von mir so konditioniert, daß er schon bei dem Wort und beim Denken an das Wort „Depression“ mit einem intensiven Lachen reagiert.

12. Kapitel

Neigt der heutige Mensch zum Neurotiker?

Traditionen sind heute verpönt und sagen dem Menschen nicht mehr, was er tun soll. Obwohl die heutige Welt uns Menschen weitgespannte Möglichkeiten der Bereicherung und Freude bietet, läuft der heutige Mensch ziellos umher, weiß nicht, was er wirklich will. Er will das, was die anderen tun, oder aber er tut nur das, was die anderen von ihm wollen. Er ist unfähig, seine Bedürfnisse zu erfüllen. Der heutige Mensch ist wenig vital, seine Aktivitäten sind häufig lästige Pflichtübungen, die er hinter sich bringen muß. Er stellt sich dem Abenteuer des Lebens ohne Erregung und ohne Begierde: Im allgemeinen leidet er wenig, weiß aber auch wenig von einem wirklich kreativen Leben. Stattdessen ist er ein ängstlicher Automat geworden, permanent fürchtend, entlarvt zu werden.

Der Neurotiker ist ein häufiger Patient

Was ist eine Neurose? 1776 bezeichnet CULLEN jede nichtentzündliche Erkrankung des Nervensystems und der Psyche als Neurose. Der Begriff Neurose wird inflationär benutzt und muß heute für vieles herhalten.

Ein Neurotiker ist ein gestörter Patient, der eine abnorme seelische Persönlichkeitsentwicklung genommen hat, und der selbst unter sich leidet. Neurotische Fehlentwicklungen weisen stets auf einen Mißerfolg im Umgang mit sich selbst hin. In der Psychiatrie trennt man Psychopathie von Neurose. Der Psychopath hat eine anlagemäßig festgelegte mißgebildete Persönlichkeitsstruktur, während der Neurotiker abnorm geworden ist durch gestörte Erlebnisreaktionen, die auf fehlgeleiteten und falsch oder unvollkommen verarbeiteten Informationen beruhen. Eine etwas flapsige Definition und Unterscheidung zwischen einem Neurotiker und einem Psychopathen: ein Neurotiker leidet unter seinem eigenen Verhalten und klagt darüber; unter dem Verhalten eines Psychopathen (Querulant, Geltungssüchtiger, Hochstapler, u. a.) leidet vor allem dessen Umwelt. Eine andere Definition: eine

Neurose ist eine erworbene seelische Disharmonie, bei einer Psychopathie ist diese ungünstige Andersartigkeit angeboren.

Den Neurotiker als Prototypen gibt es selbstverständlich nicht. Doch haben viele neurotisch gestörte Menschen Gemeinsamkeiten. Ein Neurotiker fühlt sich unzulänglich und unfähig, er hat nie die Fähigkeit entwickelt, sein Verhalten mit seinen Bedürfnissen in Übereinstimmung zu bringen. Ein Neurotiker ist oft ein übergewissenhafter Perfektionist, dem der Mut zur Unvollkommenheit fehlt. Er ist nicht fähig, die Verantwortung für ein erwachsenes Verhalten anzunehmen. Was er auch tut, er bleibt und hält sich im Zustand der Unreife, oder er spielt eben nur die Rolle des Erwachsenen: er spielt seine unreifen Vorstellungen von dem, was einen Erwachsenen wohl ausmacht. Ein Neurotiker kann sich nicht als selbständigen Menschen verstehen, der mit der Welt umgehen kann. Er sucht eine Stütze bei den anderen seiner Umgebung, indem er sich lenken und helfen läßt und Erklärungen und Antworten sucht; er liebt Schuldzuweisungen, wenn er scheitert. Durch viele Therapien verdorben, kann er sehr gut über seine Schwierigkeiten reden und über die „Schuld" der anderen an seinem Versagen berichten. Er mobilisiert nicht seine eigenen Möglichkeiten, wohl aber seine Methoden, seine Umwelt zu manipulieren (Hilflosigkeit, Schmeichelei, Dummheit, Krankheit), um Unterstützung zu finden. Neurotiker sind von dreifacher Abkapselung bedroht: sie fühlen sich isoliert, sie werden isoliert, und sie isolieren sich selbst.

Wenn eine Neurose länger als eineinhalb Jahre besteht, ist sie schwerer behandelbar und wird als chronisch bezeichnet; es kommt zu einem deutlichen Krankheitsgewinn und zu einer Gewöhnung. Neurotiker reproduzieren eigene Stimmen oder die wichtiger Bezugspersonen wie eine Art Echo in sich. Und wenn diese Stimmen autosuggestiv Unsinn reden, wirkt dieser Unsinn wie ein konditionierter Reflex, der ohne einsichtige bewußte Vermittlung abläuft und irgendwo ein neurophysiologisches Substrat in falscher Engrammbildung hat. Irrationale Überzeugungen sind für neurotische Verhaltensweisen verantwortlich. Neurotische Menschen können sich auch nach rationaler Einsicht der Unsinnigkeit ihres Verhaltens nicht anders verhalten. Sie streben etwas Vernünftiges an, tun aber etwas anderes und sagen dabei: Ich weiß ja, daß es unsinnig ist, aber ich komme nicht dagegen an!

Ist ein Neurotiker zu heilen?

Alle psychotherapeutischen Schulen haben mehr oder weniger die Grundannahme gemeinsam: der neurotisch gestörte Mensch ist das Opfer verborgener Kräfte, über die er keine Kontrolle hat. Ähnlich ist Krankheit bei fast allen Primitiven mystisch: deren körperliche Krankheiten sind das Wirken beleidigter oder boshafter Götter oder fremder übelwollender Mächte.

Wie versuchen Psychotherapien heute Neurosen zu heilen? Neurosen seien mißlungene Verarbeitungsversuche infantiler Konflikte, die durch eine auslösende Situation reaktiviert worden seien - das ist die klassische Definition der Psychoanalyse und die ist falsch, nicht nur nach meiner Meinung. Die Psychoanalyse versucht meist vergeblich in Gesprächen durch psychoanalytische Deutungen Fehlverhalten zu entzerren und Barrieren zu überwinden. Heilungen sind selten und eher so zufällig wie ohne Therapie.

Die Verhaltenstherapie sieht die emotionale Störung unter dem Aspekt unwillentlicher Reflexe, die auf zufälligen Konditionierungen beruhen, welche im Leben des Patienten stattgefunden haben, und versucht, diese falsch konditionierten Reflexe durch eine Gegenkonditionierung zu heilen.

Andere Psychotherapien glauben, daß der Mensch innerhalb seines eigenen Bewußtseins den Schlüssel zum Verständnis und zur Lösung seiner psychischen Probleme hat.

Am bedauernswertesten erscheint mir die Mehrzahl aller Arztkollegen, die Psychopharmaka für heilend halten.

Unsere heutige soziale Hängematte schafft und erhält mehr Neurotiker am Leben, als es sie zu früheren Zeiten gab. Auch der Psychoanalytiker spielt dem Neurotiker geradezu in die Hände, denn er macht nicht den Patienten verantwortlich, sondern das Unterbewußte und die Umwelt, vor allem die einer verkorksten Kindheit.

Erste äußere Schritte bringen auch „innere“ Veränderungen

Kranke speichern ihre Verhaltensstörungen im Unterbewußtsein wie in einen Computer ein. Ein solcher Patient muß lernen, künftig in anderer Weise zu denken und anders zu handeln.

Zur Therapie von Neurosen sind auch *äußere* Schritte die ersten erfolgreichen Schritte zum Heilen von diesen Krankheiten. Ein Patient kann sich zeigen, daß er jetzt bereit ist, anders und neu zu denken und neu zu handeln. Er sollte vielleicht morgens die Schnürsenkel anders knüpfen, den Schlips anders binden, die Seidenstrumpfhose mit dem ungewohnten Fuß zuerst anziehen. So und anders können Patienten in kleinsten Schritten lernen, Unterbewußtes nur kurzfristig oder für die Zukunft ganz neu bewußt zu tun, um es danach wieder im Unterbewußtsein abzulagern.

Ich weiß, daß ein Patient seine seelischen Probleme nicht bewußt verlernen oder korrigieren kann. Ich schiebe in Hypnose - wie man es in einem Theater mit Kulissen tut - hinter und vor falsche Konditionierungen andere, neue Konditionierungen; in unserem Computer Gehirn kann man leider Chips nicht auswechseln. Mit meiner Therapie mache ich falsche Konditionierungen und Programmierungen unwirksam, dabei ist die Mythologie des Einzelschicksales nebensächlich.

Gesundheit in einer kranken Umgebung

Es gibt auch psychisches Gesundsein in einer kranken, „verrückten“ Umgebung.

Ich erinnere mich aus meiner Studienzeit an einen Patienten, der zur psychiatrischen Begutachtung in der Universitätsklinik war. Er behauptet, daß der Mieter über ihm nachts jede Stunde die Wassertoilette zieht, um ihn zu tyrannisieren und nicht schlafen zu lassen. Die psychiatrische Untersuchung erbringt eine lange Liste von nicht normalem Verhalten des Patienten. Der Patient bekommt während seines Klinikaufenthaltes Besuch. Dieser Besuch nächtigt bei ihm zu Hause, glücklicherweise. Und wieder geht in der Toilette über der Wohnung des Patienten stündlich die laute Wasserspülung. Der

Mieter über ihm nimmt wohl an, daß der Patient wieder zu Hause ist. „Verrückt" ist also nicht der zur Begutachtung eingewiesene Patient, sondern der Mieter über ihm. Hätte man ohne den zufälligen Besuch Wahnvorstellungen diagnostiziert? Es ist manchmal schwer, in einer verrückten Umgebung gesund zu sein und gesund zu erscheinen.

Es werden von Zeit zu Zeit Beispiele erzählt, daß man rundum gesunde und glückliche Menschen als Experiment in Nervenkliniken einweist. In der Regel werden bei allen Eingewiesenen schwerwiegende psychiatrische Erkrankungen diagnostiziert, und die meisten bekommen Schwierigkeiten, wieder entlassen zu werden. Schon der Wunsch nach dem Entlassenwerden wird als Anzeichen einer psychiatrischen Krankheit gewertet. Wer bei einer psychiatrischen Exploration Hinweise auf Gott, Satan, Sünde oder Wunder einstreut, wird mit Wahrscheinlichkeit als Schizophrener diagnostiziert.

Soll es nicht gerade unter Psychiatern und Psychologen überdurchschnittlich viele Psychotiker und Neurotiker geben? Und die diagnostizieren dann andere als „verrückt".

13. Kapitel

„Angst frißt die Seele langsam auf"

Einer meiner Patienten beschreibt seine neurotischen Ängste geradezu poetisch: „Angst krallt sich ins Gedärm, nistet im Bauch, schnürt die Brust zusammen. Angst sitzt zuerst im Kopf, mästet sich von Phantasie, um dann, wenn ihr Objekt sich drohend nähert, im Körper zu wüten. Angst läßt das Herz rasen, treibt den Blutdruck in die Höhe, zieht das Zwerchfell zusammen, macht ein tiefes Durchatmen unmöglich. Diese Angst wohnt nur in meinem Kopf und diktiert zwanghaft meine Phantasie, bis Bilder der Anklage, der Vernichtung, des Absturzes, der Verstoßung entstehen. Angst sammelt sich plötzlich, ohne Vorwarnung in den Tiefen der Seele, steigt empor, überflutet ihr Opfer, daß es in namenlosem Grauen erstarrt. Angst ist ein Ausdruck der Seele. Aber im Gegensatz zu anderen seelischen Ausdrücken fördert und beglückt sie die Seele nicht, sondern frißt sie langsam auf."

Erste angstneurotische Verhaltensstörungen werden von der Umgebung eines solchen Kranken zuerst als harmlose Eigenart angesehen oder als dumme Angewohnheit abgetan, die man auszureden versucht oder belächelt. Dadurch bekommt der Patient Scheu, über seine Ängste zu sprechen und ist überzeugt, daß ihn doch niemand versteht. Mit fortschreitender Symptomatik wächst seine Angst, daß er geistesgestört sein könne.

Das erste Auftreten einer Angstneurose beginnt in der Regel mit einem Symptom wie Schwindel, Herzrasen, Durchfall, Schweißausbrüchen. Der Patient sucht seinen Hausarzt auf. Dieser offeriert dem Patienten eine angebliche Ursache, diagnostiziert einen zu niedrigen Blutdruck, eine Erkrankung der Schilddrüse oder Wechseljahresbeschwerden und versucht, symptomatisch zu behandeln. Nach vergeblicher Behandlung des Symptoms und dem Auftreten weiterer Symptome beginnt der Arzt den Verdacht zu hegen, daß die Ursache eine „psychosomatische" sei und behandelt mit Psychopharmaka. Der nächste Schritt führt den Patienten zum Psychiater, der in der Regel zuerst noch intensiver mit Psychopharmaka therapiert. Psychoanalytisch orientierte Psychotherapien schließen sich an, stationär oft monatelang, ambulant oft jahrelang.

Unter angstneurotischen Verhaltensstörungen versteht man das Auftreten bestimmter Gedanken, Empfindungen und Vorstellungen, die die Eigenschaft haben, sich gegen den Willen aufzudrängen und das Vorstellungsleben zu beherrschen, meistens von einem Angstsgefühl begleitet. Der Inhalt solcher Vorstellungen ist sehr unterschiedlich, wechselt in einzelnen Fällen häufig, ist aber für das Therapieren dieser Störungen meistens von nebensächlicher Bedeutung.

Vorherrschend ist die Angst um die eigene Person, Angst vor bestimmten Krankheiten oder vor bestimmten Ereignissen. Am bekanntesten ist die sogenannte Platzangst, die den Betroffenen hindert, größere Plätze zu überschreiten, obwohl seine Gehwerkzeuge und sonstigen Organe gesund sind. Dabei gibt es natürlich verschiedene Varianten: der eine kann über bestimmte Plätze, Straßen und Brücken nicht gehen, ein anderer kann überhaupt nicht das Haus verlassen. Der eine Patient muß immer eine Begleitperson haben, den anderen beruhigt schon die Gegenwart seines Hundes. Jeder Versuch oder der Gedanke an einen Versuch, einen Platz zu überqueren, löst bei dem Betreffenden ein starkes Angstgefühl aus, das von den bekannten Symptomen wie Herzklopfen, Zittern, Schweißausbruch oder Schwindel mit Angst vor dem Umfallen verbunden ist. Die Angst kann sich noch steigern in Angst vor einem Schlaganfall, vor Herzschlag, vor dem Tod oder auch nur in die unbestimmte Angst, es könne irgend etwas ganz Schlimmes passieren. Die Platzangst zeigt deutlich, daß zwanghaftes Auftreten einer Furchtvorstellung sich gegen den Willen und gegen die Vernunft des Patienten aufzwingt.

Das Charakteristische bei fast allen angstneurotischen zwanghaften Erscheinungen ist: der Betroffene weiß bewußt, daß es keine Ursache für seine Angst gibt und dennoch drängt sie sich ihm immer wieder mit unwiderstehlicher Gewalt auf. Es handelt sich um intellektuell gesunde Menschen, die bewußt sehr gut wissen, daß das alles Unsinn ist. Nach dem ersten Auftreten ist die Befürchtung da, und die Befürchtung ist eine so starke Suggestion, daß ein weiteres Auftreten der Angst schon vorprogrammiert ist. Und jedes Auftreten der Angst speichert diesen gesamten Vorgang im Unterbewußtsein und macht ihn automatisch.

Wenn das Zwanghafte eines neurotischen Verhaltens im Vordergrund sieht, sprechen wir von Zwangsneurose. Am bekanntesten ist der Waschzwang. Antipathie gegen Unsauberkeit und das Lesen über Gefahren von Bakterien als Krankheitsüberträger führt als Bakterienfurcht zu übertriebenen Reinigungsmanipulationen. Die Wohnung und die gesamte Umgebung des Patienten wird gereinigt, und es kommt vor allem zu Zwangsreinigungen des Patienten selbst. Derartige Reinigungsprozeduren können an einzelnen Tagen mehrere hundertmal stattfinden. Mit dem Zwangsreinigen kommt das Zwangsgrübeln über alles das, was noch nicht zu entsprechenden Gegenmaßnahmen geführt hat. Gegenmaßnahmen werden so vorgenommen, wie sie der vorgestellten Gefahr entsprechen. Nach Besorgungen außerhalb der Wohnung wird sich häufiger gewaschen als nach dem Essen. Dazu kommt oft ein Zählzwang, einzelne Körperpartien mit genau der vorgegebenen und vorgeschriebenen Anzahl von Waschungen zu säubern.

Eine häufig zwanghaft begleitete neurotische Befürchtung ist, sich oder andere töten oder schädigen zu müssen. Diese Furcht tritt besonders auf, wenn irgendwo scharfe Gegenstände wie Messer oder Schere herumliegen.

Ich erinnere mich an einen Patienten, der die zwanghafte Befürchtung hatte, irgend jemanden ohrfeigen zu müssen. Doch hatte er in seinem ganzen Leben, auch in seiner Kindheit und Jugend, nie einen anderen in aggressiver Form körperlich berührt. Er wird von einem Psychologen befragt, ob neben der zwanghaften Vorstellung des Ohrfeigenmüssens nicht auch schon mal die Vorstellung da war, jemanden zu erstechen. Der Patient verneint natürlich, aber er grübelt darüber nach und vom nächsten Tag an hat er die Befürchtung, seinen 10jährigen Sohn umbringen zu müssen. Die Seelenqualen eines solchen Menschen sind kaum vorstellbar.

Religiöse Menschen haben Angst, im Gottesdienst vulgäre oder gotteslästernde Worte herausschreien zu müssen. Mit Zahlenangst Behaftete können bestimmte Zahlen nicht aussprechen, aus Furcht, daß durch das Aussprechen dieser Zahlen etwas Schlimmes passieren würde. So gibt es auch Ärzte in ständiger Angst, sich beim Rezeptieren geirrt zu haben, irrtümlich ein falsches Medikament aufgeschrieben zu haben.

Manche Menschen müssen immer wieder kuvertierte Briefe öffnen, um sich zu überzeugen, daß sie nicht die Briefe verwechselt haben. Wenn ein Zwangsneurotiker im Bett liegt und überlegt, ob er alle Lichter im Haus gelöscht hat und alle Türen verschlossen hat, wird er endlose Male wieder aufstehen müssen und doch nicht zur Ruhe kommen.

Neurotische Ängste sind irrational und irreal. Sie haben keine Ursache in Kindheit und Vergangenheit. Sie entstehen durch einmaliges falsches Erlernen. So kann ein Patient beim Unterschreiben mit seinem Namen ein Händezittern bekommen und aus Furcht, daß sich dieses erste Zittern wiederholt, wird er immer wieder ein Händezittern produzieren und dieses Fehlverhalten - Schreibkrampf genannt - ins Unterbewußtsein einprogrammieren. Aus Angst vor dem neurotischen Fehlverhalten treten körperliche Symptome auf wie Herzrasen, Schweißausbrüche, Luftnot, Zittern am ganzen Körper. Und das alles steigert sich bis zur sogenannten Panikattacke: der Patient hat Angst, daß irgend etwas ganz Schlimmes passiert: daß er sterben könne. Nach dem gleichen Prinzip läuft die Angst vor Versagen - vor allem im Berufsleben - ab.

Die Angst ist unterbewußt geworden, und die Angstreaktion läuft quasi automatisch ab. In Hypnose kann ich das Unterbewußtsein des Angstneurotikers verändern.

phobos = Angst

Ängste kennt jeder von uns. Das Erleben von Angst gehört zum Wesen des Menschen. Wer will von sich behaupten, noch nie Angst gehabt zu haben? Bei der quasi normalen Furcht gibt es einen furchterregenden real vorhandenen Reiz als Gegenstand oder Situation. Die neurotische Angst ist ein emotionaler Zustand, dessen auslösende Ursache nicht bekannt ist. Angststörungen werden von Zeit zu Zeit nach ihrem Ansprechen auf unterschiedliche psychopharmakologische Substanzgruppen neu klassifiziert. Für mich erübrigt sich eine solche Klassifizierung, denn Psychopharmaka *heilen* nie eine Angstneurose, im Gegenteil: der Angstneurotiker wird zusätzlich ein Suchtpatient.

Angst ist das häufigste Begleitsymptom bei allen neurotischen Störungen, beinahe regelmäßig auch ein Begleitsymptom einer Depression

FREUD sieht in der Angst das zentrale Problem der Neurose. Eine Phobie (phobos = Furcht) ist neurotische Angst und durch „objektiv“ fehlende Gefahrenquellen gekennzeichnet. Dadurch gewinnt sie ihren irrealen und irrationalen Charakter.

Mit Angst und Zwang leben, heißt: keine Alternative zu haben. Die freie Wahl haben, bedeutet: mindestens noch einen anderen Weg zu haben. Man kann nicht von einer freien Wahl reden, wenn man gezwungen ist, einen einzigen Weg einzuschlagen, weil einem keine alternativen Handlungsmöglichkeiten zur Verfügung stehen, aus denen man wählen kann. Sich fürs Nicht-Handeln zu entscheiden, ist keine echte Wahl: Nicht-Handeln ist Nicht-Leben.

Die Phobie und die neurotische Angst müssen streng abgehoben werden von wirklich gegenstandsbezogenen und situationsbezogenen Ängsten, wie sie im Krieg, bei Folter, bei Geiselnahme, im Konzentrationslager auftreten. Eine solche reale Gefahrensituation kann beim Angstneurotiker die innere Spannung aufheben.

Aber Konzentrationslager bringen noch eine andere Erfahrung: Menschen, die in diesen Lagern noch relativ leistungsfähig sind, die trotz täglicher tödlicher Bedrohung noch schlafen, diese Menschen geraten nach ihrer Entlassung oder Befreiung in einen permanenten Angststatus, sie sind schlaflos und von Angstträumen geplagt. Häufig sind das Menschen, die früher nie neurotisch waren. Das Gesamtbewußtsein ihrer Welt hat sich verändert, die Welt präsentiert sich für diese Menschen jetzt unter einem Daueraspekt von Angst, und bei vielen dieser Menschen wird diese dauernde Beunruhigung nicht aufhebbar.

Mir sind auch einzelne angstneurotische Patienten begegnet, die auf einer Geschlossenen Psychiatrischen Abteilung vorübergehend gesund und angstfrei wurden, weil sie die unter Psychopharmaka-Wirkung dösenden Mit-Patienten im Aufenthaltsraum, die kotbeschmierten Toiletten, ihr Eingeschlossensein, kurzum: die ganze unerträgliche Situation, nicht ertragen konnten. Sie wollten dort raus, und sie wurden schnell gesund, wenn auch nur kurzfristig. Der Aufenthalt auf einer Geschlossenen Psychiatrischen Abteilung ist für diese Patienten eine reale Bedrohung und einem Kriegsgeschehen gleichzusetzen.

Wenn es einem gut geht, ist man viel furchtsamer als im Krieg, wo man permanent akut in seinem Leben bedroht ist. Entsteht eine Phobie, wenn man oder weil man nicht genug reale Angst hat? Angstneurotiker, die Krieg miterlebt haben, sagen mir häufig: „So gut wie im Krieg ist es mir nie gegangen." Die Atombombe ist heute keine Wirklichkeit, vor der man sich fürchtet, sie ist gottlob nur eine Möglichkeit.

Angst vorm Zerplatzen einer Glühlampe

Patienten, die wegen ihrer Angst zu mir zur Hypnosetherapie kommen, leiden oft unter den skurrilsten Ängsten. So erinnere ich mich an eine ältere Patientin, die neben anderen Ängsten auch vor dem Zerplatzen einer Glühlampe Angst hat. Es wäre müßig, der erwachsenen Patientin klarzumachen, daß auch eine Glühlampe nur eine begrenzte Lebensdauer hat und irgendwann kaputtgeht, mit einem platzenden Geräusch. Vom Verstand her (sprich: bewußt) sind Ängste nicht zu therapieren. Und medikamentös auch nicht.

Diese Patientin, die auch nicht allein einkaufen gehen kann, die keinen Fußgängerüberweg benutzen kann und dergleichen mehr, wird vier Wochen in einer Psychiatrischen Universitätsklinik behandelt. Die Therapie? Sie bekommt täglich sechs Tabletten eines Antidepressivums, nichts weiter. Man entläßt sie mit der Empfehlung, zu Hause nur noch zwei dieser Tabletten zu schlucken. Der Hausarzt ist zu Recht mit dem Ergebnis dieser stationären Behandlung unzufrieden, schickt sie erneut ambulant in die Klinik. Jetzt findet durch einen Psychologen „Aktivtherapie“ statt. Immerhin. Der Psychologe begleitet sie mehrfach über Fußgängerüberwege, fährt mit ihr U-Bahn. Die Angst bleibt. Die Patientin konsultiert vergeblich drei Psychotherapeuten, auf Kosten der Krankenkasse. Auch ein weiterer Psychiater sagt ihr: „Kein roter Faden! Ich kann Ihnen nicht helfen“, schickt sie weg. Ein weiterer rät ihr: „Seien Sie fröhlich, singen Sie, hören Sie Musik, treten Sie Wasser nach Kneippscher Art. Das tut gut.“

Die Patientin: „Und meine Angst? Von Ihren Vorschlägen kommt doch noch kein Lebensgeist!“ -„Den kriegen Sie schon im Laufe der Jahre!“

Eine Diplompsychologin: „Sie können doch noch gut hören, gut sehen. Ich habe einen achtzigjährigen Vater, der kann das nicht mehr. Trösten Sie sich mit denen, die noch schlechter dastehen als Sie.“

Es folgen stationäre Behandlungen in zwei Psychosomatischen Kliniken. Während und nach diesen Therapien ambulante Psychotherapie. Ohne Erfolg. Woher nimmt die Patientin noch den Mut, auch zu mir zu kommen? Braucht sie ihre Krankheit zum Leben? Soll ich der nächste verschlissene Therapeut werden?

Ich habe diese Vorgeschichte nacherzählt, weil sie so typisch ist für Patienten mit Ängsten. Wichtig ist, daß ich nicht nur ängstliche Verhaltensweisen zerstöre, sondern sie gleichzeitig vor allem durch nützliche und kreative Reaktionen ersetze.

Es ist für manche Menschen tatsächlich leichter, in bestimmten Dingen angstneurotisch zu sein, als überhaupt kein Programm zu haben.

Wenn ich dieses krankhafte Verhaltensmuster nicht durch ein nützliches, konstruktives und kreatives ersetze, dauert es sehr lange, bis der Patient das phobische Verhaltensmuster verliert, denn er wird leiden und vielleicht kämpfen, bis vielleicht per Zufall etwas anderes an die Stelle der phobischen Reaktion tritt.

Nur *die* Patienten haben das Recht, ihre Angst oder irgend ein anderes Symptom zu behalten, bei denen der Verlust der Angst (oder irgend eines anderen Symptoms) mit noch größerem Schmerz oder noch mehr Unbehagen verbunden ist.

Der Angstneurotiker fühlt sich als Opfer und Sklave seiner Krankheit, weil sein Fehlverhalten immer wieder automatisch abläuft, unterbewußt geworden ist. In Hypnose verändere ich das Unterbewußtsein.

Halluziniertes Fliegen in Hypnose

Angst vorm Fliegen ist ein uns allen bekanntes Phänomen. Sportflieger antworten darauf: „Der Weg zum Flughafen ist viel gefährlicher als das Fliegen“. Sie haben recht, nur ist durch diese rationale statistische Wahrheit noch keiner von seiner Flugangst befreit worden.

Ein 40jähriger Handelsvertreter kommt *1985* mit Angst vorm Fliegen zu mir. Seine Firma pflegt Fortbildungskurse elitär im warmen Süden zu veranstalten. Selbst wenn der Hinflug gut überstanden ist, kann sich mein Patient während der Fortbildung schlecht auf das ihm Gebotene konzentrieren, denn es steht ja noch der Rückflug bevor. Solche Ängste und damit verbundene Zwänge treten recht häufig auf. Die Vorgeschichte bringt in der Regel keine schlechten Erfahrungen bei früheren Flugreisen.

Ich lasse den Patienten in Hypnose Flugreisen halluzinieren: das Einchecken, das Platznehmen im Flugzeug, das sich Anschnallenmüssen, das Beobachten des Treibens auf dem Flugfeld, das Bewundern der in der Regel ansehnlichen Flugbegleiterinnen. Ich lasse den Patienten während des halluzinierten Fluges aus dem Fenster schauen, Zeitung lesen, Kaffee trinken, die Schönheit des Fliegens mit dem schnellen Überwinden größerer Entfernungen erleben.

Es bedarf in der Regel keiner Therapie mit neuen Kodierungen. Ein mehrfaches, schön empfundenes Reisen per Flugzeug in Hypnose ist oft eine ausreichende Therapie. Der Patient sieht sich so, wie er sein möchte und sein will: ohne Flugangst, alle fünf Sinne auf die Schönheit des Fliegens gerichtet, und dazu gehört letztendlich auch der Anblick hübscher Stewardessen.

Ich sagte es schon: unser Gehirn kann zwischen Wirklichkeit und Möglichkeit schlecht unterscheiden. Bei starker Intensität wird in Hypnose *Vorgestelltes* als wirklich empfunden.

„Warum zittern Ihre Hände?“

Ein 36jähriger Patient leidet an einem Händezittern. Das Händezittern tritt das erste Mal vor zehn Jahren auf, als im Betrieb Sherry getrunken wird. Dieses Händezittern wird von einem Kollegen beobachtet: „Warum zittern Ihre Hände?“ -„Ich bin wohl ein bißchen nervös.“ Diese Antwort meines Patienten läßt den Teufelskreis des zwanghaften Verhaltens rotieren. Diesem „Ich bin wohl ein bißchen nervös“ folgen Magendrücken, Unwohlsein, auch Kopfschmerzen und immer wiederkehrendes Händezittern. Der Patient bekommt eine zwanghafte Angst vor gemeinsamem Essen mit seinen Kollegen in der Kantine: Angst, daß seine Hände beim Essen zittern könnten (Tremorphobie). Und das ist erst der Beginn einer Angstneurose, deren Symptomatik sich schnell ausweiten wird. Bei der Therapie von neurotischen Ängsten versagt rationales und logisches Denken. Von seinem Verstand und von seiner Logik her weiß jeder dieser Patienten über die Unsinnigkeit seiner zwanghaften Ängste. Wenn ich als Therapeut Erfolg haben will, muß ich die Allge*meingültigkeit des rationalen Denkens überwinden.* Bei der Therapie von Ängsten hilft mir und meinen Patienten kein logisches Denken, wenn es auch für viele Wissenschaftler und Schulmediziner immer noch das Höchste zu sein scheint.

Bei Angstneurosen brauche ich als Therapeut nicht jede einzelne Angst zu verstehen. Es laufen immer ähnliche Prozesse ab, auf ähnlichen Wegen. Menschen entwickeln geradezu Strategien, um Angst-Reaktionen hervorzubringen. Ich muß den Aufbau von Phobien verstehen, um diese Patienten zu verändern.

Eine Angstneurose beginnt durch ein „Erlernen" in einem einzigen „erfolgreichen" Versuch. Danach befürchtet der Patient ein erneutes Auftreten der Symptome der Angst, suggeriert es sich geradezu und bringt es fertig, über Jahre und Jahrzehnte hinweg, immer auf die gleiche krankhafte Art und Weise zu reagieren.

Angstneurotiker haben viele Defizite

Mir ist aufgefallen, daß Angstpatienten häufig ein Defizit an Liebesfähigkeit zu anderen Menschen haben und sich gegen jedes Geliebtwerden wehren, um sich selbst vor Enttäuschungen zu schützen. Tritt in diese Leere, wo Bindungen zu anderen Menschen stehen sollten, die Angstsymptomatik?

Angstpatienten haben nicht nur emotionale Defizite, sie sind in der Regel auch wenig neugierig, wenig kreativ. KIERKEGAARD kennt eine Angst, die er mit Langeweile gleichsetzt; ist das die „neurotische" Angst?

Neurotiker haben kein Hobby, das Zeit und Geld kostet. Eine ältere Patientin antwortet mir, als ich sie nach ihren Hobbies befragte: „Fernsehen ... und Arzt-Besuche." Auf der Landkarte des Lebens dieser Patienten gibt es viele weiße leere Flächen. Wenn man sie aber befragt, dann „lesen sie gern ein gutes Buch, sie hören gern gute Musik, sie haben gute Gespräche mit vielen Freunden", kurzum: sie sind die kommunikationsfreudigsten Menschen überhaupt. In Wirklichkeit: bla, bla, bla! Für mich ist oft nichts zu entdecken, was sie neugierig auf das Leben machen könnte, was ihrem Leben einen Sinn geben könnte. Auf den leeren weißen Flächen des Lebens dieser Patienten dürfen sich schmarotzerartig ihre Ängste und Zwänge wuchernd ausbreiten.

Ich muß in meiner Therapie diese Patienten wieder oder überhaupt erst einmal neugierig aufs Leben machen, das an ihnen vorbeizieht, unwiederbringlich.

Schluckstörung bei Erstickungsangst

Eine 52jährige Patientin hat seit 20 Jahren eine Angstneurose mit zwanghaftem Schlucken, sie ist seit 10 Jahren erwerbsunfähig. Sie bekommt beim Essen und Trinken Erstickungsanfälle mit Luftnot und glaubt, sie habe sich verschluckt und werde an dem Verschluckten ersticken. Auch beim ganz normalen Speichelschlucken fürchtet die Patientin zu ersticken. Vor den täglichen Spaziergängen mit ihrem Hund schluckt sie Speichel im voraus und vermeidet während des kurzen Spazierengehens zu schlucken. Auch ihre Angst ufert aus. Sie kann nicht nur in Gesellschaft nichts essen und trinken, sondern sie kann auch nicht mehr allein aus dem Haus gehen, abgesehen von den kurzen Spaziergängen mit ihrem Hund. Bei diesen Spaziergängen wischt sie mit einem „Spucktaschentuch" herauslaufenden Speichel ab, ebenso nachts.

Die Patientin hat eine 20jährige fortwährende Therapie hinter sich: stationär in mehreren Kliniken, ambulant bei vielen Psychotherapeuten, zusätzlich hohe Dosen Psychopharmaka. Zwischenzeitlich ist sie mit nur noch 41 kg Körpergewicht magersüchtig, ihre Hauptnahrungsmittel werden Sahne, Schokolade und Mayonnaise, und sie nimmt an Gewicht zu.

Ich sage in Hypnose ihrem Unterbewußtsein: „Schlucken ist automatisch". Ich lasse die Patientin ihre Ängste und Symptome der Angst wütend abwehren und auslachen. Nach den ersten 5 Behandlungen verbringt die Patientin mehrere Stunden in meinem Wartezimmer bei Kaffee und Kuchen mit anderen Patienten. Ihr begleitender dritter Ehemann erlebt erstmalig, daß sie in Gegenwart anderer Menschen ißt und trinkt.

Ängste ufern aus

Zu mir kommt im Februar 1992 eine 24jährige Patientin, die seit 5 Jahren Erstickungsangst mit zugeschnürtem Hals beim Schlucken von Speisen und Getränken hat und auch beim Speichelschlucken. Sie wird magersüchtig und wiegt weniger als 40 Kilogramm. Beim Schlucken tritt ein „Glucksen" auf, darunter versteht die Patientin den Zwang, eingeatmete Luft in kurzen Abständen ausatmen zu müssen; sie hat dabei das Gefühl, nicht alle Luft ausatmen zu können und dabei entsteht ein glucksendes Geräusch.

Ihre Angst ufert aus: sie kann nicht mehr Autofahren, nicht Bahnfahren, nicht Busfahren. Dabei immer dieses Glucksen bei vermehrtem Speichelfluß. Das Gefühl, keine Luft mehr zu bekommen oder glucksen zu müssen führt zu Angst vor Krankheiten der Lunge, besonders vor Lungenkrebs. Es treten Todesängste auf wegen des Gefühles, keine Luft mehr zu bekommen. Die Patientin erledigt ihre Aufgaben sehr schnell, damit sie alles noch vor dem baldigen Tod schafft.

Als sie zu mir kommt, kann sie nur noch mit einem Strohhalm trinken. Die Angst ist noch weiter ausgeufert: sie kann keine Musik mehr hören, weil der Zwang entsteht, nur noch im Takt der Musik atmen zu müssen. Sie war früher Handballspielerin, spielte auch Tischtennis und Tennis, kann jetzt aber keinen Sport mehr treiben aus Angst, bei durch körperliche Anstrengung schnellerem Atmen keine Luft mehr zu bekommen.

Die Patientin hatte von ihrem Hausarzt Psychopharmaka bekommen und war fünf Jahre lang bei drei verschiedenen Psychotherapeuten in Behandlung, auch in einer Psychosomatischen Klinik.

Ich therapiere die Patientin in Hypnose in drei Schriften: 1. Ich bringe ihr bei, ihre Ängste wütend abzuwehren. 2. Ich programmiere sie zum Lachen. Lachen anstatt Glucksen, Lachen schon beim Denken an angstauslösende Worte oder Situationen. 3. Die Patientin erlebt in Hypnose Situationen eines normalen Lebens. In Hypnose Erlebtes wird später Wirklichkeit, denn unser Gehirn kann zwischen Wirklichkeit und Möglichkeit schlecht unterscheiden.

Schon nach der zweiten Therapiesitzung trinkt die Patientin in meiner Gegenwart Sprudelwasser und überreicht mir danach den Strohhalm, den sie in ihrer Handtasche immer bei sich trägt.

Aids-Phobie und Angstneurose

Ein 36jähriger Lehrer für Deutsch und Musik bekommt 1986 eine Aids-Phobie, als sein 9 Jahre jüngerer Bruder an einem Tripper erkrankt. Er gehört nicht zur Risikogruppe Aidsgefährdeter. Das Wort Blut löst bei dem Patienten Symptome wie Schwindel, Schwächegefühl, Herzrasen und Zittern aus. Wenig später fürchtet sich der Patient nicht nur vor dem Sprechen des Wortes Blut vor der Klasse, er entwickelt auch eine Angstsymptomatik vor ähnlich klingenden Wörtern wie gut, Hut, Wut, usw.

Seine Phobie bleibt nicht isoliert, weitere Ängste entwickeln sich und ufern aus: Angst vor Menschen, Angst vor Kontrollverlust, Angst vor peinlichen Situationen, Angst „verrückt" zu werden. Der Patient kann nicht mehr einkaufen gehen, insbesondere nicht in einer Schlange an der Kasse warten. Er hat auch Angst vor allem, was im engeren und weiteren Sinn mit Essen zu tun hat. Er kann nicht über Essen reden, er kann nicht mit anderen oder allein essengehen, er kann nicht mal mehr zu Hause mit seinen Eltern beim Essen am Tisch sitzen. Er hat Angst davor, daß andere seine Angst entdecken könnten, der Patient fühlt sich dauernd beobachtet. Er hat Angst beim Unterrichten, vor Elternabenden, vor Konferenzen. Die Angst ufert noch weiter aus: er kann Klänge wie das Klingelzeichen in der Schule, Glocken, Musik und auch laute Geräusche wie Flugzeuge nicht mehr ertragen.

Selbstverständlich hat sich der Patient in den letzten sechs Jahren therapieren lassen, ebenso Psychopharmaka geschluckt. Therapeuten haben ihm beigebracht, seine Angst zu akzeptieren, zu lieben, mit seiner Angst zu leben. Wie viele Intellektuelle kann der Patient nicht begreifen, daß er dadurch die letzten sechs Jahre seines Lebens quasi vergeudet hat.

Geräuschempfindlichkeit führt zu Angstneurose

Eine 46jährige Patientin hört in ihrer Neubauwohnung das Radio ihres Nachbarn. Dieses löst bei ihr Übelkeit, Schweißausbrüche, Herzrasen, Magenschmerzen und ein Drücken der Schilddrüse aus. Sie gerät in Panik. Ihre Ängste ufern aus: laute Nachbarkinder oder nachts bellende Hunde lösen Angstanfälle aus. Die Patientin hat Angst, nach Hause zu gehen oder in den Schrebergarten zu fahren und lauscht nur noch, ob nicht irgend jemand ein Radio oder ein Fernsehgerät anschaltet. Alles, was sie in ihrer Umgebung nicht selbst beeinflussen kann, löst Angst aus. Schon der Anblick der Nachbarn löst Angst aus. Sie möchte sich am liebsten verkriechen. Sie beobachtet sogar die Nachbarn durch einen Spion. Das Verhältnis der Patientin zu ihren Nachbarn kühlt ab. Sie versteckt sich vor ihnen, geht ihnen aus dem Weg. Wenn sie in der Wohnung ist, lauscht sie permanent, ob irgendwo eine Waschmaschine läuft, ob ein Radio oder Fernseher zu hören ist oder ob die

Nachbarn laut reden. Und jedesmal folgen Ängste, die sich bis zur Panik steigern.

Eine 55jährige Patientin ist in Johannesburg auf einer Reise in ihrem Hotelzimmer in der Badewanne. Sie hört, wie nebenan im Nachbarzimmer sich jemand erbricht, hustet und spuckt. Sie fängt am ganzen Körper an zu zittern und bekommt Durchfall. Husten oder Spucken werden zum falsch gelernten Signal und lösen in Zukunft eine Angstsymptomatik aus. Sobald die Patientin jemanden husten oder spucken hört, besonders im Hotel, wo ihr Menschen sehr nahe sind, bekommt sie ein Ziffern am ganzen Körper und danach Durchfall. Seitdem meidet die Patientin Hotels. Es weitet sich ihre Angst jedoch aus. Sie bekommt schon ihr Zittern und den Durchfall, wenn sie Leute am Haus vorbeigehen sieht, denn die könnten ja einen Raucherhusten haben. Und später kommen andere Ängste dazu. Sie kann nicht mehr allein auf der Autobahn fahren und vieles andere auch nicht mehr frei tun.

Sie wünscht sich nicht, daß sie plötzlich Husten, Spucken oder Zähneputzen schön findet, aber sie möchte, daß es ihr gleichgültig wird, sie „igitt“ sagt, sich umdreht und sich nicht darum kümmert.

„Damit müssen Sie leben!“

Von Psychologen verkorkste Angstneurotiker kommen oft zu mir. Beliebt ist es, daß Psychotherapeuten diese Patienten lehren: „Du darfst deine Angst nicht verdrängen, du mußt deine Angst lieben!“ Seine Angst lieben zu sollen ist genauso blödsinnig als müsse man den Krieg lieben, um Frieden zu bekommen und den Frieden zu erhalten.

Viele Therapeuten wollen ihre Patienten davon überzeugen, daß sie Einschränkungen in ihrem Leben akzeptieren sollen, und bei alldem sollen diese Patienten auch noch glücklich sein! Kranke sollten ebenso allen Medizinern mißtrauen, die ihnen bei Krankheiten suggerieren: „Damit müssen Sie leben! Sie müssen Ihre Krankheit akzeptieren.“

„Ignoriere dein Krankheitssymptom!“ ist als beliebter Rat genauso unsinnig und paradox wie die Aufforderung „Sei spontan!“. Das Ignorieren einer Angstneurose oder Zwangsneurose ist nicht möglich.

Ich therapiere meinen Patienten dahin, daß er an seiner alten Symptomatik vorbei und auf etwas Neues hin agiert. Andere Therapeuten wollen ihre Patienten von deren Krankheiten ablenken, ich dagegen lenke meine Patienten zu neuen Lebensinhalten hin.

Erfahrungen führen zu Orientierung und Sinn

Wir essen nicht, um satt zu sein, wir leben nicht, um Erfahrungen und Erlebnisse zu sammeln. Abwechslungsreiche Eindrücke zu gewinnen und satt zu werden sind vordergründige Ziele, die zwar einen gewissen Zweck vorgeben, den tieferen Sinn aber nicht ersehen können. Der tiefere Sinn kommt durch die Umwandlungsprozesse, durch die Transformation: der Körper wandelt Nahrung in Energie um, der menschliche Geist Erfahrungen in Orientierung und Sinn. Dieses Grundschema scheint den eigentlichen Antrieb menschlicher Evolution auszumachen. Des Menschen Aufgabe scheint es, Erfahrungen festzuhalten. Der Mensch strebt nicht vor allem nach Glück, der Mensch will sein Schicksal beeinflussen und seine Lebensumstände steuern, selbst bestimmen. Der Mensch sucht ein Ziel. Wer sein bisheriges Leben in Unglück und Elend verbracht hat, ist froh über etwas Glück. Sobald er sich aber ein wenig daran gewöhnt hat, will er unbedingt herausfinden, welches Prinzip dem Glück zugrundeliegt. Denn dann könnte er diesen Zustand selbst herbeiführen oder beenden - ganz wie man eine Lampe an- oder ausknipst.

Den „Sinn des Lebens“ nicht zu hoch ansiedeln

Das Leben ist eine kunstvoll gestaltete komplizierte Reise, die nirgendwo anders hin als zum Tod führt. Die meisten Menschen ersticken in ihren alltäglichen persönlichen Sorgen und nehmen die sie umgebende unermeßliche Welt der größeren Bedeutung nicht mehr wahr. Menschen versinken oft in Feigheit, Faulheit, Trägheit, Gewohnheit, Bequemlichkeit, Langeweile und dem Gefühl, daß sowieso alles vergeblich sei. Goethes Faust erstickt in einem Teufelskreis von Vergeblichkeit und Langeweile.

Weil wir alle einmal sterben müssen, erscheinen unsere trivialen Alltagsrechtfertigungen für das Leben absurd. Man lernt und arbeitet, um Geld zu verdienen, um sich damit Kleidung, Essen, Wohnung, Vergnügen zu finanzieren, um sich so Jahr für Jahr am Leben zu erhalten, vielleicht um eine Familie zu ernähren, Karriere zu machen. Welches Ziel werden wir letztendlich erreichen? Den Tod. Nur ein geringer Teil der Menschen glaubt an ein Weiterleben nach dem Tode, in welcher Form auch immer. All unser Streben kann Auswirkungen auf das Leben anderer haben, aber da wiederholt sich das Problem nur, weil auch sie sterben müssen.

Beantworten Religionen die Frage nach dem Sinn des Lebens? Augustinus glaubt, unersättliche Begierde könne gestillt werden, wenn sie ihren eigentlichen Gegenstand finde: Gott. Buddha meint, daß die Begierde die Wurzel allen Elends und die Ausmerzung von Begierde der Weg zum Glück ist und zum Nirwana führt. Im Buddhismus ist der Held derjenige, der seine Begierden überwindet und sich dem Nichts anvertrauen kann. In der Weltliteratur finden sich keine Porträts von guten Übermenschen: Helden sind oft mit fatalen Makeln behaftet, und Götter sind oft furchtgebietend. Der Gute ist nicht mächtig, „gute“ Staatsmänner sind meist idealistisch, aber ohne Wirkung. Was einem wirklichen Übermenschen im eigentlichen Sinn des Wortes noch am nächsten kommt, das ist der Superman aus dem amerikanischen Comic.

Held sein heißt für Abendländer, etwas Erhebendes im Leben hinterlassen, das Gefühl zu haben: nicht umsonst gelebt zu haben: durch einen kleinen Beitrag zur Verbesserung der Gesellschaft oder durch einen hinterlassenen schönen Garten, oder zu wissen, daß wenigstens das Leben anderer oder eines anderen Menschen leichter war, weil man gelebt hat. Die alltäglichen Heldentaten des Durchschnittsmenschen - man sollte sie nicht gering schätzen -bestehen darin, daß man ein guter Brotverdiener für sich und seine Familie ist und nicht dem Sozialamt zur Last fällt.

In früheren Stammeskulturen trat man in die Fußstapfen vorheriger Helden. Somit wurde vom Helden gar nicht erwartet, daß er etwas Neues tat. Durch einen Schutzgeist, der ihm half, auf Erden ein Held zu sein, hatte jeder einen persönlichen Bezug zur Gottheit.

Der moderne Held lebt in ständiger Angst, etwas Neues tun zu müssen, etwas, das noch nie vorher vollbracht wurde. Der heutige Held beiderlei Geschlechts versucht ängstlich und oft vergeblich, seine Einzigartigkeit unter Beweis zu stellen.

Der Mensch braucht Sinn und Bedeutung

Trotz aller tragischen Aspekte unseres Daseins bemühen wir uns, sinnvoll zu leben, das Beste aus unserem Leben zu machen. Der Mensch braucht Sinn und Bedeutung, um seine schlummernden Energien freizusetzen. Der Mensch muß staunen, hungrig und neugierig sein. FREUD hat unrecht, wenn er die Frage nach dem Sinn des Lebens als neurotischen Ausdruck eines Menschen deutet („im Moment, wenn man nach Sinn und Wert des Lebens fragt, ist man krank"). Was bedeutet es, dem Leben einen Sinn zu geben, sinnvoll zu leben? Nach ADLER ist der Sinn des Lebens seine Leistung für andere, der Mensch soll sich in das Ziel der idealen Gemeinschaft einbringen. C. G. JUNG beschreibt die Neurose als Leiden der Seele, die ihren Sinn nicht gefunden habe. „Menschsein ist Verantwortlichsein" meint VIKTOR E. FRANKL, der Begründer der Logotherapie.

Kann die Befriedigung einfacher menschlicher Bedürfnisse oder gegensätzlich nur höchste menschliche Vervollkommnung dem Leben einen Sinn geben? Jedes Wertsystem ist individuell und relativ. Es ist vermessen zu sagen, daß nur die Männer und Frauen ihrem Leben einen Sinn geben würden, die sich ihrer höheren Intelligenz bewußt sind und die Mysterien des Ursprungs des Lebens, der Evolution und des Todes zu entziffern versuchen.

Die Fragen nach dem Sinn des Lebens und nach dem Sinn des Todes lassen sich nicht trennen. Todesangst kann man mit der Behauptung begegnen, nur der Körper des Menschen sterbe, seine Seele hingegen sei unsterblich. Wenn meine Seele sich wieder inkarniert, brauche ich mich um Begrenztheit und Tod nicht zu kümmern. Wenn ich mich aber nur mit meinem Körper aus Fleisch und Blut identifiziere, ist es nicht immer leicht, mich mutig mit meiner Angst vor der Gebrechlichkeit und vor dem unausweichlichen Tode zu befassen.

Jeder Mensch braucht für sich selbst das Gefühl, einzig zu sein, wertvoll zu sein. Nicht nur das Schaffen schöpferischer Werte kann dem Leben einen Sinn geben, sondern -man muß es nicht als bloße Genußfähigkeit abtun- das Erleben des Lebens, Begegnen und Lieben, kann ein Leben sinnvoll machen.

Verlangen wir nicht von dem Glück zuviel? Darf sich nur der glücklich fühlen, der besonders erfolgreich ist, der Unsterbliches leistet? Wir sollten das Glücklichsein nicht zu hoch ansiedeln. Ich glaube, wir sollten schon glücklich sein, wenn wir vergnüglich (nicht vergnügungssüchtig!) leben. Vergnüglich zu leben, fällt den meisten von uns schon schwer genug.

Glück ist ein Mitläufer, ein Beigefühl

Glückssuche ist unendlich. Ein wunderbares Symbol ist die Blaue Blume der deutschen Romantik (NOVALIS). Das Finden der Blauen Blume wäre das Erreichen der völligen Erfüllung. Man sucht, und wenn man die Blaue Blume bisher noch nicht gefunden hat, so bedeutet das ja nur, daß man nicht immer an der richtigen Stelle gesucht hat. Wird die Suche endlos? Innerhalb dieses Denkrahmens ist es nicht möglich, daß es die Blaue Blume überhaupt nicht gibt. Soll man von der Blauen Blume nur träumen? Nein - man soll sie suchen. Ist ein Mensch glücklich, wenn er es nicht weiß, nicht dauernd hinterfragt? Ist die beste Glücksidee die, keine Idee von Glücklichsein zu haben? Das Entscheidende ist, daß wir keine falsche haben.

Glücklichsein ist etwas, was ich erfahre, eine seelische Realität in mir. Der Wunsch, diese angenehmen Erlebnisse zu wiederholen, ist natürlich. Aber ich sollte mich nicht zu sehr anstrengen, es nicht krampfhaft wollen, glücklich zu sein. *„Wer immer auf den Zehenspitzen steht, der steht nicht gut“* sagt LAOTSE.

Ich gehe über eine sommerliche Blumenwiese, ich sehe und rieche die duftenden Blumen, ich höre die Insekten summen, ich fühle einen warmen, leichten Wind: schon das kann einen Glückszustand hervorrufen. Im Verlauf einer Tätigkeit stellt sich Glück als Mitläufer, als Beigefühl ein. Ich tue etwas, und während ich lese, musiziere, spiele - dabei fühle ich mich glücklich.

Freud gehört auf die ultimative Out-Liste

Nicht haltbar erscheint es mir, einem Patienten immer eine psychoanalytische Ursache für seine Angst offerieren zu wollen: ein übermächtiger, herrschender strenger Vater muß häufig dafür herhalten! So viele übermächtige Väter kann es gar nicht geben! Eine konfliktreiche Beziehung zu einer überbehüteten und Trennungsängste hervorrufenden Mutter wird von Psychologen oft dann konstruiert, wenn ein übermächtiger, herrschsüchtiger Vater wirklich nicht zu finden ist! Angstneurotisches oder zwangsneurotisches Verhalten beginnt natürlich oft in der Kindheit, der Patient erinnert sich oft selbst an das erste Auftreten, ohne auf der berüchtigten Couch zu liegen.

Eine jetzt 64jährige Patientin leidet seit 50 Jahren unter zwanghaftem Erröten. Das erste Erröten tritt auf, als sie sich mit jungen 14 Jahren mit der ersten Dauerwelle ihres Lebens hat verschönern lassen. Sie fühlt sich besonders schick und erwachsen, und da kommt ihr die beste Freundin entgegen und schüttelt mißbilligend ihren Kopf. Danach begegnen ihr zwei Männer auf Fahrrädern, die sie sagen hört: „Guck mal, die ist ja ganz rot!" Ich wiederhole mich: die Ursache eines zwangsneurotischen Fehlverhaltens beginnt oft in der Kindheit, ist oft bekannt, bleibt aber im Laufe des Lebens sicher nicht ursächlich für das Anhalten des neurotischen Fehlverhaltens. Da bleiben der Psychoanalyse keine therapeutischen Ansätze.

Auf der Couch des Psychoanalytikers „erinnert" sich ein Patient an unzählige einzelne negative und sinnlose Bruchstücke aus seiner Vergangenheit. Und jetzt rekonstruiert der Psychoanalytiker aus diesen zum Teil fiktiven, mit Sicherheit verzerrten Geschichten eine Vergangenheit. Es ist noch schlimmer: *Der Psychoanalytiker pathologisiert jegliches Verhalten der Vergangenheit.* Sinnvolle Zusammenhänge aus der Vergangenheit werden selten entdeckt und schon gar nicht ein sinnvoller Bezug zur Gegenwart gefunden.

Ich suche nicht die unveränderliche Vergangenheit eines Patienten zu erhellen. Mein Patient leidet in der Gegenwart, und ich will seine Zukunft besser gestalten. Die Idee, daß der Schlüssel gegenwärtiger Probleme in der Vergangenheit zu suchen sei, ist das unglücklichste und dauerhafteste Erbe SIGMUND FREUDS. Die Vergangenheit ist keine Hilfe zur Veränderung.

Ich lebe auf dem Lande, ich sehe, wie die Bauern im Frühjahr für die Ernte säen. Ähnliches tue ich beim Programmieren meiner Patienten. Ich programmiere Patienten für die Zukunft.

Angstneurose ein Gewinn?

Ein jetzt 42jähriger Zahnarzt bekommt mit 37 Jahren eine Angstneurose, die ihn berufsunfähig macht. Schon mit 18 Jahren hatte er in seinem Hinterkopf fixiert: „Mit 40 Jahren willst du aufhören zu arbeiten."

So beginnt vor fünf Jahren die Neurose: Der Zahnarzt will einer Patientin eine lokale Betäubungsspritze setzen. Etwa 10 cm vor dem geöffneten Mund der Patientin beginnt seine Hand, die die Spritze hält, zu zittern, und dieses Zittern setzt sich über den ganzen Körper fort. Er setzt dennoch die Spritze und führt auch später den Eingriff zu Ende. Aber jetzt beginnt seine Angst vor dem nächsten Morgen und vor der nächsten Betäubungsspritze, die er einem vorangemeldeten Patienten wird machen müssen.

Mit Hilfe von Assistenten führt er seine Praxis weiter, bis er nach vier Jahren als berufsunfähig begutachtet wird. In der Zwischenzeit haben viele Therapieversuche stattgefunden: Verhaltenstherapie, 500 Stunden Psychoanalyse und vor allem: Psychopharmaka verschiedener Gruppierungen. Im Laufe seiner Erkrankung entwickelt sich ein Gedanke: „Wenn du berufsunfähig wirst, kannst du nicht nur deine Praxis gut verkaufen, sondern deine Versicherungen werden viel Geld zahlen müssen.“ So tritt denn Berufsunfähigkeit auch ein.

Aber auf einmal ändert die Angstneurose ihr Gesicht: jetzt hat der Zahnarzt Angst vorm Autofahren, vor Bahnreisen, vor Flugzeugreisen, vor vielen schönen Dingen des Lebens. Er würde gern das von ihm geliebte Vorderasien bereisen, er würde gern in New York an der Börse spekulieren. Er würde vieles gern tun, aber seine Angst ist übermächtig.

Werde ich ihn von seiner Angstneurose heilen können? Oder werden Teile von ihm übermächtig bleiben, die in der Angstneurose primär einen Gewinn sehen? Als ich den Patienten aus meiner Behandlung entlasse, hat er als 42jähriger erstmalig Geschlechtsverkehr und reist mit einer festen Partnerin um die Welt. In den mittlerweile ungeliebten Beruf des Zahnarztes will er nicht zurück, er will Biologie studieren.

Ist Krankheit ein Gewinn? Der angebliche Gewinn einer Krankheit ist mehr Aufmerksamkeit, der Vorteil nicht arbeiten zu müssen, ein Rentenbegehren, schwierige Entscheidungen aufzuschieben, den Partner fester an sich zu binden oder aber auch auf mehr Distanz zu halten. Dieses sind ein paar bewußte und unterbewußte Motive, sich an einer Krankheit festzuklammern. Krankheit kann nur ein scheinbarer Gewinn sein. Es ist trügerisch und bedauernswert, wenn ein unterbewußter Teil einem Menschen in einer Krankheit einen Gewinn vorgaukelt.

Krankheit ist kein Gewinn

Der „Gewinn“ einer Krankheit, diese angebliche verborgene Belohnung, läßt oft ein krankhaftes Verhalten als erstrebenswert erscheinen. Sekundärgewinn hat oft einen mächtigen Einfluß auf das Erleben und Verhalten. Auch in Hypnose kann man Patienten furchterregende, unangenehme und anstrengende Aufgaben ausführen lassen, wie im alltäglichen Leben auch, und dennoch kann man sie oft nicht dazu bringen, ihre Krankheit aufzugeben.

Als CARL-GUSTAV JUNG 12 Jahre alt wird, wird er von einem Jungen gestoßen, fällt aufs Pflaster und ist kurzzeitig bewußtlos. Er bleibt aber länger als notwendig liegen, um seinen Angreifer in Angst zu versetzen, und dabei schießt ihm der Gedanke durch den Kopf: „Jetzt muß ich nicht mehr zur Schule gehen.“ Ein Teil von ihm entdeckt den Reiz von Ohnmachtsanfällen, und er darf sechs Monate von der Schule fernbleiben. Seine Eltern sorgen sich um ihn, konsultieren verschiedene Ärzte. Eines Tages hört er zufällig, wie der Vater einem Besucher, der sich nach seinem Befinden erkundigt, antwortet, daß man nicht wisse, was mit dem Jungen, los sei, daß die Ärzte meinten, es sei Epilepsie.

Der Vater klagt, daß er sein bißchen Vermögen verloren hätte, und der junge würde später seinen Lebensunterhalt nicht selbst verdienen können.

Diese Worte verstören den 12jährigen zutiefst. Selbstmitleid, Angst vor Armut, alles vermischt sich, sechs Monate hat er vergeudet. Er beginnt sofort, in der lateinischen Grammatik zu lernen. Nach kurzer Zeit erleidet er einen Ohnmachtsanfall und fällt vom Stuhl. Doch er weigert sich, mit der Arbeit aufzuhören. Bald kommt ein weiterer Anfall, er gibt wieder nicht auf, und nach einer Stunde erlebt er seinen dritten Anfall. Er zwingt sich verbissen, weiterzuarbeiten, und plötzlich fühlt er sich besser, und die Anfälle hören überraschend auf. JUNG geht wieder zur Schule und schreibt später in seine Autobiographie, als er diese Episode schildert: „Daran habe ich gelernt, was eine Neurose ist.“ Der unterbewußte Teil JUNGS hatte gelernt, den Reiz des Ohnmächtigwerdens auszulösen, um sich der Langeweile und dem Elend der Schule zu entziehen. Der Wille des 12jährigen hat aber auch erkannt, daß eine Neurose durch einen heroischen Willensakt geheilt werden kann.

Der amerikanische Schriftsteller JOHN UPDIKE schreibt in seinen Memoiren: „Wenn ich in meinem Leben etwas Mut und Originalität gezeigt habe, verdanke ich dies meiner Haut. Nur die Schuppenflechte konnte aus einem durchschnittlichen kleinen Jungen einen extrem produktiven, vielseitigen und recht rücksichtslosen Schriftsteller machen. Was war denn meine Kreativität, mein rastloses Bedürfnis zu produzieren, wenn nicht eine Parodie auf die peinliche Überproduktion meiner Haut?" Dieser intelligente Mann will im nachhinein in seiner Krankheit einen Gewinn sehen. Aus der Literaturgeschichte wissen wir, daß es oft eine Krankheit war, die diesen oder jenen Schreiber erst zum erfolgreichen Schriftsteller gemacht hat.

Eine Patientin berichtet mir über die ungeliebte Mutter: „Wenn ich krank war, war sie richtig lieb und besorgt. Also war ich als Kind oft krank, um umhegt und versorgt zu werden."

Ich frage regelmäßig meine Patientin: „Warum gerade jetzt *die* Krankheit?" – „Was gestattet Ihnen diese Krankheit zu tun, was Sie sich normalerweise nicht erlauben würden?" -„Wovor hat Ihre Krankheit Sie gewarnt?"

Wenn auch widerwillig und vorerst nicht einsichtig antworten später viele Patienten, daß ihre Krankheit ihnen die Möglichkeit gibt, einmal auszuruhen, sich gewissermaßen zurückzulehnen, ihre Pflichten einmal von sich zu werfen, sich einmal pflegen, betreuen, hätscheln und trösten zu lassen. Wer schnell einsichtig antwortet, wird schnell geheilt werden.

Krankheit ist eine bestimmte Art der Selbstwahrnehmung. Krankheit ist die Aufforderung an die Mitmenschen, den Kranken in einer bestimmten Weise zu betrachten und in einer bestimmten Weise auf ihn einzugehen.

Wenn ich mir die Krankheit meines Patienten als scheinbaren Gewinn, als scheinbare Vergünstigung denke, stelle ich mir nur als Arbeitshypothese - das Krankheitssymptom als „Freund" des betreffenden Patienten vor und nicht als sein Problem. Auch Krankheitssymptome sind zweckhafte Kommunikationsmöglichkeiten, aber ein Zweck führt nicht immer zum gewünschten Ergebnis. Krankheitssymptome können nicht immer zwischen dem unterscheiden, was sie mitteilen wollen und dem, was sie tatsächlich bewirken.

Eine zweckhaft-hysterische Reaktion zeigt ein 88jähriger. Opa ist das Allround-Talent der Familie und kann alles. „Laß das mal Opa machen! Opa macht das schon." Opa ist zeit seines Lebens patent, tüchtig und in der Familie geachtet. Er kann es jedoch nicht ertragen, wenn jemand widerspricht. Wenn er seine Meinung nicht durchsetzen kann, fängt er an zu weinen, zu zittern und fällt um. Oma muß ihn dann ins Bett bringen, und er wird mehrere Tage lang von Oma umsorgt: „Opa ist sehr krank."

Eine Enkelin dieses Opas hört als Kind, wie ihr Opa und ihre Mutter in der Küche lautstark streiten. Die Mutter läuft aus der Küche und die Zehnjährige kann beobachten, wie Opa zu weinen beginnt, zittert und umfällt. Opa blickt sich auf dem Boden liegend um, er sieht nirgendwo einen Zuschauer. Kopfschüttelnd erhebt er sich und geht von dannen. Meine damals 10jährige Patientin sieht das und glaubt, Opa entlarvt zu haben. Aber Oma nimmt ihr das keineswegs ab und schüttelt über diese Anschuldigungen verständnislos den Kopf: „Opa ist sehr krank."

Mit der Neurose „kokettieren"

Oft hört man im Alltag: „Ich brauche meine kleine Neurose zum Kreativsein", -„Ich kann mit meinen Neurosen gut umgehen". Ein Beispiel. Ein 50jähriger kommt mit einer seit 10 Jahren bestehenden Angstneurose zu mir. Er hat eine intensive medikamentöse Behandlung hinter sich, auch 600 Stunden Psychoanalyse bei zwei Ordinarien. Die Symptome seiner Angstneurose: Schwitzen, Bronchitis, Prostatitis, depressive Verstimmungen. Mein Patient wünscht in der Reihenfolge der Schwere seine Symptome zu verlieren: zuerst das Schwitzen und die Angst davor, danach die depressiven Verstimmungen - seine Bronchitis und Prostatitis will er vorerst behalten. Später stört ihn sein bronchitischer Reizhusten doch, wir therapieren ihn weg. Die Prostatitis möchte er weiterhin behalten, sie hat einen „Wert", so ganz ohne neurotische Störung will er nicht sein.

Ich biete dem Patienten als Ersatz einen kleinen Tic an: er möge doch immer beim Kaffeetrinken seinen kleinen Finger vornehm abspreizen! Und das darf er bitte nie vergessen! Und dabei verliert auch seine Prostatitis ihren Wert.

Wenn eine schwerste Angstneurose gebessert ist, habe ich manchmal das Gefühl, daß ein Patient noch irgend etwas Neurotisches zum Kokettieren behalten möchte.

Erfolgreiche Therapie bringt manchmal neue Probleme

WATZLAWICK beschreibt ein Ehepaar, das sich auf Wunsch der Frau in Ehetherapie begibt, weil der junge Ehemann Analphabet ist. Seine Frau, eine energische und gewissenhafte Person, trägt die Hauptlast der Verantwortung für die ganze Familie. Sie muß ihren Mann häufig mit dem Auto zu neuen Arbeitsplätzen chauffieren, weil er weder Straßenschilder noch Stadtpläne lesen kann. Sie führt den täglichen Papierkrieg mit Banküberweisungen, Schecks; sie „managt" die Familie. Im Verlauf der Behandlung entschließt sich der Ehemann, einen Abendkurs für Analphabeten zu besuchen und macht schnell erste Fortschritte im Schreiben und Lesen. Bald darauf teilt die Frau dem Therapeuten mit, daß sie die Scheidung eingereicht habe. Der Therapeut hat die zwischenmenschliche Bedeutung des Problems nicht voll berücksichtigt und durch dessen Lösung die bisher komplementäre Ehebeziehung zerstört, ohne dem Partner zu einer neuen Beziehungsstruktur zu verhelfen, obwohl das Lesen-und-Schreiben-Lernen des Ehemannes genau das war, was die Frau ursprünglich von der Therapie erhofft hatte. Die Frau kommt sich jetzt in dieser Ehe völlig überflüssig vor.

Ähnliches erlebe ich immer wieder bei Patienten, sowohl zwischen Ehepartnern als auch zwischen Kindern und deren Eltern. Nicht, daß es jedesmal zur Scheidung kommt, aber der Ehepartner, der sich verändert und gesund wird, entzieht häufig dem bisher gesunden Ehepartner durch sein Gesundwerden die Basis der Beziehung. Oft besteht zwischen Menschen eine Art von Zwangsehe: die Partner stehen einander fern und sind unzufrieden, aber Krankheitssymptome halten sie zusammen.

Jeder Arzt braucht Verbündete

Man muß sich in der Behandlung von Phobien und Ängsten oft Verbündete suchen. Verbündete können Familienangehörige sein, Eltern, Mitschüler, Bezugspersonen meiner Patienten. Verbündete kann ich aber auch in Hypnose halluzinieren lassen.

Ich muß alle Mittel einsetzen, um Patienten aus ihrem absurden Verhalten herauszukatapultieren.

Dieses Spiel mit in Hypnose „engagierten" Personen kann ich natürlich vielfältig betreiben. Wenn eine Patientin als Phobie ihre schmalen Lippen ganz unattraktiv findet, lasse ich sie in Hypnose Männer halluzinieren, die ihre schmalen Lippen äußerst „sexy" finden. Die Reaktion, die ich von ihr haben will, tritt ein.

Schönheitschirurgen können mit Verbündeten Ungewöhnliches leisten und möglichst wenig operieren. Ein Schönheitschirurg könnte eine Nase operieren, die ein Patient oder eine Patientin hinterher ganz toll findet, obwohl der Chirurg nur ein bißchen Haut von der Nasenspitze entfernt hat. Aber er braucht Verbündete zum Behandeln von Krankheiten. Vor allem zum Behandeln von Ängsten und Zwängen brauche ich als Hypnosetherapeut *Verbündete in Hypnose,* die ich wirklichkeitsgetreu agieren lasse.

14. Kapitel

Fischers Fritze fischt frische Fische

Es soll in der Bundesrepublik etwa 800 000 sprachgestörte Menschen geben, meistens sind es Stotterer.

Die inneren Qualen eines Stotterers zeigen sich an seinen äußeren muskulären Verspannungen und Verkrampfungen, an den Zuckungen seines Mundes, seiner Augenpartien, seines ganzen Gesichtes und an einem Verdrehen seines Halses und seines Oberkörpers. Bauchmuskeln und Zwerchfell verkrampfen sich. Alles ist begleitet von Scham- und Peinlichkeitsgefühlen, von Angst und Ohnmacht.

Ein Mensch kommt mit angeborenen Fähigkeiten zur Welt. Er lernt diese Fähigkeiten durch Training und Konditionierung nutzen. Er lernt sprechen, er lernt gehen, ohne sich bewußt zu werden, welche Mechanismen dabei wirksam werden. Das Kind lernt Laute erzeugen, ohne zu wissen, welche Leistungen seine Kehle vollbringen muß. Später lernt das Kind Worte artikulieren, ohne auf die Muskeln und Nerven zu achten, die daran beteiligt sind.

Kinder fallen oft beim Gehenlernen hin und die Eltern sagen: „Das Kind fällt", oder „es stolpert". Sie sagen aber nie: „Es ist ein Gefallenes oder Gestraucheltes." Kinder stottern oft beim Sprechenlernen, wenn sie Worte oder Silben wiederholen und noch nicht fließend sprechen können. Überängstliche Eltern ziehen den voreiligen Schluß: „Das Kind ist ein Stotterer", anstatt zu sagen „das Kind spricht noch nicht fließend". Wenn Eltern dann auch noch Befürchtungen in Gegenwart des Kindes aussprechen, dann fühlt sich das Kind selbst als Stotterer, obwohl sein noch nicht ganz fließendes Sprechen eine normale kindliche Entwicklungsstufe ist. Die Lernfähigkeit des Kindes wird gehemmt, das Stottern wird zum Zwang.

Wir alle, die wir fließend sprechen, wissen nicht, wie wir fließend sprechen. Unser fließendes Sprechen ist wie das meiste in unserem Leben unterbewußt. Selbst wenn wir gedanklich bewußt vordenken und formulieren, fliegen uns die Worte aus dem Mund, ohne daß wir darüber nachdenken müssen, welche Muskeln wir jetzt benutzen müssen. Stimmbildung und Sprechen sind beim normalen fließenden Sprechen unterbewußte Handlungen.

Was ist Stottern?

Stottern entsteht durch eine bewußte Kontrolle der normalerweise (automatischen) unterbewußten Koordination des Sprechens. Folglich kann ich Stotterer nur durch eine Neuprogrammierung des Unterbewußtseins heilen. Alle anderen Methoden wie Sprechtechnik, Sprachausbildung, Entspannungstherapien aller Arten können nur Hilfestellung geben, aber nicht heilen.

Die Schwierigkeit, einem Stotterer zuzuhören

Die Schwierigkeit, einem Stotterer zuzuhören: ein normaler Hörrhythmus kann sich schlecht an einen zerstückelten Sprechrhythmus anpassen.

Beim normalen Sprechen beobachten wir, daß bei Gesprochenem die einzelnen aufeinanderfolgenden Sequenzen im Durchschnitt drei Sekunden dauern. jede Äußerung wird durch eine kurze Pause beendet, der dann die nächste Einheit folgt. Diese zeitliche Einteilung beim Sprechen bestimmen keine Atempausen, sondern es sind Planungspausen, in denen die jeweils nächste Sprecheinheit vorbereitet wird.

Diese zeitliche Strukturierung betrifft nur das spontane Sprechen, beim laufen Lesen ist ein solches rhythmisches Muster weniger erkennbar. Wenn ein Sprechender Äußerungseinheiten von jeweils beliebiger Dauer produzieren würde, und wenn sich ein Hörer nicht durch den zu erwartenden Ablauf des Gesagten anpassen könnte, dann wäre die Möglichkeit der Kommunikation vermutlich entscheidend eingeschränkt. Eine Vorstellung von einer solchen Einschränkung erhalten wir, wenn wir jemandem zuhören, der einen Text viel zu schnell abliest. Das Verständnis des Gehörten sinkt.

Nicht jede Seele verträgt den Prüfstand

Am 1. 4. 77 kommt ein in seinem Beruf gerade selbständig gewordener 35jähriger Stotterer zu mir. Wie viele irrt er, weil er glaubt, gesund zu werden, wenn ich das erste Auftreten seines Stotterns seinem Unterbewußtsein entlocke. Die Hypnoanalyse in der zweiten Sitzung bringt Ort und Zeit des ersten Stotterns. Seine Mutter ist nervenkrank und häufiger in der Nervenklinik als zu Hause: die Mutter liegt im Bett und holt ihren etwa vierjährigen Sohn zu sich ins Bett. Was danach passiert, kann ich nur erahnen, denn der Patient fängt an zu schwitzen, wehrt sich und wird von mir mit freundlichen Suggestionen aus der Hypnose quasi befreit. Nebenbei: wie die meisten Stotterer stottert auch dieser Patient in Hypnose nicht. Die nächste Behandlung sagt der Patient telefonisch ab und erscheint nicht mehr. Wahrscheinlich stottert er noch heute.

Was ist als Nachtrag anzumerken? Möglicherweise hat die geisteskranke Mutter im Bett an den Genitalien ihres Sohnes gespielt oder irgend etwas getan, das für das Unterbewußtsein dieses Patienten auch als Erwachsenen immer noch unaussprechlich und auch noch heute schockierend ist. Ob er wußte, warum er nicht weiter berichten konnte? Wahrscheinlich hat sich sein Unterbewußtsein dagegen gesträubt, ohne daß er Gründe in Worten mitteilen konnte.

Es gibt in meiner langjährigen Praxis immer wieder Fälle, die sich einer Weiterbehandlung aus irgendeiner unfreundlichen dumpfen Ahnung entzogen haben. Konnten oder wollten diese Patienten irgend etwas Unaussprechliches nicht beim Namen nennen? Man kann einen solchen Patienten nicht mit dem Lasso einfangen und ihn zur Therapie zwingen. Leider.

Die Deutsche Bundespost fühlt sich veralbert

Zu mir kommt im Januar 1988 ein Stotterer, der so stark stottert, wie ich es vorher nie erlebt habe. Als dieser Patient beim Vorgespräch mir gegenübersitzt, spüre ich, daß auf mich eine große Herausforderung wartet.

Das Folterwerkzeug aller Stotterer ist das Telefon. Weil der Patient vor dem Telefonieren panische Angst hat, lasse ich ihn jeden Abend meinen Anrufbeantworter besprechen. Das Telefonieren ist für ihn zu einer Horrorvision geworden, seitdem er beim Paketpostamt nach einem fehlenden Paket geforscht hat. Die Postangestellte am anderen Ende der Leitung fühlt sich von dem stark stotternden Anrufer „auf den Arm genommen" und merkt nicht, daß es sich um einen Kranken handelt. Er versucht mehrfach mit dieser Postangestellten zu telefonieren, aber am Schluß knallt sie schon den Hörer auf, wenn sie nur sein erstes Stottern vernimmt.

Körperbehinderte - wie Stotterer oder auch Bucklige - sind in Komödien sehr beliebt, und diese Behinderten bringen bei MOLIÉRE und bei anderen Komödienschreibern die großen Lacher im Publikum. An sich müßte uns als Zuschauern das Lachen im Halse stecken bleiben, aber wir wissen, daß es sich hierbei um chargierende Schauspielerei handelt.

„Mein Gott, du stotterst ja!"

Mein Patient stottert seit seinem 4. Lebensjahr, ist in mehreren Sprachheilkliniken zur Therapie, ist danach ambulant bei mehreren Sprachheiltherapeuten und geht auch zur Akupunktur. Alles vergeblich. Auffällig für mich, daß dieser 25jährige Stotterer seine Meisterprüfung geschafft hat. Welch eine Anstrengung!

Zu seiner knapp zwei Jahre jüngeren Schwester hat er während seiner Kindheit immer ein schlechtes Verhältnis. Bei der Geburt der Schwester: „Erst muß ich lange warten bis Mutti aus dem Krankenhaus wiederkommt. Dann kümmert sie sich mehr um Schwesterchen als um mich. Ich will sie nicht! Sie soll wieder weggehen!" - Er sieht die kleine Schwester in Hypnose mit überlegen grinsendem Babygesicht und hört sie später sagen: „Du bist doof! Ich kann alles viel besser als du."

Kurz nach der Geburt der jüngeren Schwester das erste Stottern: „Ich komme vom Spielen. Andi und Jörg sind größer als ich, sie haben mich aus der Sandkiste vertrieben." Die Mutter bügelt in der Küche, unterbricht: „Mein Gott, du stotterst ja." Sie kniet sich zu ihm hinunter: „Hör auf zu stottern! Sprich noch einmal. Ganz langsam."

Auffällig ist auch, daß er - obwohl Stotterer in Hypnose selten stottern - das Wort „Mutter" oder „Mutti" auch in Hypnose nicht aussprechen kann, ohne zu stottern.

Ich erfinde zuerst in Hypnose eine neue Kindheit ohne Stottern. Dabei sagt mein Patient als kleiner junge zu seinen Spielkameraden: „Spielt ihr auch mit mir, wenn ich stottere?“ In der neu erfundenen Kindheit bevorzugt die Mutter nicht mehr die jüngere Schwester. Die jüngere Schwester wird in der erfundenen Kindheit zwar auch noch von der Mutter „meine kleine Süße“ genannt, aber meinen Patienten nennt sie immerhin „Horst-chen“. Ich therapiere jetzt im Wechselspiel: die gewesene Vergangenheit aggressionsabbauend und in einer erfundenen Kindheit ohne Stottern. Und plötzlich, nach der sechsten Sitzung, spricht mein Patient - bis auf ganz geringe Unebenheiten - völlig normal. Und das fällt bei einer späteren Familienfeier der gesamten Familie auf.

Absichtliches Stottern - gewinnbringend?

Hinter jedem Fehlverhalten steht manchmal ein unterbewußter Zweck. Zu mir kommt im Februar 1988 ein fast 35jähriger Stotterer. Er erwähnt, daß er unter besonderen Anspannungen, wie bei eiligen Gesprächen - auch am Telefon - nicht nur stottert sondern daß er geradezu sprachlos ist. Er hat von mehreren Nervenärzten Tabletten gegen diese Anspannung bekommen und wird nach einem Jahr süchtig nach Beruhigungstabletten, befreit sich aber selbst von dieser Sucht. Alkoholgenuß macht bei ihm auffälligerweise das Sprechen noch schlechter. Aus seiner Kindheit erinnert er sich nur, daß er immer schnell gesprochen habe. Dieses Stakkatosprechen des Stotterers ohne Sprachmelodie ist ja die Regel.

Stolz berichtet der Patient, daß er ohne zu stottern singen kann. Alle Stotterer, die ich kenne, können ohne zu stottern singen, manche singen sogar im Chor. Die Erklärung: das Stottern ist Fehlprogrammierung von Sprechen von Worten. Das Singen von Worten hat in unserem Gehirn ein eigenes Programm, stotterndes Singen von Worten ist mir als Fehlprogramm noch nicht begegnet.

Vom ersten Stottern weiß der Patient Genaues zu berichten: es tritt erstmals im Alter von 14 Jahren auf. Dem 14jährigen droht das Sitzenbleiben, und sein alkoholabhängiger Vater will ihn durch abendliche Nachhilfe davor retten. Er läßt den Sohn laut lesen, der Sohn *stottert,* erst zufällig, später bewußt, um vom Vater in Ruhe gelassen zu werden. Der Vater schreit: „Stotter’ nicht!“ Die Mutter sieht ihren Sohn weinen und bittet den Vater: „Laß ihn in Ruhe!“ Aber der Sohn muß weiter ins Buch gucken, lesen, und er stottert, bis er vom Lesen und Lernen befreit wird.

Nach dem Sitzenbleiben sieht sich der 14jährige in Hypnose mit seinen Schulkameraden beim Fußballspielen. Er sieht sich von seinen Freunden mit „dummen, eiskalten" Blicken betrachtet. Sie wollen nicht mehr mit ihm spielen, der Sitzenbleiber soll nach Hause gehen und lernen. Er hat in der „Horde" der Jungen seine Rangstellung verloren. Er beginnt auch hier *absichtlich zu stottern,* um die angeblichen Freunde nicht zu verlieren. Durch sein Stottern nimmt er in der Gruppe absichtlich eine niedrigere Stellung ein. Bei seinem Stottern lachen die anderen, und sie lassen ihn wieder mitspielen. Er stottert absichtlich und clownesk und untertänig. Ähnliche Verhaltensweisen kann ich bei meinen Pferden in der Herde beobachten, wenn rangniedrigere Tiere Beißhemmungen zeigen: diese Tiere beißen dann untertänig vor dem Ranghöheren in die Luft und wagen nicht wirklich zuzubeißen.

Auch in der Schule bringt das absichtliche Stottern für meinen heutigen Patienten Vorteile. Er braucht Gedichte gar nicht bis zu Ende aufzusagen. Durch das starke Stottern haben die Lehrer Mitleid. Er muß auch selten anderes vortragen, weil die Mitschüler lachen und auch dann die Lehrer wieder Nachsicht mit ihm zeigen.

Stottern wird zum vermeintlichen Vorteil, absichtliches Stottern ist aber ein Spiel mit dem Feuer. Der 14jährige baut einen Schutzwall um sich auf, der ihn zwar von außen schützt, aus dem er aber von innen nicht mehr nach außen durchbrechen kann. Der Teufelskreis des Stotterns beginnt und rotiert seit nunmehr gut 20 Jahren. Nach vielen vergeblichen Therapieversuchen kann ich diesen Patienten heilen.

Ich wiederhole: Fließendes Sprechen ist unterbewußt - wie das meiste in unserem Leben. Selbst wenn wir gedanklich bewußt vordenken und formulieren, fließen uns die Worte aus dem Mund, ohne daß wir darüber nachdenken müssen, welche Muskeln wir jetzt benutzen müssen. Stimmbildung und Sprechen sind beim normalen fließenden Sprechen unterbewußte Handlungen.

Stottern entsteht durch eine bewußte Kontrolle der normalerweise (automatischen) unterbewußten Koordination des Sprechens. Folglich kann ich Stotterer nur durch eine Neuprogrammierung des Unterbewußtseins heilen.

Alle anderen Methoden wie Sprechtechnik, Sprachausbildung und Entspannungstherapien aller Arten können in der Regel nur Hilfestellung geben, selten heilen.

15. Kapitel

Verletzungen der Seele führen zu chronischen Schmerzen

Akute Schmerzen sind Warnsignale des Körpers, chronische Schmerzen sind fehlgesteuerte, unterbewußt gewordene, falsche Programmierungen.

Der Mensch wird unter Schmerzen geboren, und viele von uns sterben von Schmerzen begleitet. Schmerzen sind Vorboten, Warnungen, Begleitsymptome und Folgen bei einer schweren Erkrankung. Schmerzforscher bemühen sich, die Art und Stärke von Schmerzen zu messen. Sie suchen nach genaueren Erkenntnissen des Weges zwischen dem Ort des Schmerzes und dem Gehirn. Warum? Um ein neues Schmerzmittel zu finden, das an bisher unbekannter Stelle zwischen Schmerzort und Gehirn die Schmerzleitung unterbricht! So werden neue Medikamente geboren, selbstverständlich mit Nebenwirkungen.

Jeder von uns hat schon Schmerzen gespürt. Der akute Schmerz vergeht und ist nur eine vorübergehende Erfahrung. Chronische Schmerzen, unerträgliche Schmerzen sind Verletzungen der Seele. Etwa fünf Millionen Bundesbürger sollen an chronischen Schmerzen leiden. Viele Menschen lassen sich von chronischen Schmerzen geradezu peinigen. Chronische Schmerzen treiben Patienten zum Arzt, zum Heilpraktiker, zu Geistheilern, in Schmerzkliniken, und dennoch wird nur eine ganz geringe Zahl von Schmerzpatienten von ihren Schmerzen geheilt. *Hypnosetherapie ist für mich eine wirkungsvolle Schmerzthera*pie.

Ich kann in Hypnose unterbewußte Kraftquellen freilegen. Ich kann mit dem Unterbewußtsein meines hypnotisierten Patienten reden und lasse den Patienten durch Heben des rechten oder linken Armes kundtun, was sein Unterbewußtsein antwortet. Einem chronisch schmerzkranken Patienten kann ich sagen: „Ich möchte mit Ihrem Unterbewußtsein sprechen. Grundsätzlich sind Schmerzen eine wichtige Angelegenheit. Durch Schmerzen erfährt man, daß im Körper etwas nicht in Ordnung ist, um das man sich selbst oder ein

Arzt kümmern muß. Die Ursache Ihres Schmerzes ist aber inzwischen so gut wie zu Ende behandelt. Es ist also längstens an der Zeit, daß Sie die Schmerzen abstellen. Also stellen Sie die falschen Warnsignale ab, und lassen Sie Schmerzen nur dann auftreten, wenn es notwendig ist, und sonst nicht."

Das Unterbewußtsein kann alles tun, auch chronische Schmerzen abstellen.

Migräne hat viele Ursachen

Eine von vielen Patientinnen wird von mir 1978 von ihrer Migräne durch Hypnosetherapie geheilt.

In Hypnose erinnert sich die Patientin an ihren ersten Migräneanfall: sie sieht sich mit dem Fahrrad von einem Besuch bei ihrer Mutter kommen, bekommt einen starken Kopfschmerz, muß vom Fahrrad absteigen und spuckt in die Büsche. Was ist kurz vorher bei der Mutter passiert? Man ist über ein Erziehungsproblem des Sohnes beziehungsweise des Enkelkindes nicht einer Meinung. Als brave Tochter gibt meine Patientin ihrer Mutter als Autoritätsperson äußerlich zwar recht, ärgert sich aber zugleich über alle Maßen über ihr geringes Durchsetzungsvermögen. Hat die Patientin keine bessere Möglichkeit, als mit Krankheit zu reagieren? Dieser geschilderte Vorfall ist der berühmte letzte Tropfen, der das Faß zum Überlaufen bringt.

Hypnosetherapie *heilt* die Patientin von ihrer Migräne, denn meine Patientin lernt gegenüber der Mutter zu agieren, hört auf zu reagieren. Sie lernt in Hypnose Signale benutzen, die stärker sind als ein beginnender Migränekopfschmerz.

Es gibt Handbücher über Migräne, in keinem ist Hypnose als therapeutische Möglichkeit aufgelistet, nicht einmal kleingedruckt. Meine Kollegen Mediziner katalogisieren und klassifizieren eine Krankheit und zeigen die neurophysiologischen Wege des Schmerzes. Sie geben kapitelweise Ratschläge über die Wirkung einzelner Medikamente, das honoriert die Pharmaindustrie. Schulmediziner können schwer über den Tellerrand schauen.

Einige Jahre später - den zeitlichen Zwischenraum habe ich nicht dokumentiert - kommt die Patientin mit einem Migräneanfall zu mir, obwohl sie seit Jahren beschwerdefrei geblieben ist. Sie kennt auch die Ursache des Migräneanfalls:

sie hat gerade vor einer halben Stunde ihre Mutter zur Silberhochzeit eingeladen. Die Mutter stellt jedoch Bedingungen: einige der anderen Gäste müßten wieder ausgeladen werden. Nun sitzt die Patientin mir gegenüber, erkennt selbst die migräneauslösende Konfliktsituation und wartet auf meine Hilfe. Hier ist jedoch kein Hypnosetherapeut nötig, hier hilft schon ein kurzes ärztliches Gespräch. Ich rate der Patientin, ihrer Mutter mit aller Freundlichkeit zu sagen, daß die ihr unerwünschten Gäste in jedem Fall eingeladen würden. Wenn sie, die Mutter, dennoch nicht zum Festgelage kommen wolle, sei sie vorher zu einer Tasse Kaffee oder zu einem Glas Sekt eingeladen. An der abendlichen Feier könne sie eben leider nicht teilnehmen. „Und das soll ich meiner Mutter sagen?" Wohlgemerkt, die Patientin entstammt dem Jahrgang 1930.

Es vergehen wiederum ein paar Jahre, bis ich die Patientin wiedersehe. Ich frage beiläufig nach ihrer damaligen Silberhochzeit: „Wie hat sich denn ihre Mutter verhalten?" Ach ja, das sei alles in normalen Bahnen verlaufen, die Mutter sei selbstverständlich zur abendlichen Feier gekommen, und Migräne habe sie selbst seitdem auch nicht mehr gehabt.

Sexuelle Defizite bereiten Kopfschmerzen

Wenn sich jemand regelmäßig so assoziierend erinnert: „Meine Ehe macht mir Kopfschmerzen" - kommt das einer Garantie gleich, daß er irgendwann wirklich Kopfschmerzen bekommen wird.

Eine 38jährige Patientin hat Kopfschmerzen, seitdem sie verheiratet ist. Sie schluckt seit neunzehn Jahren Unmengen von Schmerzmitteln aller Art. Wenigstens drei Tabletten täglich verzehrt sie vorbeugend, auch ohne Kopfschmerz.

Die sexuelle Enttäuschung über das Verhalten ihres Mannes ist enorm. Schon die Hochzeitsnacht ist enttäuschend lustlos, denn der Ehemann hat eine Hand in Gips und widmet seiner eingegipsten Hand mehr Aufmerksamkeit als seiner Braut. Später macht der Mann ständig Vorschläge, wie sie sich sexuell selbst in Stimmung bringen soll, um „sich selbst zu erfahren". Sie möge sich doch bitte mit dem Reizstromgerät stimulieren, mit dem sie sonst ihre Problemzonen auf Bauch und Po bearbeitet. Der Ehemann kauft ihr auch einen Vibrator und macht der Vorschläge mehr.

Die Patientin selbst träumt oft den gleichen Traum: sie liegt in den Armen eines gesichtslosen Mannes, es ist nicht ihr Mann. Sie genießt die Anlehnung, die Zärtlichkeit, die innigen Küsse, und sie hat auch in ihren Träumen mit diesem Mann Verkehr.

Ich verankere jetzt zwei Bilder in dieser Patientin. Einmal das Bild einer unkonventionellen Liebesstunde mit ihrem Mann, die in guter Erinnerung ist, wenn auch mit den genannten Abstrichen („Es kann eben nicht jeder gut küssen! Es kann eben nicht jeder gut Gefühle wecken!"). Ganz und gar unspießbürgerlich zieht sich das junge Ehepaar danach an und geht ins Restaurant essen. Dieses Bild lasse ich mit dem Traumbild des gesichtslosen Traumpartners zusammenfallen: der gesichtslose Wunschpartner aus dem Traum bekommt das Gesicht ihres Mannes, wird zu ihrem Mann.

Die Patientin wird nicht nur von ihren Kopfschmerzen geheilt. Sie hat endlich die gewünschte Sexualität mit ihrem Mann.

Kopfschmerzen sind eine schwarze Wolke

Meine Patientin Frau M. ist 51 Jahre alt und hat seit ihrem 17. Lebensjahr Migräne, häufiger linksseitig. Frau M. hat einen befriedigenden Arbeitsplatz in einer großen Schallplattenfirma, sie ist zweimal geschieden und lebt jetzt allein. In der Anamnese hat mir diese Patientin noch mehr Details aus ihrem Leben erzählt. Hier und für mich genügen aber wenige Informationen.

Wenn ein Patient ununterbrochen über seine unbewältigten Probleme spricht, dann höre ich mir das eine Weile an, aber nicht zu lange. Diese Patienten sind in der Regel durch die Hände vieler Therapeuten gegangen. Schon bei der zweiten gemeinsamen Therapiestunde frage ich: „Warum erzählen Sie mir wieder Ihre ganzen Probleme?" - „Müssen Sie das denn nicht *alles* wissen?" Ich brauche nicht alles zu wissen und sage dies meinen Patienten auch. Die Patienten sind verblüfft und enttäuscht zugleich, denn sie haben in der Regel viele Jahre Therapie hinter sich, viel Geld der Krankenkassen verbraucht und auch selbst privat genug Geld für ihre Gesundheit ausgegeben. Ich muß mir nicht dauernd Krankengeschichten anhören, und ich muß auch nicht dauernd analysieren, warum andere Therapeuten diese Patienten verkorkst haben.

Bei Frau M. mit ihren Kopfschmerzen, die nicht ganz typische Migränekopfschmerzen sind, achte ich vor der dritten Sitzung darauf, daß sie nicht wie sonst meinen zweiten Patientenstuhl mit ihrer Handtasche belegt. Ich hypnotisiere meine Patientin und lasse sie eine klare und plastische Vorstellung von dem leeren Stuhl neben sich entwickeln. Danach lasse ich meine hypnotisierte Patientin ein farbiges Bild von ihren Kopfschmerzen schildern.

Sie sieht und beschreibt, wie ihre Hals- und Nackenmuskeln ineinander verschlungen sind, wie sie ziehen und Schmerzen bereiten, wie die Gefäße im Kopf eng werden und krampfen.

Danach vertiefe ich die Entspannung und lasse die Patientin in Hypnose klar sehen, wie beim Ausatmen mit jedem Atemzug die gesamten Kopfschmerzen mit ausgeatmet werden. Die Patientin beschreibt mir, wie sich der Kopfschmerz löst und mit jedem Ausatmen durch die Nasenlöcher ausströmt. Sie sieht ihre *Kopfschmerzen als eine schwarze Wolke* aus den Nasenlöchern strömen. Ich lasse sie die schwarze Wolke aus wirbelndem Kopfschmerz auf den leeren Stuhl neben sich ausatmen. Sie sieht die schwarze Wolke des Kopfschmerzes auf dem leeren Stuhl. Und aus dieser schwarzen Wolke des Kopfschmerzes auf dem leeren Stuhl will ich sie ein sich entwickelndes Gesicht oder einen sich entwickelnden Gegenstand halluzinieren lassen. Manche Patienten halluzinieren ein Gesicht und einen Körper, der jemandem gehört, mit dem sie Ärger hatten und der möglicherweise den dauernden Kopfschmerz immer wieder verursacht. Eine andere meiner Patientinnen halluziniert auf dem leeren Stuhl einen Körper mit zwei Köpfen: dem Kopf des Stiefvaters und dem des Stiefbruders. Stiefvater und Stiefbruder sind die Ursache ihres chronischen Kopfschmerzes: sie haben sie als jugendliche jahrelang sexuell mißbraucht.

Meine Patientin halluziniert kein Gesicht und keinen Körper. Sie halluziniert, daß aus der schwarzen Wolke des Kopfschmerzes ein blanker, spitzer Gegenstand wird, der auf dem Sessel steht. Sie deutet das Gebilde als Objekt moderner Kunst. Auch nach der Hypnose kann die Patientin diesem Gegenstand keinen tieferen Sinn beiordnen. Die Patientin lernt jedoch, sich zu entspannen, in Entspannung den Kopfschmerz durch die Nasenlöcher abfließen zu lassen und in Entspannung sich die dem Gehirn aufliegenden Gefäße entkrampfen zu lassen.

Die Patientin ist gesund geworden. Später erreicht mich eine Urlaubskarte: „Aus dem tropischen Bali herzliche Grüße und eine Frage: was ist eigentlich Migräne?“

Patienten mit unerträglichen Schmerzen bringe ich in Hypnose manchmal in extreme Situationen, in denen sie keine Schmerzen empfinden, weil dann die Schmerzen nicht mehr im Vordergrund stehen. Eine solche Situation kann sich im Dschungel abspielen, wo der Patient plötzlich einem wilden, hungrigen menschenfressenden Tiger („man-eater“) gegenübersteht. Die Aufmerksamkeit des von starken Schmerzen geplagten Menschen wird sich jetzt auf etwas anderes lenken, auf das im Moment Lebensbedrohliche. Bei einer weiteren Behandlung kann ich meinen Patienten hypnotisiert im Raubtierkäfig eines Zirkus einem mächtigen Löwen gegenüberstellen. Der Löwe wird sich hungrig die Lefzen lecken und nur den Patienten anstarren, und mein Patient wird seine Schmerzen vor lauter Angst momentan vergessen. Das Verhaltensmuster „Dauerschmerz“ wird unterbrochen.

Führt Trigeminusneuralgie zum Selbstmord?

Es wird immer wieder behauptet, daß Trigeminusneuralgien so rasend starke Schmerzen verursachen, daß solche Patienten selbstmordgefährdet seien. Ich habe mehrere Patienten mit Trigeminusneuralgien mit Hypnosetherapie geheilt.

Im Dezember 1986 kommt eine 46jährige Patientin zu mir, die seit 14 Jahren an einer linksseitigen Trigeminusneuralgie leidet; zusätzlich ist sie zwischen 1966 und 1980 viermal an der linken Kieferhöhle operiert worden, ist in Neurologischen und Neurochirurgischen Abteilungen mehrerer Universitätskliniken gewesen, ist bei Heilpraktikern, bei Geistheilern und auch in einer für mich unrühmlichen Schmerzklinik gewesen. Der Nervenknoten des linksseitigen Trigeminusnerves ist elektrisch verschmort worden. Heutzutage können Neurochirurgen die typische genuine Trigeminusneuralige operieren, indem sie mikrochirurgisch die Trigeminuswurzel von Blutgefäßen befreien, die sie schmerzhaft und schmerzauslösend umklammern. Bei meiner Patientin steht eine solche mikrochirurgische Operation nie zur Debatte, es handelt sich offenbar um eine sogenannte atypische Trigeminusneuralige.

Der erste rasende Trigeminusschmerz tritt 1974 auf, zwei Tage nach dem 32. Geburtstag meiner Patientin. In Hypnose erinnert sich meine Patientin, daß ihre Mutter ohne Grund ihren 32. Geburtstag in häßlicher Form mißachtet. „Meine Mutter hat keine Zeit für meinen Geburtstag.“ Wieder bringt dieser berühmte letzte Tropfen das Faß zum Überlaufen. Die Patientin ist nach unerwünschter Schwangerschaft unehelich geboren. Die Mutter der Patientin macht für alles Unglück in ihrem Leben danach die unerwünschte Tochter verantwortlich.

„Panem et circenses“ auch bei dieser Patientin: Ich erwähnte es schon früher, daß ich gern nach aggressionsstauenden Menschen im Leben meiner Patienten suche, indem ich sie einen Zirkusbesuch halluzinieren lasse. Der Raubtierkäfig ist in der Manege aufgebaut, und die Raubtiere werden durch den Tunnel hereingelassen. jetzt kommt der Zirkusdirektor, begrüßt den seinen Zirkus besuchenden Patienten und läßt ihn sich wünschen, welche persönlichen Feinde er den Raubtieren zum Fraß vorwerfen lassen will. Ich kann als Zirkusfreund das Erleben im Zirkus bildhaft ausschmücken. Und meine Patientin mit der atypischen Trigeminusneuralgie läßt ihre Mutter den Löwen zum Fraß vorwerfen: übrig bleiben in der Manege nach blutigem Mahl nur ein paar Kleiderfetzen und außerhalb des Käfigs eine zufriedene Zuschauerin. Als nächsten läßt sie ihren Stiefvater den Löwen vorwerfen. Er will sie als 15jährige auf dem Feld sexuell mißbrauchen; damals der Stiefvater: „Einmal ist keinmal!“ Nach dem blutigen Mahl will diese Patientin unbedingt selbst zu den Raubtieren in den Käfig. Sie wird von den Raubtieren freundlich und freudig begrüßt, Löwen und Tiger lecken ihr Gesicht und ihre Ohren ab und drängeln sich schmusend an sie. Und meine Patientin streichelt und knuddelt die Raubtiere, als seien sie zahme Hauskatzen. Das blutige Geschehen ist beinahe Vergessenheit, wenn nicht noch Kleidungsstücke und Knochen der eben von den Raubtieren Gefressenen herumliegen würden.

Diese halluzinierten Erlebnisse darf ich natürlich nicht so stehen lassen. Wenn ich jetzt auch die tiefsten zwischenmenschlichen Ursachen für die nicht ausgelebten Aggressionen gefunden habe, muß ich meiner Patientin selbstverständlich zusätzlich bewußt machen, daß nicht sie - nur weil unehelich geboren - für das unbewältigte Leben der Mutter schuldhafter Sündenbock ist.

Zur dritten Sitzung kommt die Patientin schon schmerzfrei, erstmals schmerzfrei nach 14 Jahren. Ich habe meiner Patientin in der zweiten Behandlung in Hypnose meinen Zeigefinger auf die schmerzhafte Trigeminuswurzel gelegt und ihr die Vorstellung suggeriert, daß der Schmerz durch meinen Zeigefinger abgeleitet werde. Übrigens: in Amerika gibt es neuerdings (dabei sicher auch schon so alt wie die Menschheit) eine Methode der „therapeutischen Berührung", die eine „wissenschaftliche" Form des Handauflegens werden soll.

Heilung durch Magie? Jede Heilung ist in irgendeiner Form auch Magie. Alle Patienten brauchen das Vertrauen zu mir und auch meine Zuversicht als Heiler, und an dieses Stückchen Magie glauben wir beide, der Patient und ich. Sonst funktioniert es schlechter. Es ist noch keine Magie, als Arzt auf ein Rezept einen Medikamentennamen zu kritzeln, mag er auch noch so unleserlich sein. Es ist aber schon ein Unterschied, welcher Arzt seinem Patienten ein Medikament mit welchen begleitenden Worten verschreibt. Bei dem einen Patienten wird es gar nicht helfen, bei einem anderen zum Wundermittel werden.

Ich biete dieser Patientin die Möglichkeit an, mich bei einem erneuten Schmerzanfall anzurufen: ich werde sie dann per Telefon hypnotisieren, und sie wird mit ihrem linken Zeigefinger den Schmerz genauso ableiten, wie ich es getan habe. Es kommt zu keinem Schmerzanfall und zu keinem Hypnotisieren per Telefon.

Die Patientin ist nach meiner Therapie beschwerdefrei. Sie fragt mich immer wieder kopfschüttelnd, warum sie kein Arzt vorher über eine solche Möglichkeit der Behandlung unterrichtet habe. „Warum hat man mich mehrere Male umsonst operiert?" Umsonst hat man sie nicht operiert, aber vergeblich und überflüssigerweise.

Unerledigte Geschäfte sollten erledigt sein

Am 24. 1. 1988 kommt eine Patientin zu mir, die angeblich seit 36 Jahren an einer Trigeminusneuralgie leidet. Die beinahe 60jährige Patientin, seit 21 Jahren als gelernte Krankenschwester erwerbsunfähig, hat einen Sohn, der seit einem Unfall (?) in psychotherapeutischer Dauerbehandlung ist. Er hat eine Schlosserlehre und Einzelhandelskaufmannslehre nach kurzer Zeit abgebrochen und sitzt nunmehr zwanzigjährig zu Hause herum. Das Kranksein des Sohnes erscheint der Patientin wesentlicher als ihre eigene Krankheit.

Ich erkläre der Patientin, daß sie sich erst bei mir zur Therapie anmelden kann, wenn der Sohn in unsere Gesellschaft vernünftig eingegliedert ist. Durch „unerledigte Geschäfte" vor Behandlungsbeginn ist eine Therapie nicht erfolgversprechend.

Nochmals Trigeminusneuralgie: „Mein Mann ist betrunken"

Am 7. 8. 1987 sucht mich eine 48 Jahre alte Patientin auf, weil sie seit elf Jahren an einer linksseitigen Trigeminusneuralgie leidet. Zusätzlich hat sie wechselseitig heftige Migräneattacken. Zur Vorbeugung des Trigeminusschmerzes nimmt sie regelmäßig Medikamente, die man sonst Patienten mit cerebralen Anfallsleiden gibt. Man will damit die Schmerzen schon im Anfall kupieren. Wenn der starke Kopfschmerz auftritt, nimmt die Patientin zusätzlich frei verkäufliche Schmerzmittel. Während der elf Jahre dauernden Krankheit hat man auch bei ihr den Nervenknoten des linksseitigen Trigeminusnerves erfolglos elektrisch verschmort.

Die Patientin weiß, daß sie im Jahre 1976 ihren ersten Anfall der linksseitigen Trigeminusneuralgie hatte. So suche ich im Jahre 1976 in Hypnose nach der Ursache des ersten Trigeminusanfalles. Im März 1976 liegt der Vater der Patientin an Krebs erkrankt im Krankenhaus und stirbt im April 1976. Danach fällt der Patientin auf: „Ich kann nicht zum Friedhof gehen. Was soll ich da? Da ist doch keiner." Sie bemerkt, daß sie immer sonntags ihre starken Kopfschmerzen hat, wenn brave Bürger die Gräber ihrer Verstorbenen besuchen. Und sie hat ein schlechtes Gewissen, weil sie nicht zum Friedhof gehen kann, um das Grab ihres verstorbenen Vaters zu besuchen, zumal andere Therapeuten im Verlauf der elfjährigen Krankheitsgeschichte versucht haben, ihr dies als Ursache ihrer Trigeminusneuralgie und ihres Migränekopfschmerzes zu erklären.

Im Sommer 1976 reist die Familie im Urlaub im Wohnwagen nach Bayern, und dort bekommt die Patientin ihren ersten Trigeminusschmerzanfall. Der

Notarzt kommt, sie bekommt täglich Calziumspritzen, und sie muß zusätzlich Schmerztabletten schlucken.

Ich lasse die Patientin am 11. 8. 87 bei der zweiten Behandlung in Hypnose ein farbiges Bild ihres Trigeminusschmerzes schildern. Sie sieht in Hypnose deutlich, wie sie mit jedem Atemzug beim Ausatmen den linksseitigen Trigeminusschmerz und alle Migräneschmerzen mit ausatmet. Die Patientin beschreibt mir, wie sich der Schmerz im Bereich des Kopfes dabei löst und durch die Nasenlöcher mit jedem Ausatmen als ein rotes Knetgummi ausströmt. Und aus dem roten Knetgummi entwickelt sich der Körper ihres Ehemannes mit dessen Gesicht, das spöttisch lächelt. Dieses spöttische Lächeln ihres Mannes beweist der Patientin einmal mehr, daß er, der angeblich immer gesund ist, sie und ihren Schmerz ironisch belächelt: „Du nimmst mich nicht ernst." Und der Ehemann hat auch nie Zeit für sie und ihre Probleme, denn er verbringt seine gesamte Freizeit in der Bar im eigenen Keller. Er ist ein Alkoholiker, der nur heimlich zu Hause trinkt. Ich führe sie nun zurück zu dem ersten Auftreten des Trigeminusschmerzes im Urlaub im Wohnwagen in Bayern: „Mein Mann ist betrunken, schon am ersten Urlaubstag."

Die dritte Behandlung findet am 18. 8. 1987 statt. Die Patientin atmet diesmal ihren Schmerz als blutige Flüssigkeit aus. Dieses in Hypnose auf die Erde geflossene Blut zeigt wieder das Gesicht ihres spöttisch lächelnden Mannes. Die Patientin: „Eigentlich müßte ich gehen. Er ist dauernd betrunken." Auch sonntags trinkt ihr Mann, denn dann hat er keine geschäftlichen Verpflichtungen. Die Patientin hat also sonntags ihre Kopfschmerzen *nicht,* weil sie nicht zum Friedhof gehen kann, sondern weil gerade sonntags der Ehemann sich nur seinem Alkohol zuwendet und sich nicht um sie und die Familie kümmert. In den Wintermonaten, vor allem im Monat Januar, ist der Trigeminusschmerz besonders heftig. Ursächlich dafür ist, daß der alkoholsüchtige Ehemann, der Baustoffe verkauft, in den Wintermonaten weniger Aufträge hat und dauernd säuft. Die einzige Möglichkeit - wenn auch die falsche Möglichkeit - das Unerträgliche erträglich zu machen und sich gegen die Alkoholsucht des Ehemannes zu wehren, ist für die Patientin die Flucht in ihre Krankheit.

Jenseits ist „weich, weiß und hell“

Bei der Sitzung am 18. 8. 1987 führe ich die Patientin in ein früheres Leben zurück. Sie lebt im 18. Jahrhundert, ist verheiratet, wird Muttchen Seifert genannt und hat sieben Kinder. Sie stirbt in ihrem fünfzigsten Lebensjahr im Bett. Ihre Seele erlebt das jenseits als „weich, weiß und hell“. Weil meine Patientin ein früheres Leben erlebt, ist es nachträglich erklärbar, daß sie das Grab des verstorbenen Vaters nicht auf dem Friedhof besuchen will: „Ich kann nicht zum Friedhof gehen. Was soll ich da? Da ist doch keiner.“ Und andere Therapeuten wollen ihr einreden, daß dies ursächlich für ihre Kopfschmerzen sei. Wahrscheinlicher ist es jedoch, daß sie im Unterbewußtsein weiß, daß auf dem Friedhof bestenfalls die Hülle des Vaters beerdigt ist, seine Seele jedoch weiterlebt.

Bei der nächsten Sitzung am 25. 8. lasse ich die Patientin in die Rolle ihres Ehemannes schlüpfen. Sie erlebt sich als ihr Ehemann, der die Krankheit seiner Frau überhaupt nicht verstehen kann und der ganz in seinem Alkoholismus aufgeht. Er merkt dabei gar nicht, daß er seine Frau und seine Familie vernachlässigt. Und ein richtiger Urlaub - auch 1976 - kann für ihn nicht ohne Alkohol sein.

In den weiteren restlichen drei Behandlungen stabilisiere ich den therapeutischen Erfolg, denn seit der zweiten Sitzung hat die Patientin keinen Kopfschmerz mehr. Verschwunden wie ein böser Spuk sind Trigeminusneuralgie und migräneartige Kopfschmerzen.

Der Weg zur Heilung der Patientin von ihrer Trigeminusneuralige führt nur über die Behandlung und Heilung ihres alkoholsüchtigen Ehemannes. Die Patientin ist heute schmerzfrei, die linksseitige Trigeminusneuralgie - elf Jahre lang vergeblich medikamentös kupiert - und auch der wechselseitige migräneartige Kopfschmerz sind völlig verschwunden.

16. Kapitel

Hypnosetherapie bei Linkshändigkeit und Onanie?

1898 erscheint eine Arbeit mit folgendem Titel: „Die hypnotische Erziehung der Kinder bei Stehlsucht, Naschhaftigkeit, Lügenhaftigkeit, Furchtsamkeit, Faulheit, Nägelkauen, Linkshändigkeit, Stottern, Stammeln, Lispeln, Bettnässen, Onanie." Linkshändigkeit und Onanie werden heute als normale Verhaltensweisen gewertet. Alle anderen kindlichen Verhaltensstörungen sind auch heute noch gültig und mit Hypnose gut zu heilen.

Oft wünschen sich Kinder Krankheiten, um ausgiebiger von ihren vom Alltag gehetzten Eltern zärtlich oder mitfühlend berührt zu werden. Diese Kinder nehmen sich dann auch Krankheiten, um von ihren Eltern mehr geliebt zu werden: sie machen ins Bett, entwickeln Störungen des Eßverhaltens, sie stottern, sie bekommen Hautkrankheiten, sie werden Allergiker und oft schwerste Asthmatiker.

Ich frage ein 10jähriges Mädchen, das an einem totalen Haarausfall leidet: „Wen magst du gerne leiden?" -„Ich kann alle leiden, die mit mir Mitleid haben." Diese Antwort ist mehr als ein Wortspiel und illustriert das oben Gesagte.

Das Leid der Kinder: die Schule

Kinder bekommen Schulängste, Lernschwierigkeiten (man sollte auch die Lehrschwierigkeit von Lehrern untersuchen!), haben kein Durchsetzungsvermögen gegenüber ihren Mitschülern und Spielkameraden, zeigen Störungen des Sozialverhaltens.

Kinder brauchen Schulwissen. Aber es muß bessere Möglichkeiten des Lernens geben als bisher. Müssen sie gezwungen werden, den halben Tag lang die Schulbank zu drücken? Autoritäre, nervöse und frustrierte Lehrer leben ihnen Unehrlichkeit und Unterwürfigkeit vor. Und Kinder lehnen es ab, sich von Menschen belehren zu lassen, die sie nicht lieben, die sie nicht akzeptieren. Kinder müssen unter Androhung von Strafe vieles auswendig lernen, was ihnen langweilig und ohne Bedeutung erscheint, und nach ein paar Jahren der Zwangsbelehrung verlieren die Kinder ihren angeborenen Wissensdrang und ihre Kreativität. Und nach der Schule sitzen sie vor dem Fernsehapparat und werden in Gewalttätigkeit und Sinnlosigkeit des Lebens belehrt.

Kinder sind von Natur aus wißbegierig und neugierig. EINSTEIN wurde von einem Lehrer vorhergesagt, daß aus ihm nie etwas werden würde, weil er kein Interesse am Unterricht zeigte. Der kleine EINSTEIN hatte jedoch brennendes Interesse zu lernen, wie die Kräfte der Natur zusammenwirken. Wie das Kind EINSTEIN hat jedes Kind sicher entsprechende Wünsche, die jedoch von unserem starren Erziehungssystem nicht erfüllt werden.

Labor-Ratten, von denen Verhaltensforscher annahmen, daß es sich um besonders intelligente Tiere handelte, erzielten wesentlich bessere Lernleistungen als Tiere derselben Gattung unter den gleichen Versuchsbedingungen, deren Versuchsleitern vorher glaubhaft gemacht wurde, daß es sich um „dumme“ Tiere handele. Versuche mit Menschen haben gezeigt, daß auch hier feinste, jedoch höchst wirkungsvolle Kommunikationen mitspielen, deren Übermittlung Sendern wie Empfängern nicht bewußt ist.

Aus Erfahrung wissen die meisten Eltern, daß dieses Geschehen auch das Verhalten zwischen Lehrern und Schülern betrifft.

Wenn Verhaltensforscher bewußt oder unterbewußt „Klugheit“ oder „Dummheit“ von Versuchstieren oder Versuchspersonen erwarten oder annehmen, so beeinflussen sie nachhaltig deren Leistungen. Die Art und Weise, in der dieser Einfluß kommuniziert wird, ist jedoch noch völlig ungeklärt. Lehren und Lernen, die Erziehung, die Dynamik des Familienlebens und andere menschliche Beziehungen sind also vom unterbewußten Verhalten zwischen Sender und Empfänger stark beeinflußt.

Kinder sind voller Phantasie

Unter den traditionellen Hypnotiseuren gilt zu Recht: Kinder und Künstler sind gut zu hypnotisieren, weil sie Phantasie haben. (Nebenbei: Soldaten galten früher als besonders gut zu hypnotisieren, weil sie zu gehorchen gelernt hatten. Der heutige Bürger in Uniform darf widersprechen und besitzt keine über-normale Suggestibilität mehr).

Eine negative Erfahrung bei meiner Hypnosetherapie von Kindern: Ich habe am Anfang meiner Hypnosebehandlungen von Kindern immer einen Elternteil im Zimmer dabeisitzen, denn schließlich habe ich als Hypnosetherapeut vor Angehörigen nichts zu verbergen. Ich will auch den Eltern demonstrieren, daß Hypnosetherapie keine okkulte Zauberei ist. Es passiert mir jedoch immer häufiger, daß nach der Behandlung Eltern über ihre Kinder herfallen - um ihr eigenes Fehlverhalten zu rechtfertigen - mit der Standardbemerkung: „Aber das hättest du uns doch auch alles sagen können. Wir haben für alles Verständnis!“ Das hat zur Folge, daß Kinder nicht mehr zur Therapie kommen wollen, denn die Eltern sind zu dumm, um die kleinen kindlichen Geheimnisse, die in Hypnose ausgeplaudert werden, für sich zu behalten. Es ist heute mein Grundsatz, bei der Hypnosetherapie von Kindern keinen Elternteil mehr als Zuhörer dabei zu haben.

Ich verbinde mich in der Regel mit dem zu behandelnden Kind: „Was magst du an deinen Eltern nicht?“ Diese Frage ist oft ein wichtiger Beginn zur Lösung eines neurotischen Fehlverhaltens.

Kinder sind gut zu hypnotisieren, sobald altersmäßig mit ihnen eine verbale Kommunikation möglich ist.

Bettnässen ist auch mit Magie heilbar

Im Altertum sollen bettnässende Kinder mit gekochten Mäusen gefüttert worden sein. Man gab diesen Kindern auch Holzböcke zu essen und den Urin kastrierter Schweine zu trinken. Vorbeugend mußte immer auf ein sauberes Hemd bei der Taufe geachtet werden!!

Es gibt gewisse medikamentöse Gepflogenheiten in der Medizin, die ich als „heilige Handlungen" zu bezeichnen pflege. So gehören auch ansteigende Dosierungen besonderer Tropfen gegen das Bettnässen für mich zu diesen heiligen Handlungen. Es gibt auch gegen Bettnässen Spezialdiäten und Reiztherapien, und der eine Arzt läßt diese kleinen Patienten auf dem Rücken schlafen, der andere auf dem Bauch. Und manchmal hilft sogar eines dieser Verfahren denen, die daran glauben.

Meine magische Behandlung des Bettnässens ist eine Zeremonie mit einer Quasi-Injektion. Ich lege den kleinen Patienten - in der Regel sind es ja kleine Jungen - auf die Liege, desinfiziere übertrieben die Blasenregion und lasse mir eine mit Aqua dest. gefüllte 20-ml-Spritze mit einer sehr großen Punktionskanüle bringen. Scheinbar versuche ich dieses Geschoß von Spritze vor dem kleinen Patienten zu verbergen, achte aber im Gegenteil darauf, daß er es deutlich sehen kann. Ich kneife dann in die Hautregion über der Blasengegend am Bauch und simuliere das Einspritzen dieser 20 ml Flüssigkeit. In Wirklichkeit ritze ich mit dieser großen Kanüle von 1,5 mm Durchmesser eine ganz kleine Einstichstelle in die Haut. Die ganze Darbietung wird natürlich von Suggestionen begleitet, daß dies eine einmalige Behandlung sei, um das Bettnässen endgültig zu heilen. Und in der Regel bleibt es auch eine einmalige Prozedur, sofern ich als Magier einen guten Tag habe.

Auch für diese Verhaltensstörung gibt es seit Jahren eine Gerätebehandlung: elektrisch geladene Unterlagen fürs Bett, die bei Flüssigkeitskontakt kleine Schläge abgeben. Verhaltenstherapie? Es erinnert mich durchaus an die bekannten Versuche von PAWLOW an Hunden: Aber: Therapeuten und Patienten (hier: die Eltern von kindlichen Patienten) sind nun einmal gerätesüchtig. In den Nachkriegsjahren haben kluge Arztkollegen ein fehlendes Kurzwellengerät durch bunt angemalte Glühlampen ersetzt. Der Heilerfolg soll genauso gut gewesen sein. Aus Not wurde die Medizin magisch. Heutzutage ist ein Arzt ohne Ultraschallgerät ja kaum noch ein Arzt!

Hypnosetherapie des Bettnässers

Kindliche Bettnässer sind auch mit Hypnose meistens einfach zu heilen. Ursache des Bettnässens sind oft Eifersüchteleien auf ein jüngeres Geschwisterchen. Der Bettnässer will die Liebe, die Zuneigung und die ganze

Zuwendung der Mutter durch sein Bettnässen wieder auf sich lenken. Liegen aber keine zusätzlichen Verhaltensstörungen vor, so kann ich gut auf eine Hypnosetherapie verzichten und das Bettnässen mit Magie heilen (siehe oben).

„Krankheit der Blase"

„Ins-Bett-machen ist ja nicht so schlimm", sagt eine 20jährige Bettnässerin. Seit zwanzig Jahren gilt in ihrer Familie ihr nächtliches Bettnässen als eine „Krankheit der Blase". Ich sage in Hypnose ihrem Unterbewußtsein, daß es eine falsche Reaktion sei, das Bettnässen im Erwachsenenalter noch zu dulden. „Es wäre schön, wenn Ihr Unterbewußtsein mir irgendwann sagen könnte, warum Sie im Erwachsenenalter noch Bettnässer sind. Denn Ihr Unterbewußtsein reagiert fehlerhaft. Denn der Schutz des Unterbewußtseins gilt nur für die Dinge, die im Leben unerträglich erscheinen und schmerzlich sind oder einfach zu viel werden, wenn sie Ihnen bewußt würden." Und ich fordere das Unterbewußtsein meiner Patientin auf, diese Aufgabe weiterhin wie bisher zu erfüllen.

„Lassen Sie sich einfach Zeit, suchen Sie auf der Ebene des Unterbewußtseins nach neuen Möglichkeiten in Ihrem Leben."

Ich spreche also das Unterbewußtsein direkt an, und schlage dem Unterbewußtsein jetzt eine „Krankheit des Darmes" vor: das Unterbewußtsein möge der Patientin doch auch gestatten, *einzukoten,* wenn es weiter gewillt ist, die „Krankheit mit der Blase" zu dulden. Ich stelle dem Unterbewußtsein der Patientin anheim, mit Hilfe der Handlevitationstechnik zu antworten (das Unterbewußtsein benutzt zum Antworten die Hände der Patientin: das Heben der rechten Hand bedeutet „ja", das Heben der linken Hand bedeutet „nein"). Das Unterbewußtsein der Patientin antwortet mir, daß es keine „Krankheit des Darmes" wünsche und damit auch in Zukunft auf jegliche Krankheit mit der Blase verzichten wolle. Nach mehreren Hypnosebehandlungen ist die erwachsene Bettnässerin gesund.

Ein 22jähriger kotet ein

Ein 22jähriger junger Mann kotet seit seinem 5. Lebensjahr ein: immer dann, wenn man ihn nicht zu Wort kommen läßt, wenn man ihn nicht ausreden läßt, wenn man ihn anschreit. Aber auch, wenn bei allgemein schlechter Stimmung Ärger herrscht und es laut wird. Er kotet auch ein, wenn er aufgeregt ist oder beim Wasserlassen.

Er hat eine Lehre zum Maschinenschlosser nach $1^1/2$ Jahren aufgegeben. Danach hat er kurzzeitig als Wagenpfleger in einer Tankstelle gearbeitet und auch diese Arbeit aufgegeben. Im Anschluß daran hat er eine Umschulung zum Straßenbaufacharbeiter abgebrochen. Immer war das Einkoten sein Problem.

Natürlich hat man von Seiten der Schulmedizin ihn seit frühester Kindheit dauernd untersucht, unzählige Darmspiegelungen gemacht und den Darm geröntgt. Er hat viele therapeutische Gespräche geführt.

In Hypnose führe ich ihn immer wieder in kritische Situationen, die früher zum Einkoten geführt haben. Er lernt in Hypnose in diesen Situationen des Aufgeregtseins, des Sichärgerns, des Schreckbekommens, des Angeschrienwerdens als Gegenreaktion zu lachen anstatt einzukoten.

Ich kaufe Warzen ab

Ich kaufe des öfteren Kindern sogenannte vulgäre Warzen ab, die meistens an und auf den Händen sitzen. Ich bekunde den kleinen Patienten mein Interesse an ihren Warzen und kaufe ihnen in Gegenwart des mich sehr erstaunt anschauenden Elternteils die Warzen für ein Markstück ab. Ich sage ihnen dabei, daß diese Warzen in 14 Tagen abgekauft seien. Ich sei sehr interessiert an Warzen, ich sei geradezu ein Sammler von Warzen. Aber wenn der Kauf gültig bleiben solle, müsse ich die Warzen auch in 14 Tagen bekommen haben, ansonsten werde ich meine Mark zurückfordern. Anfangs zeige ich diesen Kindern dann noch von mir früher bei anderen Patienten herausgekauterte Warzen in einer Zellofanhülle; später ist auch dieser sichtbare Beweis nicht mehr nötig.

Aus Angst vor dem chirurgischen Wegkautern von vulgären Warzen können Kinder auch Warzen selbst erfolgreich weg“beten“: sie bitten den lieben Gott um das Verschwinden der Warzen, und die Warzen verschwinden tatsächlich. Auch bei Erwachsenen heile ich Warzen „magisch“, selbst wenn vorher vergeblich medikamentös, chirurgisch oder mit Röntgenstrahlen behandelt wurde.

Wenn ich früher in meiner Allgemeinpraxis Kindern Warzen für 1 Mark abgekauft habe, dann war das natürlich Suggestion. Ich erinnere mich, daß die über 80jährige Mutter einer meiner Zimmervermieterinnen aus meiner Studienzeit bei ihrem warzenbefallenen Pudel diese Warzen mit Erfolg besprochen hat. Hier kann von hypnotischer Suggestion nicht die Rede sein.

Wenn ich lese, daß es im englischen Cornwall Warzenbesprecher gibt, die bei Tieren per Telefon Warzen heilen, dann verblüfft das. Es ist dabei wichtig, daß der Besitzer des warzenbefallenen Tieres daran glaubt, daß das Besprechen der Warzen auch per Telefon - funktioniert. Tauscht der Besitzer mit seinem warzenbefallenen Tier Kräfte und nicht der Warzenbesprecher?

Hypnosetherapie bei Verhaltensstörungen

Kinder sehen mit ihrer Vorstellungskraft vieles, was wir Erwachsenen nicht sehen können. Kinder sehen fast alles neu. Wenn Kinder Bilder malen, stellt das Bild das dar, was sie sich wünschen. „Ist dies ein Auto“ - „Nein, es ist ein Haus.“ - „Ist dies eine Kuh?“ -„Nein, es ist ein Pferd.“ Kinder sind aufrichtig „Ich mag dich nicht.“ Der Erwachsene würde sagen: „Ich freue mich, Sie kennenzulernen.“

Wie schon erwähnt, sind Kinder gut zu hypnotisieren und sprechen hervorragend auf Hypnosebehandlung an. Die Ausnahme davon sind schwerst gestörte neurotische Kinder, die in unserem Konsumzeitalter des Fernsehens nie gelernt haben, eigene Phantasie zu entwickeln. Neben den schon erwähnten Krankheiten therapiere ich mit Hypnose auch Asthma bronchiale und Neurodermitis, auch Verhaltensstörungen in Kindergarten und Schule, Lernstörungen, geringes Durchsetzungsvermögen gegenüber anderen Kindern, Verletzungen der kindlichen Seele schlechthin.

Ich muß mich immer wieder bemühen, für meine Patienten, ob erwachsen oder noch im Kindesalter, Verhaltensmuster zu finden, die nützlicher, angemessener und zufriedenstellender sind als die gegenwärtigen. *Neue Perspektiven sind kein Nebenprodukt, sondern sie müssen den Stellenwert einer Erleuchtung haben.* Nur das stellt sicher, daß der Betroffene die neue Perspektive nicht ignoriert, sondern gezwungen wird, seine alten Überzeugungen und Erfahrungen im Blick auf diese neue Perspektive neu zu sortieren. Dabei soll sich auch der kindliche Patient ernsthaft engagieren und darf und soll auch seine bisherige Sichtweite verteidigen.

Oppositionshaltung ist charakteristisch für das Weltbild des Kindes. Um ein oppositionelles Kind zu einer Veränderung zu führen, muß ich das Weltbild des Kindes benutzen, um es auf einen neuen, letztendlich auch von ihm gewünschten Weg zu bringen.

Verletzungen der kindlichen Seele

Ein Patient, der wegen einer Neurose 23jährig berentet wird, erinnert sich an ein wiederholtes Erlebnis, das er im Laufe seines Lebens verdrängt hat. Gar nicht in böser Absicht und nur um das Kind wegen des Fehlens einer Aufsichtsperson zu bewahren und zu beschützen, sperren Mutter und Großvater ihn dreijährig hin und wieder in einen sehr engen Hühnerstall ein, solange sie auf dem Feld arbeiten. Später amüsiert man sich bei Familienfeiern köstlich und klopft sich vor Lachen auf die Schenkel, wenn man sich erinnert, daß man den Günther in einem Hühnerstall aufbewahrt hat, in dem er sich kaum bewegen konnte. Es liegt überhaupt keine böse Absicht vor, es ist vielmehr eine Dummheit der Erwachsenen, die sich auch heute noch über ihren grandiosen „Einfall" nachträglich belustigen. Gerade dieses nachträgliche Sich-lustig-machen, daß man den „Jünther" als Kleinkind auf eine ganz originelle Art aufzubewahren wußte, verletzt meinen Patienten schon als Kind tief.

Achtlose Worte sind oft scharfe Waffen

Als der gleiche Patient vier Jahre alt ist, sieht er bei einer Nachbarin eine Tischdecke mit aufgedruckten Adlerköpfen. Die Nachbarin weiß suggestiv zu berichten, daß Adler sehr gefährliche Vögel seien und auch kleine Kinder wegtragen, zum Fraß für ihre Jungen. Der kleine Patient nimmt die Suggestion an und bekommt Angst, das Haus zu verlassen. Ständig irren seine Blicke zum Himmel, ob dort nicht ein Adler erscheinen und ihn etwa rauben könne. Eine dumme Bemerkung einer Nachbarin bestärkt schon in der Kindheit das Grundgefühl des Lebens meines Patienten: die irreale Angst. Erwachsene wissen eben häufig nicht um die Wirkung und Schwere, welche Wunden so eine dumm dahingeworfene Bemerkung in einer kindlichen Seele schlagen kann.

Erwachsene, vor allem Eltern, suggerieren Kindern: „Das lernst du nie! - Dazu bist du zu klein! - Später hilft dir keiner mehr! - Was soll bloß mal aus dir werden! - Wie willst du später allein zurechtkommen?"

Für Psychoanalytiker ist damit klar, daß die Ursachen des neurotischen Verhaltens eines Erwachsenen in der Kindheit begründet sind. Ich mache dem Neurotiker klar, daß *heute* er selbst verantwortlich ist. Für die negativen Programmierungen der Kindheit kann er heute Eltern und Großeltern nicht verantwortlich machen, denn keiner von denen hatte in der Regel damals beim Mitprogrammieren des kindlichen Unterbewußtseins eine böse Absicht. Dennoch: Wir können uns kaum vorstellen, wie Eltern die Seele eines Kindes verletzen können und nicht nur mit Worten. Immer wieder sind es vor allem die ungewollten, nicht erwünschten und häufig auch unehelichen Kinder, an denen vor allem Mütter ihren größten Zorn auslassen.

Ein emotional wichtiges Erlebnis im Leben eines Kindes ist der erste Schultag. Eine meiner Patientinnen, unehelich geboren, in der Kriegszeit aufgewachsen und eingeschult, bekommt eine besonders schwere Schultüte zum ersten Schultag. Das Mädchen ist selig. Wird es nun endlich von der Mutter geliebt? Zu Hause angekommen ist die Neugier über den Inhalt der schweren Schultüte groß. Um so größer ist danach die Enttäuschung: die Schultüte ist gefüllt mit Eierkohlen und nur oben zur Tarnung gibt es ein paar Süßigkeiten. Kann eine Mutter so herzlos sein? Die gleiche Mutter zerstört ein paar Jahre vor der Einschulung die Lieblingspuppe ihrer Tochter: sie wirft die Puppe an die Wand und zerreißt sie. Die Puppe ist für die Mutter im Zorn quasi der Ersatz für das Kind: die Mutter hätte am liebsten das ungewollte Kind an die Wand geworfen und zerstört.

Ein fünfzehnjähriges Mädchen erlebt in Hypnose seine Steißgeburt: „Es ist schwer, schon „verkehrt" auf die Welt zu kommen."

17. Kapitel

Auf Erfolg programmieren

Gefühlsorientierte Schüler haben es im Unterricht schwer, denn Klassenarbeiten und Milieu in der Schule sind am Gesichtssinn - auf Tafeln und aus Büchern! - und am Gehör orientiert. Oft fällt einem athletischen Typ der Zugang zum vorgegebenen Lernangebot schwer. Solche gefühlsorientierten Menschen fühlen sich später in mechanischen oder handwerklichen Berufen wohl, wo sie ihre vom Fühlen betonten Fertigkeiten und Fähigkeiten nutzen können. Dünne, angespannte und begabte Schüler lernen mit Sehen und Hören, haben aber oft schwer Zugang zur Gefühlswelt eines sportlichen, athletischen Typs. Viele, die langsam lernen, sogar als lernbehindert oder lernunfähig eingestuft werden, sind überhaupt nicht dumm, sie haben einfach andere Lernstrategien, die durch die heute gängigen Erziehungstechniken nicht gefördert werden.

Zum einen Ohr hinein, zum anderen Ohr heraus!

1983 kommt ein junger Mann zu mir, der damals 22jährig die Meisterschule besucht und in den theoretischen Fächern nur Noten weit unter dem Durchschnitt vorweisen kann. Er hat einen Grundschulabschluß. Immer mehr Abiturienten drängen heute in handwerkliche Berufe und erschweren Kandidaten mit geringerer Schulbildung den Weg zum Handwerksmeister.

Dieser junge Mann will von mir zum Lernen programmiert werden. Meine wichtigste Hilfe ist, ihm den posthypnotischen Auftrag mitzugeben, sowohl in der Meisterschule als auch beim Lernen am häuslichen Schreibtisch entspannt zu sein.

„Superlearning“

Menschen jeden Lebensalters müssen in unserer leistungsorientierten Gesellschaft weiterlernen. je älter man wird, für um so schlechter hält man sein Gedächtnis zum Lernen. Seit zwei Jahrzehnten gibt es den Begriff „Superlearning“, vom bulgarischen Arzt GEORGI LOSANOW so benannt: wir lernen besser und schneller im entspannten Zustand. Wir behalten mehr und länger durch „absichtsloses Lernen“. Meditationsmusiken als Hilfsmittel bietet die Industrie mehr und mehr an. Entsprechende Kataloge weisen eine immer größere Anzahl von Musikträgern aus, die zum Lernen mit Musik geeignet sind.

Die Musik sollte in ihrem Rhythmus etwa 60 Schläge in der Minute haben, das entspricht etwa einem normalen Herzschlag. Die Musik ist oft Barockmusik in dem genannten Tempo. Die Buchindustrie bietet auch mittlerweile genügend Lernprogramme mit der entsprechenden Hintergrundmusik an.

Suggestivkassette - nicht fürs Autoradio

Ich bespreche dem angehenden Malermeister extra für diesen Zweck eine Kassette und erfahre am Ende der Behandlung mit Schrecken, daß er diese Kassette auch im Auto auf der Fahrt zur Schule gehört habe, weil er dann ganz ruhig und gelassen der nächsten Klassenarbeit entgegenfuhr. Eine solche Entspannungs- und Suggestivkassette ist selbstverständlich nicht fürs Autoradio gedacht.
Vor der letzten mündlichen Prüfung in dem schwersten Fach, das der angehende Malermeister überhaupt nicht begreifen kann, lese ich ihm in Hypnose aus seinem Repetitorium vor. Er besteht auch diese Prüfung.

Prüfungsangst bringt Denkblockade im Gehirn

Wie kommen in unserem Gehirn Denkblockaden zustande? Bei Prüfungsangst - wie auch bei Schreck, Hetze und Schmerz - ist die normale Funktion der 500 Billionen Synapsen, die den gesamten Informationsfluß in unserem Gehirn regeln, blockiert. Die bei Streß ausgeschütteten Hormone Adrenalin und Noradrenalin sind Gegenspieler der Transmitter, die in den Synapsen für die Weiterleitung der ankommenden Informationen sorgen. Selbst ein Transmitter ist dabei das Noradrenalin, jedoch für hemmende Synapsen. Sobald der Gehalt an Adrenalin und Noradrenalin im Blut und damit auch im Gehirn ansteigt, werden viele Impulse nicht weitergeleitet, und dem Prüfling fällt in seiner Prüfungsangst nichts mehr ein, was er vorher noch wußte. Vielleicht kommt es noch zu einem Gedankenblitz, zu einem einmaligen Arbeiten der Synapsen - aber Informationen können nicht mehr an ihren Bestimmungsort gelangen. Denkblockaden, Sinnesstörungen oder Gedächtnislücken treten auf, ganz gleich, wie gut man etwas gelernt hat oder wie intelligent man ist.

Die Situation des Examens wird von KLEIST kommentiert: „Vielleicht gibt es überhaupt keine schlechtere Gelegenheit, sich von einer vorteilhaften Seite zu zeigen, als gerade ein öffentliches Examen.“ Selten beherrscht ein Prüfer die Kunst, eine Atmosphäre des Vertrauens zu schaffen, in der die Gedanken des Prüflings überhaupt ins Bewußtsein kommen können; nicht neue Gedanken, sondern vor allem Gedanken, die dem Bewußtsein aus dem Gedächtnis bereitgestellt werden müssen. In Hypnose kann ich mit posthypnotischen Suggestionen eine entspannte Prüfungssituation schaffen und Denkblockaden vorbeugen.

Gesagtes gilt natürlich auch für Führerscheinprüfungen und Sportwettkämpfe.

Subliminals - für mich überflüssig?

Entspannungsmusik soll unterbewußte Ebenen öffnen. Nicht hörbare unterschwellige akustische Botschaften, auch subliminale Suggestionen genannt, sind in Entspannungsmusik eingebettet; man hört bei diesen verbalen Botschaften die Musik, die Suggestionen sind so leise unter die Musik gemischt, daß man sie nicht mehr hören kann. Unterschwellige Botschaften sollen durch Ohr oder Auge aufgenommen werden, sollen aber nicht im üblichen Sinn in das Gehirn gelangen, sondern sich am Bewußtsein vorbeischleusen, um direkt in das weit wirkungsvollere Unterbewußtsein einzudringen. Dort sollen sie unerwünschte Verhaltensmuster löschen und durch bessere ersetzen - soweit die Theorie.

In den EG-Richtlinien zur Ausübung der Fernsehtätigkeit heißt es: „In der Werbung dürfen subliminale Techniken eingesetzt werden.“ Gegensätzlich ist die bundesdeutsche Rechtslage: Unterschwellige Werbung ist nach dem geltenden deutschen Recht sittenwidrig. Sich freiwillig positiven Botschaften zu öffnen, ist eine Sache. Eine ganz andere: unfreiwillig von Suggestionen manipuliert zu werden, ohne sich dagegen wehren zu können. Sind Anti-Diebstahlsbotschaften in Kaufhäusern sittenwidrig, wenn sie funktionieren?

Aus medizinischer Sicht kann die Wirkung subliminaler Botschaften nicht ausgeschlossen werden. Subliminals sind für mich überflüssig, ich muß mir keine Gedanken darüber machen ob sie funktionieren oder nicht. Mit Hypnose erreiche ich unterbewußte Ebenen viel besser als durch Entspannungsmusik. Die Suggestionen, die sich mein Patient für seine Veränderungen selbst wünscht, muß ich nicht in Musik verpackt verbergen.

Doch die Branche freut sich, denn in den USA allein wurden im letzten Jahr 250 Millionen Subliminal-Kassetten verkauft. Ein gewaltiger Markt, nicht ohne Gefahren, aber für meine Arbeit überflüssig.

„Die Spitze des Berges erreicht“

Anfang 1987 erreicht mich ein Brief: „Sie werden sich sicherlich noch an mich erinnern. Ich war im Juli 1986 zur Hypnosebehandlung bei Ihnen. Ich kann Ihnen nun mitteilen, daß ich die „Spitze des Berges“ ohne Probleme erreicht habe. Am 22.01.87 wurde mir der Gesellenbrief als Koch überreicht. Ihre Worte sind tief in meinem Unterbewußtsein verankert, ich werde sie auch weiterhin zu nutzen wissen. Mit freundlichen Grüßen auch von meinen Eltern.“

Natürlich erinnere ich mich an diesen jungen Mann, denn als er damals zu mir in Behandlung kommt, ist er aus medizinischer und psychischer Sicht nicht als krank zu bezeichnen. Er kommt zu mir, weil er seine Gesellenprüfung wiederholen muß. Seine Eltern sind Pädagogen und arbeiten beide in ihrem Beruf als Lehrer. Das Wesentliche der Vorgeschichte: der ältere Bruder des jungen Mannes hat sich 12jährig selbst das Leben genommen. Der Grund hierfür ist nach Meinung des Bruders, meines Patienten, ein ungeheuerer schulischer Leistungsdruck, der ihm von den Eltern auferlegt wurde.

Nach diesem Desaster in der Familie erziehen die Eltern den jüngeren Sohn nun ganz gegenteilig. Sie kümmern sich überhaupt nicht um seine schulischen Arbeiten und Leistungen. Der junge Mann bekommt „nur“ einen Hauptschulabschluß und lernt Koch. In dieser Kochlehre ist er in den theoretischen Fächern absolut faul, doch die Eltern läßt das unbeteiligt.

Die Eltern empfinde ich als sehr freundliche und sympathische Menschen. Aber sie wollen nun auch nach der nicht bestandenen Gesellenprüfung keine Verantwortung tragen und bringen mir ihren Sohn zur Behandlung. Ich stärke in der Behandlung des jungen Mannes vor allem sein Selbstbewußtsein und steigere seine Lernfreude. Die Rolle von Eltern, die auch ab und zu Berufsschulfragen erörtern sollten, übertrage ich seiner Freundin.

Die im Brief erwähnte symbolhafte „Spitze des Berges" ist oft das halluzinierte Ziel, das man erreichen will: in dem vorliegenden Fall war es der Gesellenbrief zum Koch.

18. Kapitel

Hypnosetherapie bei Krebserkrankungen?

Was hat die Seele eines Menschen - seine Gedanken, Gefühle, sein Verhalten - mit seinem Immunsystem, dem wichtigen Abwehrsystem des Körpers, zu tun? Ist das Immunsystem stark, wenn wir glücklich sind, und schwach, wenn wir pessimistisch oder traurig sind? Zwischen Gehirn und Immunsystem gibt es vielfältige Verbindungen, beide müssen eine gemeinsame Sprache sprechen.

1969 meint GEORGE SOLOMON, daß Disstreß das Immunsystem beeinflußt und prägt den Begriff der Psycho-Immunologie. ROBERT ADER erweitert später diesen Begriff auf Psycho-Neuro-Immunologie: alle Krankheiten resultieren aus der Interaktion nervlicher, genetischer, immunologischer und psychischer Faktoren.

Die Psycho-Neuro-Immunologie erklärt das Zusammenspiel zwischen Gehirn, Immunsystem und Hormonhaushalt und schlägt eine Brücke zwischen der naturwissenschaftlichen Medizin und der Psychotherapie. Unsere Immunzellen bleiben nicht davon unberührt, wenn wir überfordert oder verzweifelt sind, wenn wir depressiv sind oder wenn wir disstreßt sind oder aber, wenn wir uns wohl fühlen und das Leben genießen. Die Neuropeptide - die Informationsträger innerhalb dieses Netzwerkes - werden im Gehirn gebildet und ankern an Rezeptoren an der Oberfläche der Immunzellen. Wer bedrückt ist, dessen Gehirn setzt Botenstoffe frei, die auch die Immunzellen schwächen. Wer deprimiert und pessimistisch ist, wer alle Hoffnung aufgegeben hat, im Leben keinen Sinn mehr sieht, wer sich leicht disstreßt fühlt, überfordert ist, wer einsam ist, der setzt dem eigenen Immunsystem zu.

Psycho-Neuro-Immunologie beweist Heilung durch Hypnose

Wir werden immer wieder viele Phänomene beweisen können, denen noch vor kurzer Zeit das Etikett des unwissenschaftlichen Hokuspokus anhaftete. Seit Jahrtausenden weiß man, daß seelisches Leid körperlich krank macht.

In den siebziger Jahren beginnt der Amerikaner NOVERA HERBERT SPECTOR experimentell die Psycho-Neuro-Immunologie zu begründen. IWAN PAWLOW zeigt mit seinem hungrigen Laborhund das klassische Konditionierungsexperiment, bei dem zum ersten Mal ein Reiz und ein Reflex, die eigentlich nichts miteinander zu tun haben, verknüpft werden. PAWLOWS Prinzip wenden SPECTOR und seine Nachfolger auch auf das Immunsystem an. Er injiziert Labormäusen abgeschwächte Viren, die eine starke Aktivitätszunahme bestimmter Zellen der Immunabwehr auslösen. Zusätzlich erhalten die Mäuse als zweiten Reiz den speziellen Geruch eines bestimmten Stoffes, der normalerweise überhaupt keine Wirkung auf das Immunsystem hat. Nachfolgend erhalten die so trainierten Mäuse dann nur noch den Geruch dieses bestimmten Stoffes und sie reagieren wie -bei einer massiven Virusinfektion mit einer verstärkten Immunabwehr. Durch assoziatives Lernen ist der spezifische Geruchsstoff in der Nase der Mäuse zum konditionierten Reiz für das Immunsystem geworden.

Immunologen haben gemessen, daß Vereinsamung, Prüfungsangst, Schlafmangel, Disstreß oder Depressionen mit einer Drosselung des Immunsystems Hand in Hand gehen. Die Neuropeptide und deren Rezeptoren sind die psychobiologische Basis der Heilung durch Behandlung der Seele, somit auch die Basis der therapeutischen Hypnose.

Gehirn, Hormondrüsen und Immunsystem bilden eine Einheit. Man vermutet, daß gute Gefühle das Gehirn veranlassen, verschiedene Botenstoffe auszuschütten, um die Immunabwehr anzukurbeln.

Neurotransmitter gelangen auch in die Zellen und in die Wachstumsund Teilungsgene und können diese an- oder abschalten. Bei einer Fehlsteuerung wird eine Zelle zur Krebszelle.

Man bezeichnet deshalb Krebs, Immunkrankheiten und Allergien auch als Fehlinformationskrankheiten.

Viele hoffen, daß eine weitgehende Entschlüsselung der Beziehungen zwischen Neurotransmittern, Genen und Immunsystem zu einem wichtigen Durchbruch im Bereich der Krebstherapie und Immunabwehr führen wird, denn viele Krankheiten werden über die Stabilität des Immunsystems geheilt.

Wie entsteht Krebs?

Bis vor einigen Jahren habe auch ich eine Hypnosetherapie bei Krebserkrankungen abgelehnt. Auch für mich als gelerntem Schulmediziner ist die Basis der Krebstherapie die operative Therapie, die Bestrahlungstherapie und die Behandlung mit krebshemmenden Medikamenten. Daneben darf ich als Schulmediziner zur unterstützenden Therapie dem Patienten überhaupt nichts verbieten. Wenn sich ein Krebspatient eine besondere Diät aussucht oder sich Wundertropfen aus Ungarn besorgen läßt, wenn er zusätzlich eine Immuntherapie oder eine Mistelbehandlung durchführen läßt, ist das für einen Patienten durchaus wichtig und in meinen Augen keinesfalls überflüssig. Wichtig erscheint mit, daß der Patient eine gewählte Zusatztherapie konsequent durchhält und nicht aus panischer Angst vor dem Tode dauernd wechselt.

Gute, produktive und nützliche Gedanken können Krankheiten verhindern oder heilen. Genauso können negative, einer Krankheit sich öffnende Gedanken diese Krankheit herbeiführen. Eine kranke Seele kann einen Körper krank machen. Warum sollte die Seele nicht auch umgekehrt bei der Heilung mithelfen können?

Das amerikanische Therapeutenpaar SIMONTON, das Krebs mit Psychotherapie behandelt, nimmt nur solche Krebspatienten zur Therapie an, die bewußt akzeptieren, daß sie selbst für ihre Krebserkrankung verantwortlich sind, sie selbst erzeugt haben, weil auch diese schreckliche Erkrankung einen scheinbaren Gewinn für den Patienten macht. Das setzt bei Patienten ein sehr hohes Maß an Einsicht voraus, denn der scheinbare Gewinn einer Krankheit ist oft nur im Unterbewußtsein des Patienten zu finden.

HARDMAN zählt Faktoren auf, die bei der Entwicklung von Krebs beteiligt sind: „Ein Tumor entsteht aus Gefühlskonflikten. Der Patient wird das Opfer seines eigenen negativen Denkens. Gefühle wie Sorge, Furcht, Eifersucht, Verdrießlichkeit erzeugen innere Spannungen und damit Uneinigkeit unter den Zellen des Körpers. Es entsteht ein Zustand der Anarchie, wobei kleine Gruppen unzufriedener Zellen revoltieren. Ein Tumor ist eine kleine Welt für sich. Ein Tumor bildet sich wie gesundes Gewebe, aber das Krebsgewebe ist antisozial und parasitär gegenüber dem restlichen Körper. Der wesentliche Punkt liegt in der Tatsache, daß eine Krankheit durch die Tätigkeit des Unterbewußtseins entsteht, das seinerseits durch das in Unruhe befindliche Wachbewußtsein, den Verstand, fehlgeleitet wurde."

Selbstbestrafung mit Krebs? „Vita mala"

Vor mehreren Jahren meldete sich bei mir eine 45jährige Patientin zu einer Hypnose-Zusatztherapie. Sie leidet an einem Brustkrebs mit Tochtergeschwülsten in Leber, Lunge und Wirbelsäule. Sie selbst fühlt sich mit der Krebserkrankung bestraft, weil sie seit ihrem 13. Lebensjahr von ihrem Stiefvater zu ständiger sexueller Verfügbarkeit mißbraucht und erpreßt worden ist. Ihre Tochter ist das Produkt aus dieser Beziehung zum tyrannischen Stiefvater.

Nach dem ersten Behandlungstag erzählt die Patientin ihrer Tochter auf der langen Heimfahrt, daß der Großvater ihr Vater ist. Sie berichtet auch zu Hause ihrer Mutter und ihren Stiefgeschwistern von dieser erpreßten sexuellen Beziehung. Die Patientin hat nach über 30jährigem Schweigen den Mut, die schwere Last abzuwerfen, indem sie ihrer Familie von ihrem unglücklichen Leben innerhalb der Familie berichtet. Die Patientin kommt zu mir mit der festen Vorstellung, daß sie für diese unglücklichen Familienumstände á la JOHN KNITTEL zu büßen hat.

Meine Behandlung besteht in erster Linie darin, die Patientin von der eigenen Schuldzuweisung und Selbstbestrafung mit einer schwersten Krebserkrankung zu befreien und ihre brachliegenden Selbstheilungskräfte zu wecken. Nach einer erneuten stationären Zytostatika-Therapie werden die Zahlen der weißen Blutkörperchen und Blutplättchen in relativ kurzer Zeit wieder normal, vor meiner Hypnosetherapie dauerte es bis zur Normalisierung der Blutwerte doppelt so lange. Mittlerweile - seit dreizehn Monaten Behandlung in monatlichen Abständen gibt es nur noch die Metastasen der Wirbelsäule, die auch rückläufig sind. Ich hoffe auf einen vollen Heilerfolg, die Patientin ist sich eines völligen Gesundwerdens sicher.

Ich halte Hypnosetherapie bei Krebserkrankungen nur für richtig, wenn es sich um eine unterstützende psychotherapeutische Behandlung handelt, ohne jedoch die Säulen der schulmedizinischen Krebstherapie anzutasten. Aber Hypnosetherapie bei Krebserkrankungen geht über die normale psychologische Betreuung eines Krebspatienten weit hinaus.

Kleine Arbeiter im Körper

Als Hilfe zur Visualisierung bestimmter sich abspielender Vorgänge im Körper kann ich Patienten nur einfache Vorstellungen anbieten.

Die eben erwähnte Krebspatientin kann in Hypnose bei dem Wunsch nach einer gesunden Leber in ihren Körper hineinschauen und kann ihre Leber als *gesund* betrachten. Wie schon bei der durch Tochtergeschwülste kranken Leber lasse ich sie auch in Hypnose die Lunge und das Rippenfell als gesund betrachten, und ich lasse sie sehen, wie kleine Arbeiter im Körper die Krebszellen abtransportieren und neue gesunde Zellen quasi einmauern. Diese kleinen Arbeiter sind für mich die weißen Blutkörperchen, bei der Patientin sind es kleine Männchen in weißen Kitteln: ihre Ärzte. Die Vision vom Umbau kranker Organe in gesunde Organe muß ich in Hypnose so verstärken, daß sich der Patient auch als Laie die physiologischen Umbauvorgänge vorstellen kann.

Ich wecke und stärke mit Hypnosetherapie in besonderer Form die Selbstheilungskräfte des Menschen. Und ich glaube, Selbstheilungskräfte eines Menschen als sein Immunsystem sind mindestens genauso stark wie eine Chemotherapie, obwohl ich bei einem Krebspatienten Operation, Chemotherapie und Bestrahlung immer an die erste Stelle setze. Als Zusatztherapie ist Hypnosetherapie eine starke Therapie!

Imagination - positiv und negativ

Schon PARACELSUS wußte im 16. Jahrhundert um die starke Kraft der Imagination. Imagination ist mächtig im positiven wie im negativen Sinne. Die Vorstellungskraft stärkt mit Sicherheit das Immunsystem eines Kranken, sie kann sie aber auch entscheidend schwächen.

Dies belegt der Fall eines Patienten, der nach der Diagnose Prostatakarzinom in der nächsten Nacht in seinem Bett stirbt. Was ist die Todesursache? Mit Sicherheit nicht der Krebs, in diesem Stadium ist sein Prostatakrebs noch nicht tödlich. Todesursache: Tod aufgrund zu lebhafter *negativer* Vorstellungskraft. Der Patient hat sich über die Möglichkeiten des Sterbens bei Prostatakarzinom zu ausführlich informiert und sich zu starke negative Autosuggestionen gegeben.

Andererseits erlebe ich die Geschichte eines Krebspatienten mit, der nach einem sogenannten Palliativeingriff vom Chirurgen wieder zugenäht und nach Hause geschickt wird, um dort sterben zu dürfen. Aber er wird gesund. Er fragt mich um Rat, was er essen und trinken darf. Und er ißt und trinkt, was ihm schmeckt, und er lebt, von mir mit Sorge und Skepsis beobachtet. Er gehört zu der Sorte Menschen, die einfach nicht begreifen, daß ihre Prognose baldiger Tod heißt. Entweder weigern sich solche Patienten zuzuhören oder ihr Glaube an die heilende Wirkung einer vorangegangenen Operation ist so felsenfest, daß die berühmten Berge versetzt und sogar unheilbare Krankheiten geheilt werden.

Placeboeffekt und Spontanheilungen

In der Medizin gehören Spontanheilungen wie auch der Placeboeffekt zu den erstaunlichen Phänomenen, die zeigen, daß ein Körper sich sehr wohl selbst heilen kann. Der Placeboeffekt beweist seelische Kräfte zur Heilung von Krankheiten und ist ein Abfallprodukt wissenschaftlicher Untersuchungen, für Naturwissenschaftler etwas Verachtungsvolles. Der Ausdruck Placebo kommt aus dem Lateinischen und heißt „Ich werde gefallen". Wissenschaftler wollen mit dem Placeboeffekt beweisen, daß nicht der Glaube an die Wirkung eines Medikamentes die berühmten Berge versetzt, sondern daß die chemische Substanz wirkt.

Theoretisch eignet sich zum Nachweis des Placeboeffektes jedes harmlos und unwirksam erkannte Mittel oder Verfahren, obwohl alles, was man einnimmt, nicht chemisch unaktiv ist. Zusätzlich wird doch jeder Gedanke von einer elektrochemischen Reaktion begleitet, denn auch der Vorgang des Denkens ist eine Vielzahl elektrochemischer Prozesse. Wenn also jemand eine Pille einnimmt und der Überzeugung ist, daß man durch sie gesund wird, wirkt sie anders als wenn er sie für Gift halten würde. Die schmerzlindernde Funktion von Placebos liegt in ihrer Fähigkeit, die Produktion der eigenen schmerzlindernden Stoffe -der Endorphine - anzuregen und zu steigern. Placebos haben wie die Hypnose eine direkte Wirkung auf das Immunsystem und damit auf die Selbstheilungskräfte des Körpers.

Das Denken des spontan geheilten Kranken ist beherrscht von Hoffnung und Vertrauen, von optimistischen Gefühlen und nützlichen Vorstellungen. Kranke finden „ihr“ Heilmittel, an das sie glauben, ob das nun die Mutter Gottes von Lourdes oder eine angeblich heilende Diät ist oder auch nur die Stanniolkugel eines Heilers. Voraussetzung ist der *Glaube ohne den geringsten Zweifel* an das Gesundwerden, mehr noch: *das Wissen* um die zukünftige Gesundheit. Er darf sogar ärztliche Ratschläge in den Wind schlagen. Aktivierung von brachliegenden Hirnleistungen und auch Aktivierung des Immunsystems sind das Wesentliche bei einer Heilung sogenannter unheilbar Erkrankter.

Der Placeboeffekt kann auch mit negativem Vorzeichen wirken: Sterben die meisten Menschen nicht an ihrer Krankheit, sondern durch eine Diagnose?

Ärzte und Suggestionen

Ärzte wirken dauernd suggestiv auf ihre Kranken. Wenn ein Arzt, der schon durch seinen Beruf und Titel einen Kranken suggestiv beeinflußt, diesem mitteilt, er könne ihm leider nicht helfen, weil seine Krankheit unheilbar sei, wird er bei jenem Kranken eine höchst verhängnisvolle Autosuggestion hervorrufen. Eine verhängnisvolle Suggestion eines Arztes ist auch schon die, daß sich der Patient mit seiner Krankheit abzufinden habe.

Um die Mitte des vorigen Jahrhunderts heilt der amerikanische Uhrmacher PHINEAS PARKHURST QUIMBY mit Hypnose. Bei schlechten Resultaten ist er überzeugt, daß nur ein Arzt vorher unbeabsichtigt negative Suggestionen gegeben haben kann. Um diese Suggestionswirkungen auszuschalten, belehrt er seine Patienten, daß ihre Krankheit durch die Suggestion der Ärzte verursacht sei, und danach bekommt er gute Resultate.

Wenn ein Arzt seinem Patienten ein Rezept ohne begleitende Worte übergibt, werden die Medikamente weniger nützen, als wenn er dem Patienten erklärt, unter welchen besonderen Umständen die einzelnen Medikamente einzunehmen seien und welche besondere Wirkung er von ihnen zu erwarten hat. In diesem Falle werden die vorausgesagten Wirkungen eintreten.

Weil ein Kranker von seinem Arzt in der Regel ein Medikament erwartet, das ihn heilen soll, wird er unzufrieden sein, wenn ihm der Arzt ein Gespräch widmet oder nur irgendeine Diät verordnet. Der Patient meint, er hätte keinen Arzt aufsuchen müssen, wenn er nicht einmal etwas einzunehmen bekomme, und geht zu einem anderen Arzt. Aus diesem Grunde hat schon COUÉ um die Jahrhundertwende es für nötig erachtet, daß der Arzt immer etwas verschreibt, und möglichst nicht jenes Medikament, das überall angepriesen wird, sondern daß er dem Patienten ein individuelles Rezept gibt, zu dem der Kranke noch mehr Vertrauen hat als zu den durch die Werbung mit klangvollen Namen belegten Medikamenten, die er sich ohne weiteres ja in jeder Apotheke oft ohne Rezept kaufen kann.

19. Kapitel

Sex ist kein Solo

Zu mir kommen häufig Patienten mit sexuellen Störungen. Es sind dies in der Regel mehr Männer als Frauen. Der Leistungsdruck unserer Zeit hat sich auch auf das Sexualleben ausgeweitet: Männer werden zunehmend impotent, weil Frauen im Zeichen der Gleichberechtigung (zu Recht?) höhere Ansprüche an ihre Partner stellen. Ist die männliche Impotenz heute manchmal ein Nicht-mehr-wollen-Müssen?

Über Sexualstörungen - seelische Ursachen sind die Regel - gibt es nicht nur eine Menge medizinischer Fachliteratur. Jeder Laie kann im gesamten Blätterwald - von den Tageszeitungen bis hin zu den Illustrierten - beinahe täglich Ratschläge zur Beseitigung von Sexualstörungen finden.

Weil bei der Impotenz die Befürchtung zu versagen stärker wird als die vom Partner ausgehende sexuelle Erregung, kommt es zur Impotenz. Solche Zwangsbefürchtungen gehen vor allem von denen aus, die neben ihrer Versagensangst schüchtern sind.

Potenzgestörte Patienten haben einen normalen Hormonspiegel, denn Sexualität findet nicht in den Hoden statt, sondern im Kopf. Entspannung, Schlaf oder auch Potenz sind Spontanphänomene, die eben dann nicht eintreten können, wenn sie gewollt werden. Spontanes ist nie bewußt möglich, immer nur unterbewußt. Und immer größere Willensanstrengungen machen immer verzweifelter und können nur erfolglos sein. Aus diesem Grunde ist eine Hypnosebehandlung sexualgestörter Patienten eine wirkungsvolle Therapie.

Toupét contra Erektion

Ein Toupétträger steigt zu seiner Geliebten ins Bett, seine ganze Aufmerksamkeit ist darauf gerichtet, nicht sein Toupét zu verlieren. Erektion und Toupét müssen in dieser Situation gleichermaßen bestehen. Aus Angst vor dem Verlust des Toupéts ist die Spontaneität der Sexualität gestört. Tatsächlich geht dann auch zuerst das Toupét verloren, es folgt zwangsläufig der Verlust der Erektion. Die angebetete Frau lacht ihn nicht einmal aus, denn sie hatte vorher bemerkt, daß er ein Toupét trägt. Dennoch ist für diese Nacht Sexualität nicht mehr möglich, aus Versagensangst, ursprünglich aus Angst vor dem Entlarvtwerden bezüglich des Toupéts.

Ich habe gerade keine Szene aus einer Filmkomödie erzählt, sondern den Beginn einer behandlungsbedürftigen Impotenz.

„. . . nur den einen Gedanken: . . .“

Zu mir kommt ein 44jähriger Handwerksmeister, der seit seinem 18. Lebensjahr wenig Lust auf sexuelle Betätigung hat. Er ist sehr streng erzogen, über Sexualität wird in seinem Elternhaus nicht gesprochen, er als Kind und seine Geschwister werden zum Sportplatz geschickt. Der letzte Geschlechtsverkehr dieses unglücklichen Ehemannes findet vor etwa 10 Jahren statt. Er ist wie andere Potenzgestörte beim Urologen, beim Andrologen zur Untersuchung der Qualität seiner Samenfäden und seines Hormonspiegels, zur Eheberatung, zur Sexualsprechstunde, bei mehreren Internisten, er bekommt von einem Heilpraktiker Ozon und auch von seinem Hausarzt irgendwelche Tröpfchen. Es hilft alles nichts.

Er kommt voller Skepsis zur ersten Behandlung und ist auch in Hypnose bei halluzinierten Begegnungen mit holder Weiblichkeit mehr als gehemmt. Ein Reporter fragt diesen Patienten, wie es denn nach der ersten Behandlung bei mir gewesen sei. Der Patient antwortet: „Ich bin nach Hause gefahren und hatte nur den einen Gedanken: Nichts wie rauf auf die Mutti!“ Für den Reporter scheint dies unglaublich.

Natürlich lasse ich in Hypnose den Patienten sexuelle Erlebnisse halluzinieren, mit der Ehefrau, aber im Ausnahmefall auch schon mit anderen Partnerinnen. Einem ganz gehemmten Patienten biete ich öfter eine Eskimofrau an, die bei einem halluzinierten Besuch der Eskimos vom Ehemann als zusätzliches Gastgeschenk dem Besucher neben Essen und Trinken angeboten wird. Ob das heute wirklich noch so ist, oder ob es wirklich einmal so war, ich weiß es nicht. Meinem gehemmten, potenzgestörten Patienten suggeriere ich jedenfalls, daß er dieses Gastgeschenk nicht ablehnen darf. Dann kommt es zu einem in Hypnose halluzinierten Geschlechtsverkehr mit einer nach Lebertran duftenden Eskimofrau zwischen Seehund- und Eisbärfellen. Das Eis einer falschen Moral beginnt zu schmelzen.

Mein Handwerksmeister berichtet dem Reporter, daß er früher immer wieder von Kundinnen in Versuchung geführt worden sei: „Wenn der Handwerker kommt, verschwindet der Ehemann, denn Handwerker sind lästig." Früher konnte er schon aus Versagensangst ein solches Angebot nur höflich aber bestimmt ablehnen. „Ob das auch in Zukunft so sein wird, das möchte ich bezweifeln", sagt mein nun potenter Patient.

Sexualität ist spontan

Zu mir kommt ein 45jähriger kaufmännischer Angestellter, der aus Versagensangst seit einem Jahr keinen Geschlechtsverkehr mehr haben konnte. Er hat Erektionsprobleme und leidet auch zeitweilig unter einem vorzeitigen Samenerguß (Ejaculatio präcox). Der Patient hat, wie alle Potenzgestörten, deren Ursache seelisch bedingt ist, nächtliche Erektionen.

Nach drei Behandlungen berichtet der Patient, daß seine Frau immer noch mehr als zurückhaltend sei, ihn ermahnend zurückweise und den dreimaligen Behandlungen noch mißtraue: „Ob das jetzt schon gehen wird? Wir sollten doch wohl noch etwas warten." Die Ehefrau duldet keine erotische Literatur, keine erotischen Filme, von Pornos gar nicht zu reden. Sie allein will es sein, die den Patienten zu sexueller Aktivität animieren soll. Es stört sie das helle Licht der Bettbeleuchtung. Als der Patient diese rot anmalt: „Wir sind doch nicht im Puff." Sie bekommt vom Patienten Reizwäsche geschenkt: „Ich bin doch keine Nutte." Warum Sexualität bei diesem Patienten nicht funktionieren kann, ist mir klar. Ich frage ihn aber nach dem Wie: „Wie ist es möglich, daß Sie den Zustand des angeblichen Impotentseins ein Jahr lang aufrechterhalten haben?" -„Ich muß mich immer kontrollieren, damit ich meinen Orgasmus nicht vor dem meiner Frau habe." Durch Ablenkung die Ejakulation hinauszuzögern ist ein beliebter Ratschlag von Zeitungspsychologen. „Sexualität ist etwas Spontanes und ist mit Kontrollfunktionen unvereinbar", lernt der Patient von mir.

Zwischenbilanz nach drei Behandlungen? Behandlungsbedürftig ist nicht in erster Linie der Patient, sondern seine Ehefrau. Und so behandle ich jetzt die Ehefrau, und in dieser Ehe findet endlich Sexualität als etwas Spontanes statt. Die Behandlung von impotenten Patienten ist häufig eine Partnerbehandlung, denn Sexualität ist kein Solo, sondern ein Duo.

„Ich habe eine Samenleiterentzündung"

Ein 34jähriger lebt sein Leben ohne Sexualität. Das tun Mönche, katholische Priester und andere auch, aber angeblich sublimieren diese ihre Sexualität. Bei meinem Patienten ist es nicht so: er hat Versagensangst. Das Warum ist schnell geklärt. Er nimmt nach bestandener Gesellenprüfung zwei Kolleginnen im Auto mit nach Hause. Die erste wird zu Hause abgesetzt, die zweite begehrt ihn und schleppt ihn auf ihr Zimmer. Die junge Dame will Sex, und der junge Mann ist damit mehr als einverstanden. Aber im Abstand von jeweils zehn Minuten klopft der Vater des Teenagers an die Tür und ruft: „Der junge Mann muß raus!" Mein heutiger Patient bekommt damals keine Erektion und wird von der ihn Begehrenden als „Schlappschwanz" deklariert entlassen. Auch hier stelle ich die Frage: „Wie haben Sie während der letzten 17 Jahre Ihr Gestörtsein aufrechterhalten können?" Bei jedem Fehlversuch eines Geschlechtsverkehrs entschuldigt sich der Patient bei wechselnden Partnerinnen: „Ich habe eine Samenleiterentzündung und wahnsinnige Schmerzen." Nach Jahren glaubt er selbst an die von ihm erfundene „Samenleiterentzündung" und geht zu einem Urologen zur Behandlung. Der Urologe fragt, wer denn diese blödsinnige Diagnose einer „Samenleiterentzündung" gestellt habe. - „Mein Hausarzt", lügt mein Patient. Der Urologe schüttelt herablassend und mißbilligend den Kopf, diagnostiziert aber selbst eine chronische Entzündung der Prostata und macht diese für die Impotenz des Patienten verantwortlich. Da für meinen jugendlichen Patienten das Wort „Prostata" mit Altmännerkrankheit verbunden ist (seinen Opa hat man an der Prostata operiert!), bleibt er auch in Zukunft bei seinen sexuellen Fehlversuchen bei der von ihm erfundenen Entschuldigung: „Samenleiterentzündung". Das müsse in den Ohren seiner Partnerinnen eher nach zuviel Sex als nach Unvermögen klingen.

Auch die ersten in Hypnose halluzinierten Begegnungen mit holder Weiblichkeit bleiben erektionslos. Eine der halluzinierten Partnerinnen rät ihm, doch in einem Sex-Shop eine Penisprothese zu kaufen und immer bei sich zu tragen, wie andere ihre Verhüterli. Damit seien doch alle Probleme gelöst!! Aber dieses Ansinnen erscheint meinem Patienten noch grotesker als eine Prostatitis zu haben: „Gibt es für Dich keine Möglichkeit, mich zu verführen? So toll wie Du aussiehst!? Mann, o Mann!“ Es gibt diese Möglichkeit, erst halluziniert, und später wirklich.

Selbsthilfegruppen für Menstruationsbeschwerden

Ich berichte von einer Patientin, die durch viele Therapien geht, bevor sie zu mir kommt und bei der das zentrale Erlebnis, das die Krankheit ausgelöst hat, nur in Hypnose zu finden ist.

Diese 35jährige Frau kommt zu mir wegen angeblicher Menstruationsbeschwerden. Sie ist geschieden, lebt mit einem neuen Partner zusammen. Die Patientin besucht zu Hause regelmäßig eine „Selbsthilfegruppe für Menstruationsbeschwerden“. Zum zweiten Behandlungstermin kommt sie gerade von ihrem Gynäkologen, der ihr erneut eine Handvoll Antibiotika mitgegeben hat, weil sie nach seiner Meinung eine Adnexitis (Eierstockentzündung) hat. Die Patientin bittet mich nun, sie noch einmal zu untersuchen. Sie weiß, daß ich von Haus aus Allgemeinmediziner bin. Ich lasse die weißen Blutkörperchen zählen, nehme eine Blutsenkung ab, untersuche die Patientin.

Nach meiner Diagnose handelt es sich um eine sogenannte „Parametropathia spastica“ (= krampfartige schmerzhafte Verspannung der Aufhängebänder der Gebärmutter), an beiden Eierstöcken finde ich keinen krankhaften Befund. Es gibt im Leben dieser Patientin viele seelische Verletzungen, bei denen sie immer das Opfer ist. Sie sieht in Hypnose ihre Zeugung und erlebt, wie die Mutter den Vater dabei wegstößt. Bei der Geburt: „Ich soll ein Junge sein. Ich habe das Gefühl, ich störe. Ich fühle, daß mich mein Vater gar nicht mag.“ Später: „Ich möchte, daß mich jemand lieb hat.“

Beim halluzinierten Geschlechtsverkehr mit ihrem jetzigen Partner schreit sie abwehrend auf, als sie das Glied ihres Partners im Mund hat. Sie hat Angst, er könne in ihren Mund ejakulieren. Darauf frage ich mit Nachdruck: „Wann ist das schon einmal passiert?“ und jetzt erinnert sie sich in Hypnose an ein Erlebnis, das sie als Vierjährige hat: Sie wird vom Vater in die benachbarte Kneipe geschickt, um Zigaretten zu holen. Im Gang der Kneipe zieht sie ein älterer Mann aus der Nachbarschaft in das Pissoir und ejakuliert in ihren Mund. Völlig verstört, besudelt kommt das Kind nach Hause, hat die Zigaretten verloren und bekommt obendrein Schläge. Das ist das zentrale Erlebnis in der frühen Kindheit und heutige Ursache für die Flucht in gynäkologische Erkrankungen aus Widerwillen gegen den Geschlechtsverkehr. Erst in Hypnose erinnert sich die Patientin an das grauenvolle Erlebnis, und das zentrale Erlebnis ist diesmal für die Ursache des Gestörtseins wichtig, weniger für die Therapie. Die Patientin erinnert sich nur, daß sie als Kind nie im Dunkeln an dieser Kneipe vorbeigehen wollte, kannte aber nicht den Grund dafür.

Nachdem ich bei der Patientin das krankheitsauslösende zentrale Erlebnis in Hypnose gefunden habe, bleibt es schwer, die Patientin von ihren Zwängen und Ängsten in sexueller und partnerschaftlicher Beziehung zu heilen. Das bisher nicht bekannte Wissen um die heutige Ursache des Gestörtseins führt nicht zur Heilung. Die Patientin wird letztendlich von ihren Ängsten und Zwängen befreit und kann Sexualität genießen, ohne weiterhin in gynäkologische Erkrankungen fliehen zu müssen.

Ich wiederhole mich: Störungen im Sexualbereich sind in der Regel seelisch bedingt und sind mit Hypnosetherapie gut zu behandeln. Das Wesentliche der Hypnosetherapie von Sexualstörungen besteht darin, daß ich sehr einfühlsam Patienten in Hypnose Sexualität visualisieren, halluzinieren und erleben lasse. Und das immer wieder ohne zwanghafte Versagensängste. Ich muß automatisch gewordenes, fehlerhaftes, unterbewußtes Verhalten verändern. Sexualität findet unterbewußt instinktiv statt und ist nur im Unterbewußtsein zu behandeln.

Ist Homosexualität eine Krankheit?

Vorweg: In meinen Augen ist Homosexualität eine Spielart der Sexualität und keine Perversion. Von Zeit zu Zeit rufen mich Homosexuelle an, weil sie in ein früheres Leben zurückversetzt werden wollen, um die Ursache ihrer Neigung zu finden. Ob sie etwa in einem früheren Leben eine Frau gewesen seien? Wenn ich als Gegenfrage etwas flapsig nachhake, ob denn gerade der Freund mit dem eben geschenkten Auto weggelaufen sei, wird in der Regel die Richtung dieser Frage bejaht. Homosexualität wird vor allem bei äußeren Schwierigkeiten des Zusammenlebens als Last empfunden. Mit ein paar verständnisvollen Worten überzeuge ich diese Fragesteller, daß eine Hypnoanalyse oder gar eine Reinkarnationstherapie nicht indiziert ist.

Ich erinnere mich, daß der Hamburger Psychiater BÜRGER-PRINZ wiederholt von der Gesprächstherapie eines homosexuellen Künstlers berichtet. Dieser homosexuelle Schriftsteller wird von BÜRGER-PRINZ zum Heterosexuellen therapiert und verliert seinen künstlerischen Charme.

Dieser Fall ist mir immer ein mahnendes Beispiel, daß die individuelle Kreativität eines Patienten auch einer Therapie zum Opfer fallen kann. Homosexuelle bedürfen wegen ihrer Homosexualität keiner Therapie.

20. Kapitel

Die Haut als Spiegel der Seele

Zwischen Psyche und Haut bestehen enge Verbindungen, die schon in der Alltagssprache deutlich werden: Vor Scham erröten - vor Schreck erblassen - aus Angst schwitzen - eine Gänsehaut bekommen - es sträuben sich die Haare - das Problem geht unter die Haut - es ist zum Aus-der-Haut-Fahren - jemand hat eine dicke (oder dünne) Haut.“ Heute werden Hautkrankheiten auch von Schulmedizinern mit seelischen Auslösern in Zusammenhang gebracht. Die Haut ist der Spiegel einer oft kranken Seele.

Bekannt ist, daß man in Hypnose suggestiv Brandblasen erzeugen kann und auf der anderen Seite Verbrennungen durch hypnotische Suggestionen schneller heilen kann. So zeigt die Hypnose deutlich physiologische und krankhafte Beziehungen zwischen Haut und Psyche.

Schuppenflechte ist heilbar

Ich habe vom 02.03.77 bis zum 16.05.77 in insgesamt 15 Sitzungen einen Patienten von seiner Schuppenflechte (Psoriasis vulgaris) geheilt.

Eine Schuppenflechte ist wie alle Hauterkrankungen von der seelischen Verfassung des Patienten abhängig: zu Zeiten eines seelischen Hochs sind chronische Hauterkrankungen weniger lästig als zu Zeiten eines Stimmungstiefs. Haut und Gehirn entstammen entwicklungsgeschichtlich der äußeren Keimschicht (Ektoderm), sind also eng miteinander verwandt. Vielleicht sind Hautkrankheiten deswegen mit Hypnose gut zu bessern oder zu heilen.

1977 ist mein Patient 50 Jahre alt, leidet aber schon seit frühester Kindheit an einer Schuppenflechte. Er hat nie schwimmen gelernt, hat sich nie vor anderen ausgezogen: er schämt sich, weil seine Schuppen rieseln.

Der Patient ist medial sehr begabt, und ich mache mit ihm auch interessante Hypnoseexperimente, dafür ist seine Behandlung kostenfrei. Sehr beliebt unter Hypnotiseuren ist es, Patienten oder Versuchspersonen an einen Badestrand am Meer zu versetzen. Bei diesem medial begabten Patienten ist es zu Beginn der Behandlung unmöglich, ihn in Hypnose ans Meer oder in eine Badeanstalt zu versetzen: die Aversion gegen das Vorzeigen seines Körpers ist übermächtig. So gibt es individuelle *Hypnosehindernisse,* die zu überwinden auch für einen guten Hypnosetherapeuten oft nicht leicht sind. Als aber der Patient von seiner Schuppenflechte geheilt ist, halluziniert er nicht nur in Hypnose einen Badestrand, sondern er fährt auch erstmalig in seinem Leben mit seiner Familie an die Nordsee zum Baden. Nebenbei bemerkt: diese Heilung hält bis zu seinem Tode an; er stirbt 1983 an den Tochtergeschwülsten eines Krebses, von dem man nicht weiß, wo der Primärtumor sitzt.

In Hypnose: keine allergische Reaktion

Unser Immunsystem kann überempfindlich reagieren und uns mit Allergien plagen, es kann uns selbst aggressiv mit Rheuma quälen, und es kann uns gegenüber Krankheitserregern und sogar gegenüber Krankheiten wie Krebs hilflos machen.

Zwischen Psyche und Immunsystem - dem komplexen inneren Verteidigungssystem unseres Körpers - bestehen enge Verbindungen. Allergische Phänomene beruhen auf einer Überreaktion unseres Immunsystems gegenüber harmlosen Stoffen, die wie gefährlichste Feinde bekämpft werden. Allergie wird also durch einen Informationsfehler des Immunsystems ausgelöst. Diesen Fehler des Immunsystems kann ich in Hypnose korrigieren, denn in Hypnose kann ein Mensch auf allergisierende äußere Reize anders reagieren. In Hypnose habe ich die Möglichkeit, Allergiker besser als im Wachzustand langsam an ein Allergen heranzuführen und mehr und mehr an das Allergen zu gewöhnen.

„Nichts kann mich jucken“ - „Laß jucken, Kumpel“

Viele Allergiker reagieren bei Austestung auf keinen faßbaren Stoff allergisch oder aber auf so viele Stoffe, daß ein solches Ergebnis eher belustigt. Ein Patient sagt mir einmal: „Unsere ganze Straße ist auf Hausstaub allergisch.“

Ich kenne aber viele Patienten, die auf andere Menschen, wie auf Vorgesetzte, Lebens- und Ehepartner, “allergisch“ reagieren. In einem Wortspiel benennt eine solche Patientin einmal ihren *Lebensgefährten* als ihren *„Lebensgefährder“* „Es kratzt“ und „es juckt“ Patienten, wenn sie sich nicht durchsetzen können, weil sie gegenüber der korrupten Umwelt keine Chance haben, weil sie selbst zu korrekt, zu edel und zu brav sind. Es juckt sie, wenn sie ihr Wunschziel nicht erreichen können.

Es juckt sie aber auch, mal etwas Unanständiges zu tun, mal auszubrechen, die eigene hohe Moralvorstellung zu überwinden. „Laß jucken, Kumpel!“ ist für gehemmte Patienten ein Wunschtraum.

Neurodermitis: Vollmondgesicht und Büffelnacken

Die Neurodermitis (auch atopisches Ekzem oder endogenes Ekzem genannt) ist eine Erkrankung der Haut, die deutlich seelische Ursachen hat. Bei familiären, schulischen oder beruflichen Problemen reagieren Neurodermitiker mit Juckreizkrisen, und daraus entsteht eine Verschlechterung und ein Aufblühen ihrer Hautkrankheit. Neurodermitiker sind Patienten, die in Problemsituationen emotional, nicht „normal“ reagieren. Es juckt sie, es kratzt sie und sie setzen durch Jucken und Kratzen Schäden an ihrer Haut. Juckreiz soll unerträglicher sein als der stärkste Schmerz. Der Schmerz einer aufgekratzten blutigen Haut sei leichter zu ertragen als Juckreiz. Freudsche Psychoanalytiker werten das als autoerotische Reaktion, die der Minderung sexueller Spannungen diene. Manche dieser Therapeuten glauben an eine Kombination von Exhibitionismus, Masochismus und Selbstbestrafung. Neurodermitischen Kindern soll es an ausreichendem Hautkontakt mit der Mutter fehlen.

Neurodermitische Kinder werden in der Schule gehänselt und entwickeln sich häufig zu schulischen Versagern. Da sie nachts wegen ihres Juckreizes schlecht schlafen, sind sie in der Schule müde und unkonzentriert, die schulischen Leistungen lassen nach. Diese Kinder werden wegen ihres Kratzverhaltens von ihren Mitschülern geärgert. Als Arzt muß man immer wieder Bescheinigungen ausstellen, daß es sich um keine ansteckende Hautkrankheit handelt, denn oft wird diesen Kindern der Zugang zur Schwimmhalle oder zum Schwimmbad versagt. Das Kind wird zum Einzelgänger und zum Sorgenkind.

Erwachsene Neurodermitiker kommen mit einem Cushing-Syndrom zu mir. Aus Hilflosigkeit stopfen die behandelnden Ärzte, vor allem die Hautärzte, diese Patienten voll mit dem Nebennierenhormon Cortison. Cortison macht Nebenwirkungen: ein Vollmondgesicht, einen Büffelnacken und Hautstreifen. Es ist mir unverständlich, daß diese Patienten hochdosiert mit Cortison behandelt werden. Wenn schon keine psychotherapeutische Behandlung möglich ist, dann sollte man eher mit Baldrian als mit Cortison behandeln. Viele dieser erwachsenen Patienten tragen zum Schutz gegen den Juckreiz Handschuhe, sie haben verbundene Hände und Arme. Kinder werden mit Plastikröhren gequält, die ein Beugen im Ellenbogengelenk und somit Kratzmöglichkeiten verhindern sollen.

Man möge mir nachsehen, daß ich nicht eines der vielen Fallbeispiele herauspicke, denn irgendwo sind sich diese Patienten alle sehr ähnlich.

Wie therapiere ich diese Patienten? Ich behandle beim neurodermitischen Kind die emotionalen Störungen im Zusammenleben mit der Mutter, finde dabei häufiger Störungen der Mutter als Störungen des Kindes. Es besteht ein Defizit des Kindes an mütterlichem Kontakt, an mütterlichen Berührungen und Zärtlichkeiten, die Kinder zu ihrer seelischen Reifung unbedingt brauchen. Ich erfinde häufig in Hypnose eine neue harmonische Kindheit und lasse diese erleben.

Neue Schübe der Neurodermitis sind immer von belastenden und frustrierenden Konfliktsituationen begleitet. Neurodermitiker neigen zu hypochondrischer Selbstbeobachtung und leben oft in einer Scheinwelt mit geringem Wirklichkeitsbezug, und sie haben Schwierigkeiten, ihre Aggressionen offen zu äußern. Sie sind statt dessen überangepaßt, reagieren ihre Aggressionen am eigenen Körper ab und kratzen sich automatisch.

Da sind noch andere Spiegel der Seele

Die Haut reagiert heftig auf seelische Störungen, ich habe es schon an anderer Stelle gesagt. Auch Hautkrankheiten wie schwerste Formen der Akne vulgaris kann ich mit Hypnose heilen oder aber deutlich bessern.

Man sollte aber umgekehrt nun nicht glauben, wenn die Haut eines Menschen glatt ist und somit der Spiegel der Seele geputzt ist, daß es nicht in seinem Körper andere nach außen nicht sichtbare Spiegel gibt, die schmutzig, beschlagen und nicht sauber sind. Seelische Störungen äußern sich nicht nur in einem Erkranken der Haut.

21. Kapitel

Lachen gegen Depressionen

Mancher Mensch reagiert auf Unerfreuliches in seinem Leben mit Verstimmung und Traurigkeit, er wird depressiv.

Reaktive Depressionen (oft in Begleitung einer Angstneurose) kann ich mit Hypnosetherapie behandeln. Ich helle die dunklen Erfahrungen eines Patienten von dieser Welt auf, indem ich ihn mit guten Erinnerungen in Hypnose assoziieren lasse, denn Depressive haben auch glückliche Zeiten erlebt. Besonders schlechte Erinnerungen bietet mir ein depressiver Patient dauernd an; ich lasse ihn diese Erlebnisse dissoziieren. Zusätzlich muß ich meinem depressiven Patienten neue produktive Erfahrungen schaffen und ihm neue Wahlmöglichkeiten für sein zukünftiges Leben zur Verfügung stellen.

Wenn jemand behauptet, er sei seit vielen Jahren depressiv, lebt er in einem Irrglauben, denn er hat sich in den letzten Jahren nicht immer in derselben depressiven Phase befunden: er mußte Pausen machen, um zu essen, um sich hin und wieder zu ärgern und um ein paar andere notwendige Dinge zu tun. Wenn jemand eine Stunde lang am Stück depressiv wäre, würde er dies nicht bemerken können, weil er sich an das Gefühl gewöhnen würde und es nicht mehr wahrnehmen könnte. Wenn jemand etwas lange genug macht, kann er es nicht mehr wahrnehmen. „Ich bin schon viele Jahre lang depressiv“ - das darf ich als Therapeut nicht wörtlich nehmen.

Ich behandle ungern endogene Depressionen, denn die Erfolge sind schlecht. Bei dem endogen depressiv Erkrankten ist es wichtig, daß ich ihn zuerst durch posthypnotische Suggestionen zu äußerlicher Aktivität bringe, denn diese Patienten sind ohne jeglichen Antrieb.

Psychiater unterscheiden zwischen Selbstmordgedanken, Selbstmordtendenz und Selbstmordabsicht. Ein depressiver Patient mit Selbstmordabsicht muß ernst genommen werden und zu seinem eigenen Schutz in stationäre Behandlung gebracht werden.

„Ich will nicht mehr leben."

Ein 30jähriger Patient kommt zu mir mit der Diagnose: „endogene Depression". Als Sechsjähriger sitzt er zu Hause in der Küche in einer Ecke zwischen Einbauschrank und Küchenwand und denkt über den Sinn des Lebens nach. Er ist ein kleines, schmächtiges Kind, das auch wegen seines Stotterns und seiner Magerkeit von den anderen Kindern nicht ernst genommen und ausgelacht wird. Während der Schulzeit beschimpft man ihn als „Stotterer" und „Skelett". Mitschüler gießen Tinte über seine Hefte und verstecken immer wieder seine Schultasche. Ein Mitschüler droht mit Schlägen, wenn er nicht sein Frühstücksgeld abliefert. Er wird in der Schule verhauen, und er wird später beim Tanzvergnügen verprügelt, er ist immer Opfer. Und dieses Opferdasein bringt ihn zu der Überzeugung: „Ich will nicht mehr leben." Weil sich sein Großvater in einem russischen Lager erschossen hat, ist man sehr schnell mit der Diagnose bei der Hand: endogene Psychose, endogene Depression.

Wie aus der Vorgeschichte skizziert, handelt es sich bestenfalls aber um eine reaktive Depression seit frühesten Kindertagen.

Meine Therapie? Ich erfinde für diesen depressiv gestimmten jungen Mann in einer Reihe von Sitzungen eine neue Kindheit, in der er nicht mehr das Opfer seiner Spielkameraden und seiner Klassenkameraden ist. Die erfundene Kindheit mit natürlicher Kraft und Stärke eines Kindes läßt den Patienten auch seine jetzigen Schwierigkeiten im Berufsleben neu sehen und neu ordnen.

Der Patient wird vollkommen gesund. Die reaktive Depression wird geheilt, die jahrelange Diagnose einer endogenen Depression ist falsch.

„Lippen schweigen, flüstern Geigen, . . ."

Die Behandlung älterer depressiver Patienten ist schwierig. Ich führe in Hypnose die Patienten oft in eine Zeit zurück, in der sie besonders glücklich waren. Diese Patienten singen in Hypnose alte Operettenlieder (in 50 Jahren wird es bei den dann 70jährigen wahrscheinlich Rockmusik sein). Öfter lasse ich ältere Patientinnen zu Hause mit dem tanzfaulen und bequem gewordenen Ehemann täglich eine halbe Stunde tanzen.

Lachtherapie bei Depression

Ich programmiere depressiven Patienten ihre Verhaltensweisen aus gesunden Tagen aufs neue ein.

Wenn ein depressiver Patient eine Stunde beinahe ununterbrochen lacht, hat er in seiner Depression eine Pause gemacht. Die Lachen bringenden „kitzelnden Chinesen", das Lachen vergangener Tage und das „Lachen ohne Grund" werden für meine Patienten mehr als nur ein Symbol: Lachen wird zum posthypnotischen Auftrag. In den Computer Gehirn wird das alte Programm Lachen neu eingelegt, und dieses wirksame Programm wird auf Signal abgerufen, immer wieder. Schon mit einem nur vordergründigen Lachen löse ich oft jahrelange Verkrustungen, und der Weg aus der Depression wird begehbar.

Ein 53jähriger Arzt wird seit 20 Jahren mit der Diagnose „endogene Depression" mit starken antidepressiven Medikamenten behandelt. jetzt ist er seit einem halben Jahr arbeitsunfähig und soll erwerbsunfähig werden. Er sieht sich selbst in Hypnose als „eine arme, krumme Figur, die gebeugt im Nebel des Lebens herumstochert", und sein Leben erscheint ihm „dunkel, undurchsichtig, unheimlich, im Schatten liegend".

Auch er lernt bei mir lachen, und er lernt, alles auszulachen, was ihm am eigenen Verhalten nicht gefällt. Er darf seine Symptome Antriebsschwäche, Lebensangst, Versagensangst, Depression, Flucht in Migräne und Kopfschmerz auslachen. Ich gebe ihm in Hypnose auch die gegenteiligen Suggestionen: „Sie lassen sich das Lachen von niemandem verbieten!" - und gleichzeitig „Lachen ist verboten!"

Die Folge ist: Mein Patient läßt sich auch von seiner Depression, von seiner Lebensangst, von seiner Versagensangst und von seiner Antriebsschwäche das Lachen nicht verbieten. Und er verkriecht sich nicht mehr ins Bett, wie früher in seinen depressiven Phasen, weil man nicht gleichzeitig lachen und depressiv sein kann.

Die direkte Suggestion: „Seien Sie fröhlich und nicht mehr depressiv!", oder etwas Ähnliches, hätte mit Sicherheit zu keinem Erfolg geführt. Im nachhinein handelt es sich bei diesem Patienten nach meiner Überzeugung nicht um eine endogene Depression, sondern um eine Angstneurose mit stark depressiven Zügen.

Späte Freiheit

Die tägliche Arbeitszeit der Berufstätigen wird immer kürzer, das Rentenalter tritt immer früher ein, und zusätzlich werden wir Menschen immer älter. Das letzte Drittel des Lebens wird mehr und mehr zum Rentnerdasein.

Die ältesten Menschen dieser Welt, die gesund und lebensfrisch bis weit über 100 Jahre alt wurden, hat man nicht nur körperlich untersucht, sondern auch nach ihren Lebensgewohnheiten befragt. Diese Menschen haben sich nicht ausschließlich mit Joghurt, Ginseng und Sellerie ernährt, sie hatten auch nicht besonders alte Vorfahren, und sie verzichteten nicht auf Tabak, Alkohol und Sexualverkehr. Altwerden und Altsein war für diese Menschen kein Makel, sondern sie lebten mit ihren mehr als 100 Jahren aktiv in einer Gemeinschaft, sie arbeiteten körperlich und geistig, sie wurden von den jüngeren um Rat gefragt, sie hatten Freude an Vergnügungen und Festen und lebten ein glückliches Ehe- und Sozialleben bis weit über hundert.

Körperliche Tätigkeit, Freude, Erfolgserlebnisse, auch körperliche Berührungen und Zärtlichkeiten halten einen Menschen bis ins hohe Alter leistungsfähig, körperlich und geistig beweglich. Gerade ein älterer Mensch braucht Erfolgserlebnisse, eine enge Partnerbeziehung und keinen Ginseng, keinen Knoblauch und kein Procain. Auch der ältere Mensch braucht seinen Leistungsstreß, sollte aber jeglichen Konfliktstreß meiden.

Ich therapiere auch über 70jährige

Oft wird behauptet, daß man über 70jährige nicht einer Hypnosetherapie unterziehen sollte, weil bei diesen Patienten eine altersbedingte „Verkalkung" des Gehirnes vorliegt. Für mich ist das Alter eines Patienten nicht entscheidend. Wichtig ist vielmehr, ob ein älterer Patient noch bereit und flexibel genug ist, sein Verhalten zu ändern. Mir begegnen immer häufiger reaktiv depressive ältere Patienten, die es nicht verstanden haben, sich in ihrem Leben neben ihrer Arbeitswelt ein Hobby zu schaffen, das sie nach dem Berufsleben ausfüllt. Doch es gibt auch Rentner, die als Rentner so beschäftigt sind, daß sie noch weniger Zeit haben als vor ihrem Eintritt ins Rentenalter. Ohne ein Hobby, das Zeit und Geld kosten sollte, wissen viele Rentner mit der Fülle ihrer Zeit nichts anzufangen.

„Endlich ist es soweit:
Ich bin vom Arbeitsdruck befreit.
Was wird das für ein schönes Leben!
Vormittags spazieren gehen
und am Abend einen heben.
Ich werde nachholen, was lange mußte warten!
Auf geht's, im Jahr viermal in den Urlaub starten!

Das war der Traum, aus dem ich aufgewacht -
ich hab dann nicht mehr gelacht.
Die Wirklichkeit hat mich nun eingeholt,
ich hatte mir was vorgekohlt!
Ach, wie ist der Tag so leer,
keiner fragt mich mehr!
Nun muß ich noch mal in die Lehrzeit gehen,
um einen neuen Wege zu sehen!"

Diese „Erkenntnisse und Bekenntnisse eines Pensionärs" schreibt mir im Mai 1988 ein Rentner mit einer reaktiven Verstimmung, die seit seiner Pensionierung seit einem Jahr besteht und sich trotz medikamentöser Therapie immer wieder verstärkt.

Ich wiederhole: Man sollte sich schon während seines Arbeitslebens ein Hobby suchen, das in der Freizeit ausfüllt. Nach dem Eintritt ins Rentenalter soll mehr Freizeit gleichbedeutend mit mehr Freiheit sein und nicht Flucht in eine reaktive Depression, weil man mit seiner neuen Freiheit nichts anzufangen weiß.

Hypnosetherapie kann Patienten aus einem Seelentief herausheben und ihnen neue Lebensfreude und vor allem neues Aktivwerden geben.

22. Kapitel

Dick ist noch immer nicht schick

Unsere Überflußgesellschaft überfrißt sich. Liebe geht durch den Magen, und ohne Liebe setzen wir Kummerspeck an. Wir fressen etwas in uns hinein, unsere Kinder haben wir zum Fressen gern und geben ihnen Süßes statt Liebe. In der Umgangssprache finden wir viele Redewendungen, die beschreiben, daß Nahrung und Seele, daß Essen und die Welt der Gefühle nah beieinander liegen.

Den Dicken unter uns sei als Trost gesagt: nicht allein unsere schlechten und falschen Eßgewohnheiten machen dick. Auch eine Veranlagung zum guten Futterverwerter kommt hinzu. Ich kann die Veranlagung zum Dickwerden immer wieder und seit vielen Jahren bei meinen Pferden beobachten. Unabhängig von der Rasse gibt es unter ihnen immer welche mit knapp zugeteiltem Futter, die dennoch dick und rund sind. Andere dagegen sehen bei größeren Futtergaben austrainiert und schlank aus.

Leider ist das Dicksein des Übergewichtigen nicht nur eine Frage der Ästhetik und des Schönseins, sondern es ist auch eine Frage der Gesundheit. Die Folgekrankheiten des Übergewichtigen wie Bluthochdruck, Zuckerkrankheit und Fettstoffwechselstörungen sind einige der Risikofaktoren zum Herzinfarkt.

Trotz zeitweiligen Aufstandes der Molligen: das Schönheitsideal unserer Tage ist nun einmal keine Rubens-Figur. Nur knapp 10 % aller Frauen der Bundesrepublik haben ihr Idealgewicht, 90 % sind übergewichtig. In unserem Computerzeitalter hat man die Maße und Gewichte der Playmates der Zeitschrift „Playboy" der letzten 30 Jahre in einen Computer gegeben und festgestellt, daß es auch für Playmates einen deutlichen Trend zum Schlanksein gibt, obwohl unsere satte Wohlstandsgesellschaft in Wirklichkeit immer schwergewichtiger wird. Von den Titelseiten der Illustrierten lächeln uns schlanke Modelle an. Die Modemacher entwerfen Mode für Schlanke, „vollschlanke" Damen sehen in der heute angebotenen Mode wie Großmütter aus. Wenn man Mode im Katalog von Kleidergröße 36 bis 52 anbietet, so ist in der Regel das

Fotomodell in der Kleidergröße 36 abgebildet, nicht ein übergewichtiges Modell mit der Kleidergröße 52, denn das wäre nicht verkaufsfördernd. Die Konfektionsgröße 40 ist oberstes Limit in jeder Boutique.

Vor allem das weibliche Geschlecht leidet an Übergewicht. Essen macht Frauen Schuldgefühle, denn dem weltweit verkündeten Schlankheitsideal zu entsprechen ist nicht leicht.

Selbstverständlich sind auch Männer übergewichtig, dick und unansehnlich fett. Und doch sind es gerade Männer mit einem dicken Bauch und einer Glatze, die sich mit einem Mannequintyp schmücken und sich selbst gar nicht um ihr Gewicht kümmern. Dicken Männern reicht es oft, erfolgreich zu sein, und das dicke Portemonnaie gleicht den dicken Bauch ganz leicht aus! Es klingt sarkastisch: Männer streben nach Profil, Frauen nach Linie.

Es gibt Hunderte von Diäten. Verschiedenste Organisationen wie Volkshochschulen und Krankenkassen gründen Diätgruppen. Lange Zeit habe ich die Selbsthilfegruppe der Weight-Watchers empfohlen. Aber nach Jahren der Beobachtung ist auch dort nicht eine der mir bekannten Molligen schlank geblieben, und eine nach der anderen dieser Selbsthilfegruppen ist wieder aufgelöst worden. Die meisten meiner Patienten, die mit Hilfe von Hypnose abgenommen haben, sind auch nach Jahren schlank geblieben. Der Langzeiterfolg ist überprüfbar.

Auch bei der Hypnosebehandlung gilt: Ich muß 6000-7000 kcal einsparen, um ein Kilogramm echtes Fett abzubauen. Demnach kann man nur abnehmen, wenn man weniger ißt, wenn man Diät hält. Diätvorschriften gehen von der sogenannten Null-Diät über gesundheitsschädigende Crash-Diäten bis zu sehr ausgewogenen Diäten. Bei den sehr ausgewogenen Diäten muß man dauernd die Küchenwaage betätigen und entsprechend sorgfältig einkaufen, man müßte einen Koch einstellen. Crash-Diäten sind gesundheitsschädigend, weil stoffwechselbelastend. Sie werden dennoch wöchentlich als Wunderdiät in irgendeiner Zeitung oder Zeitschrift publiziert.

Zu mir kommt 1984 ein mir nur als gesund bekannter Forstmeister. Er klagt über schlechtes Allgemeinbefinden, fehlende Vitalität, Schwindel, Müdigkeit, Gelenkbeschwerden. Laboruntersuchungen ergeben eine erhöhte Harnsäure, eine erhöhte Blutsenkung, ein unter der Norm liegendes rotes Blutbild. Die körperliche Untersuchung ist unauffällig. Der Patient erzählt beiläufig, daß er etwa acht Kilogramm an Gewicht abgenommen hat, obwohl ich ihn nicht übergewichtig kenne. Des Rätsels Lösung: aus Sympathie zu seiner übergewichtigen Frau hat mein Patient eine Atkins-Diät über drei Wochen mitgemacht. Folgen: siehe oben.

Da Diät-Bücher wie alle Ratgeber-Titel auf dem Buchmarkt gefragt sind, schlägt mir ein Verleger vor, ein Buch über Hypnose-Diät zu schreiben. Er will nicht begreifen, daß die Hypnosetherapie des übergewichtigen Patienten mit Diätvorschriften nichts zu tun hat. Es ist für mich keine Diätvorschrift, wenn ich meinen Patienten in Hypnose sage: „Wenn das Essen von Dickmachern für Sie die einzige Möglichkeit wäre, sich zu ernähren, dann befänden Sie sich in einem Dilemma.“ Oder: „Sie werden in Zukunft weniger süß, weniger fett und kalorienarm essen.“ Darin und nur darin bestehen meine diätetischen Vorschläge. Damit kann man natürlich kein Buch füllen.

Spitzenwerte der Gewichtsverluste meiner Patienten sind etwa zehn Kilogramm pro Monat. Auch für übergewichtige Kinder und Jugendliche beiderlei Geschlechtes ist ein annähernd normales Körpergewicht für die weitere psychische Entwicklung ungeheuer wichtig. Diese Jugendlichen laufen meist in bewußt schlampiger Kleidung herum, spielen den Klassenclown und verbergen hinter ihrer Maskierung, daß sie in Wirklichkeit leiden.

Mit 15 Jahren 30 Kilogramm Übergewicht

Gutsituierte Eltern schicken mir 1978 ihre damals 15jährige Tochter mit 30 Kilogramm Übergewicht zur Hypnosetherapie. Dieses Mädchen ist völlig uneinsichtig und überhaupt nicht kooperativ.

Muß man an Hypnosetherapie glauben? Für die Hypnosetherapie gilt das gleiche wie für jede andere Therapieform auch. Wenn ich mich gegen eine Therapie wehre, werde ich einen schlechten Erfolg haben. Eine Therapie, die ich ohne eigene positive emotionale Beteiligung über mich ergehen lasse, wird von mäßigem Erfolg sein. Glaube ich jedoch an den Erfolg einer Therapie, dann wird der Erfolg ein besserer sein, selbst wenn es sich um ganz abwegige Therapieformen von Heilenden handelt, über die wir Schulmediziner verständnislos den Kopf schütteln.

Spieglein, Spieglein an der Wand

Nachdem bei dem Mädchen jedoch die ersten zehn Kilogramm gefallen sind, ruft mich hocherfreut die Mutter an, um mir zu erzählen, daß ihre Tochter nunmehr endlich bewußt und ausdauernd vor dem Spiegel steht. Der erste therapeutische Erfolg ändert die Meinung der angehenden jungen Dame gegenüber der Hypnosetherapie. Aber es dauert ungefähr sechs Jahre, bis mir die junge Dame, mittlerweile Studentin der Psychologie, ganz beiläufig erzählen kann, wie wichtig die damalige Therapie für ihre psychische Weiterentwicklung gewesen ist. Vor allem sind Übergewichtige ja gegenüber dem anderen Geschlecht gehemmt. Schlanksein ist nicht nur eine Frage der Schönheit, sondern vor allem eine Frage des eigenen Selbstwertgefühls. Wer von uns möchte nicht schön, attraktiv und begehrenswert sein? „Machen Sie weiter so! Verhalten Sie sich auch weiter so, auch wenn ich nicht dabei bin.“ Das ist beim Schlankwerden eine beliebte Suggestionsformel von mir.

Eine neue Kindheit erfinden

Für die Therapie von Übergewichtigen muß ich unterscheiden, daß es eine Menge Menschen gibt, die immer dick waren und daß es andere gibt, die im Laufe ihres Lebens dick geworden sind. Wenn die, die immer dick waren, dünner werden, können sie sich mit ihrer neuen Rolle manchmal gar nicht abfinden: sie haben keine Ahnung, wie sie sich als *schlanker* Mensch in der Welt zurechtfinden sollen. Wer immer dick war, ist selten in eine Fußballmannschaft gewählt worden, ist als Mädchen kaum zum Tanzen aufgefordert worden, und der ist tatsächlich auch nie schnell gerannt und konnte auch tatsächlich nie gut tanzen. Mit diesen Patienten gehe ich in eine völlig neue Kindheit zurück, die ich für sie erfinde, und lasse sie als schlanke Menschen aufwachsen.

Aus dem Mittelpunkt des Denkens

Dicke denken zwanghaft an alles, was mit dem Essen zu tun hat: Diäten, Essendürfen, Nichtessendürfen, und sündigen dürfen, nicht sündigen dürfen, essen aus Lust, essen aus Frust, Kalorien, Süßes, Dickmachendes, Mahlzeiten einhalten und vieles mehr.

In Hypnose nehme ich meinen übergewichtigen Patienten dieses Denkenmüssen an alles, was mit dem Essen zu tun hat, aus dem Mittelpunkt ihres Denkens. Aus dem Mittelpunkt des Denkens zu nehmen heißt: sich nicht mehr regelmäßig auf die Waage zu stellen, nicht mehr zwanghaft daran interessiert zu sein, ob man zu- oder abnimmt, sich nicht streng an eine bestimmte Diät mit einer bestimmten Kalorienzahl zu halten.

Es gibt für übergewichtige Patienten in Zukunft bessere Möglichkeiten, Befriedigung zu finden, als das zwanghafte Fresserchen: „Wenn das Fresserchen für Sie die einzige Möglichkeit wäre, Befriedigung zu finden, dann befänden Sie sich in einem Dilemma. Wenn das Essen von Dickmachern für Sie die einzige Möglichkeit wäre, sich zu ernähren, wäre es unmöglich für Sie, abzunehmen. Sie brauchen das Essen nicht, um Befriedigung zu finden. Bezüglich des Essens sind Sie im Land der freien Auswahl, im Land der freien Wünsche. Sie wollen nur das essen, was schön und schlank macht und schlank bleiben läßt. - Wenn man, wie Sie, viele Möglichkeiten hat, Befriedigung zu finden, ist man auch im Essen im Land der freien Wünsche. Sie können Befriedigung finden in Ihrem Beruf, in Ihrem Privatleben, in vielen schönen Dingen des Lebens."

Ich kenne natürlich das Leben meiner Patienten und gehe bei jedem einzelnen ins Detail. Und ich korrigiere den Mittelpunkt des Denkens in etwas anderes als ans Essen-denken-müssen. Zusätzlich kann ich zu analysieren versuchen, ob diese Freßsucht aus Schuld, Wut, Kummer (Kummerspeck) oder Angst entstand.

Zusätzliche Suggestionen

Hypnosetherapie unterstützt im Gegensatz zu anderen Suchttherapien durch *positive* Suggestionen. Patienten sehen sich schön und schlank, so wie sie gerne sein wollen und es auch sein werden.

Übergewichtige Patienten bekommen den posthypnotischen Auftrag, nur das zu essen, was schön und schlank macht. Sie imaginieren (visualisieren) sich so, wie sie sein möchten: schön, schlank, attraktiv, sexy, begehrenswert. Sie passen wieder in das schöne, zu eng gewordene Abendkleid oder in den Smoking. Sie sehen sich schlank im Bikini oder in der Badehose, oder auch am FKK-Strand. Es bleiben auch nach dem Erreichen des erwünschten Gewichtes die posthypnotischen Suggestionen: man ißt nichts, was dick und häßlich macht, und sieht sich auch in Zukunft immer so, wie man sein möchte: schön, schlank, begehrenswert.

Auch das *Eßverhalten* meiner Patienten wird von mir beeinflußt. So gewöhne ich meinen Patienten das anerzogene Verhalten ab, immer ihren Teller sauber leer zu putzen.

Schlanksein steigert Selbstbewußtsein

jedes verlorene Kilogramm steigert das Selbstbewußtsein übergewichtiger Patienten. Der übergewichtige Patient ist in der Regel gehemmt und ohne Selbstvertrauen. Was die Waagschale an Gewichtsverlust anzeigt, das wird in die andere Waagschale als Gewinn von Selbstvertrauen und Selbstbewußtsein geworfen.

Einem hochkarätigen Politiker - übergewichtig - kann ich natürlich nicht mehr an Selbstbewußtsein und Selbstvertrauen geben, denn dieser Herr hat schon ein Übermaß davon. Was setze ich bei ihm anstelle des Selbstvertrauens? Wovon auch ein Politiker mit anstrengendem 14-Stunden-Tag nie genug haben kann, sind Libido und Potenz. Also sage ich ihm: Jedes Kilogramm verlorenes Fett steigert Libido und Potenz.

Immer ist eine engmaschige Betreuung übergewichtiger Patienten notwendig. Eine einmalige oder nur einzelne Behandlungen bringen keinen Erfolg. Auch hier sei angemerkt, daß in der Regel nur die Patienten zu mir kommen, die alle Diäten hinter sich haben, und für die ich die letzte Anlaufstation bin.

Der Tenor meiner Patienten: „Abgenommen habe ich ja auch früher mit meinen Diäten, wenn es auch nicht gehalten hat. Aber besonders angenehm ist es jetzt, daß ich nicht dauernd ans Essen denken muß!"
Abnehmen durch Hypnose führt zum Dauererfolg.

Über die Schönheit und Ästhetik von Blumen

Hypnosetherapie ist bei mir nie gleich oder schematisiert. 1989 kommt eine 97 Kilogramm schwere Patientin zu mir, um abzunehmen. Von allem, was ich eben über die Hypnosetherapie von Übergewichtigen gesagt habe, benutze ich bei dieser Patientin nichts. Ich habe erfahren, daß sie Blumenliebhaberin ist, und sie kennt nicht nur Stiefmütterchen, nein, sie kennt alle Arten von Stiefmütterchen. Wir unterhalten uns stundenlang in Hypnose über die Schönheit und Ästhetik ihres Blumengartens. Und Schönheit und Ästhetik haben natürlich auch einen Stellenwert beim Körpergewicht eines Menschen. Ich mache der Patientin die Schönheit und Ästhetik ihrer Blumen im Garten bewußt, sie hat es bisher nur unterbewußt registriert. Der Nicht-Schönheit und der Nicht-Ästhetik ihres Körpers ist sich die Patientin allerdings bewußt. Ich schaffe eine Verbindung zwischen dem bisher unterbewußten Schönheitsgefühl und Schönheitsempfinden für Blumen und dem bewußten Nicht-Schönempfinden des eigenen Körpers. Ich verankere beides und lasse es zusammenfallen. Und die Patientin wird schlank und schön und ästhetisch. Auch das ist ein Weg, mit Hypnosetherapie einen übergewichtigen Patienten zu behandeln.

Eßstörungen nur in Überflußgesellschaften

Nur in Überflußgesellschaften gibt es Eßstörungen: die Fettsucht (Adipositas), die Magersucht (Anorexie) und die Freß-Brechsucht (Bulimie). Alle drei genannten Eßstörungen haben Beziehungen zueinander und gehen oft von der einen in die andere Form über.

23. Kapitel

Hunger nach Liebe und nach der Süße des Lebens

Die Bulimie ist gekennzeichnet durch wiederholte Episoden von Heißhungeranfällen und einem raschen Verzehr einer großen Nahrungsmenge in einer relativ kurzen Zeit. Während der Freßattacke besteht das Gefühl, sein Eßverhalten nicht mehr kontrollieren zu können.

Die Bulimie ist gekennzeichnet von 1) regelmäßigem, selbst herbeigeführtem Erbrechen, auch dem Mißbrauch von Abführmitteln, oder rigorosen Diäten, oder auch Fasten, um die Effekte der „Freßattacken" zu reduzieren, 2) mindestens durchschnittlich zwei „Freßattacken" pro Woche über mindestens drei Monate und 3) die *dauernde Zentriertheit auf die eigene Körperfigur,* das dauernde Denken an die Körperfigur.

In der Bundesrepublik soll es 1987 etwa 450000 Bulimie-Krankheitsfälle geben. Am 06.03.87 kommt eine 23jährige Patientin zu mir, die seit fünf Jahren an einem gestörten Eßverhalten, einer Bulimia nervosa, leidet. Die Krankengeschichte meiner Patientin-. 18jährig fühlt sich die junge Dame übergewichtig, sie wiegt mehr als 65 Kilogramm, trägt die Konfektionsgrößen 40 bis 42. Sie fängt an zu hungern und wiegt nach einem Jahr 47 Kilogramm und hat die Konfektionsgröße 32. Es fällt ihr schon schwer, in Damen-Oberbekleidungsgeschäften Kleidung mit der Konfektionsgröße 32 oder darunter zu finden, denn unter Größe 34 handelt es sich in der Regel um Kinderoberbekleidung.

Die erste „Freßattacke" erfolgt nach einer Feier im Betrieb. Es gibt Torte. Die junge Dame mag zuerst keine Torte mitessen, läßt sich später sogar ein zweites Stück aufdrängen, weil sie nach Meinung der anderen „es doch vertragen könne". Nach Büroschlug treibt es die junge Patientin zum nächsten Bäcker: sie kauft Unmengen von Kuchen und Schokoladenriegeln. Auf dem Weg zum Bahnhof „muß" sie an einem Kiosk Süßwaren kaufen. Auf der halbstündigen Heimfahrt mit der Bahn wird alles aufgegessen. In der Nähe des Heimatbahnhofs kauft die Patientin erneut bei einem Bäcker eine große Tüte voller

Gebäckstücke und ißt diese auf dem kurzen Fußweg nach Hause restlos auf. Zu Hause angekommen, wird sie von der Mutter wie üblich (bei einem Körpergewicht von 47 kg!) empfangen: „Du mußt jetzt aber essen!“ und die Patientin ißt, um nicht aufzufallen, die tägliche, von der Mutter zubereitete warme Mahlzeit. Danach trinkt sie Unmengen von Kaffee, damit sie erbrechen könne. Weil ihr jedoch nicht vom vielen Kaffee übel wird, geht sie auf die Toilette, steckt den Finger in den Hals und erbricht alles Gegessene. Wegen dieses Erbrechens der heimlich gegessenen Unmengen von kalorienhaltigen Eßwaren heißt die Krankheit auch Freß- und Brechsucht. Nach dem Erbrechen fühlt sich die Patientin äußerlich krank und kann dies auch der Familie zeigen, hat aber nach eigener Meinung das Gefühl, „innen sauber“ zu sein, weil sie wieder einen leeren Magen hat.

Diese Patientin, mit Bulimia nervosa geplagt, schreibt folgende Verse:

Mein Leben ist so lieblos und leer,
trotz der Leere ist es doch so schwer.

Und doch war es gekommen,
die Gier hatte alles genommen
es war wieder so ein Tag,
an dem ich mich nicht mag.

Wieder so ein Tag ohne Sinn,
wo führt es mich hin?

Vergeudet, verflucht, vertan,
verstrickt im gierigen Wahn.

Ein Meer von Torten,
Tausende von ungesagten Worten.
Wo ist mein wirklicher Freund?

Diese Bulimie-Patientin erbricht aus panischer Angst vor einer Gewichtszunahme, aus panischer Angst, wieder ihre Traumfigur zu verlieren und wieder schlimme 65 Kilogramm oder mehr zu wiegen. Bisher ist diese Krankheit, die Bulimia nervosa (Freß- und Magersucht oder Freß- und Brechsucht), nur bei Frauen bekannt, weil sich offensichtlich Frauen dem Modediktat „schlank sein zu müssen“ stärker unterwerfen als Männer. In unseren satten Industrieländern wird diese Art der Störung der Nahrungsaufnahme immer häufiger, weil bei uns kein Mangel an Nahrungsmitteln herrscht. Hunger nach Leben, Hunger nach der Süße des Lebens und nach Liebe gibt es gerade auch in unseren Industrieländern, und Eßwaren stehen uns in Hülle und Fülle zur Verfügung.

Wie therapiere ich diese Patientin? Wie jeder andere Patient braucht auch jede Bulimie-Patientin eine individuelle Therapie. Sie lernt zuerst ein Signal, das stärker ist als das unterbewußt gewordene zwanghafte Erbrechen.

Auch bei dieser Patientin muß ich ihre Umweltabhängigkeit in Selbständigkeit umwandeln. Die Hypnose ist nur ein Vehikel, aber ein besonders wirksames und schnelles Transportmittel für eine Verhaltenstherapie. Diese Patientin lernt, ihren Freund aus Marokko vorzeigen zu dürfen und ohne Heimlichkeiten zu lieben. Sie lernt neue Aktivitäten in der Freizeit. Bodybuilding im Fitneßcenter ödet sie an; sie fährt nicht mehr ziellos stundenlang mit dem Fahrrad durch die Natur, um danach wieder aus Leere eine Freßattacke zu bekommen. Sie geht jetzt in einen literarischen Kreis und zu einem Kreis von Freizeitmalern. Die Freizeit bringt ihr Freiheit und Vergnügen. Sie liebt, sie lebt, und sie wird gesund.

Indirekte Suggestionen sind auch bei Bulimie wirkungsvoller

Im November 1989 sucht mich eine 29jährige Schwangere auf, verheiratet, schon Mutter einer Tochter. In sieben Wochen erwartet sie ihr zweites Kind. Seit 1984 leidet sie an Bulimie und kann auch während der Schwangerschaft ihr gestörtes Eßverhalten nicht kontrollieren.

Schon als Kind ist sie pummelig. Als sie 14jährig ihren jetzigen Ehemann kennenlernt, wiegt sie 66 Kilogramm. Danach beginnt der dauernde tägliche Kampf ums Gewicht. 1984 hört die Patientin eine Radiosendung über Bulimie-Kranke und folgert falsch: Erbrechen muß etwas Wunderbares zum Abnehmen sein! Seitdem bricht sie regelmäßig zuviel Gegessenes aus.

Sie kommt zu mir, weil sie jetzt im achten Schwangerschaftsmonat täglich mehrfach erbricht. Es gingen mehrere Gesprächstherapiert, weitere Psychotherapien und auch ein Versuch mit Akupunktur voraus. Schwangerschaftserbrechen aller Ursachen wird von Ärzten sehr ernst genommen, denn Schwangere verlieren dabei sehr viele Salze und Spurenelemente, die für den Stoffwechsel der Schwangeren und des Ungeborenen sehr wichtig sind. Ich programmiere die Patientin in Hypnose unter anderem auf ein Signal auf dem rechten Mittelfinger, den sie früher mehrmals täglich zum Erbrechen in den Hals steckte. Das Signal reizt zum Lachen, und wer lacht, kann nicht gleichzeitig erbrechen.

Da sie zusätzlich unter einer starken Akne leidet, gebe ich noch ein zweites Programm ein: ihre Akne wird verschwinden, wenn ihr suchthaftes Essen mit dem nachfolgenden Erbrechen aufhört. Sie schaut sich in Hypnose im Spiegel an und sieht, daß ihre Haut rein und glatt ist. Sie hat keine Akne mehr, weil die Haut ein Spiegel der Seele ist, und die Seele ist seit dem Ende des süchtigen Essens und Erbrechens in Harmonie. Ich verkoppele das ersehnte Ende der Akneerkrankung mit dem Aussetzen des zwanghaften Essens und Erbrechens. Ich arbeite hier ausschließlich mit indirekten Suggestionen.

Zwei Jahre später schreibt diese Patientin: „Eine Waage wird schon seit langem nicht mehr benutzt. Meine Eßgewohnheiten und mein Gewicht sind völlig normal, und ich fühle mich wohl."

Nur noch Haut und Knochen: Anorexia nervosa

Fängt mit Twiggy alles an? Das Schönheitsideal der sechziger Jahre wiegt bei einer Körpergröße von 167 Zentimeter ganze 41 Kilogramm. Treibt Twiggy spätere Generationen in den Schlankheitswahn?

Die Anorexia nervosa ist gekennzeichnet durch die starke Angst, dick zu werden, selbst wenn bereits Untergewicht besteht. Die Anorexie ist eine Störung im Erleben des eigenen Körpergewichtes und der Figur. Eine solche Patientin fühlt sich selbst in bedrohlichst abgemagertem Zustand als zu dick. Das eigene Körpergewicht liegt mindestens 15 % unterhalb des Erwartungsgewichtes. Zur Anorexie gehört auch die ausbleibende Regelblutung für mindestens drei aufeinanderfolgende Zyklen bei Frauen. Von der Magersucht sind vorwiegend junge Mädchen und Frauen betroffen. Etwa 1 % aller Jugendlichen sind magersüchtig und 10-15 % sterben an den Folgen des Untergewichtes.

Die Magersüchtigen sind Menschen, die sich selbst als übergewichtig empfinden. Die Umwelt sieht aber, daß sie kurz vor dem Verhungern stehen. Sie sind nur noch Haut und Knochen und so abgemagert, daß ihre Gesundheit sichtlich bedroht ist. Und das sollen alle anderen gefälligst auch deutlich sehen! Diese Patienten erpressen - wie viele andere Patienten auch - ihre Umwelt. Meine Hypnosetherapie kann bei Anorexia nervosa helfen und heilen.

Außen mager - innen mager

Am 30.12.1987 schreibt mir eine magersüchtige Patientin: „Ich soll aufschreiben, was ich über den Satz denke: Wer außen (also körperlich) mager ist, ist auch innen (also seelisch) mager." Als ich den Satz das erste Mal hörte, dachte ich auch: So'n Quatsch' und ließ das völlig an mir abprallen. Ich wollte mir doch nicht unterstellen lassen, innen mager zu sein. Aber an dem Satz ist wirklich etwas Wahres dran. Allerdings glaube ich nicht, daß die innere Magerkeit eine Folge der äußeren Magerkeit ist, sondern umgekehrt. Denn durch dieses „magere Denken", zu dick zu sein, und ein schlechtes Gewissen zu haben, wenn man mal mehr ißt, wird man ja erst äußerlich mager. Man wird und ist innerlich auch insofern mager, daß das Denken immer engstirniger wird. Man beschäftigt sich permanent mit dem Essen und den Kalorien, ißt aber wenig, obwohl man vom klaren Verstand her weiß, daß man mehr essen müßte. Aber diese innerliche Magerkeit, die sich in den dann auftretenden Schuldgefühlen äußert –„ich kriege Schuldgefühle, wenn ich zunehme" - fesselt einen geradezu. Sie beherrscht und tyrannisiert den „klaren Verstand", der ja auch noch in einem vorhanden ist. Mein klarer Verstand kam nur nach dem Schritt auf die Waage durch, wenn ich sah, daß ich schon wieder etwas abgenommen hatte. Aber der ganze gute Vorsatz war futsch, wenn es darum ging, mehr zu essen. Ich glaube, erst wenn man innerlich stärker wird, mit den Schuldgefühlen umzugehen gelernt hat und über ihnen zu stehen, kann man auch äußerlich stärker werden, also an Gewicht zunehmen."

Manchmal behandle ich eine Anorexie nicht

Am 19.11.1987 kommt eine 32jährige Patientin zu mir, die seit 10 Jahren an einer Anorexia nervosa leidet. Sie wiegt 26 Kilogramm. Sie erzählt ihre zehnjährige Krankengeschichte und listet mit gewissem Stolz auf, wie viele Krankenhäuser, Hypnosekliniken, Psychotherapeuten und Heilpraktiker sie verschlissen habe. Ich frage den begleitenden Vater: „Haben Sie das alles privat bezahlt?“ - „Die meisten Behandlungen, ja.“ - Daraufhin habe ich der jungen Frau gesagt, daß sie nur von mir behandelt würde, wenn sie selbst die Behandlung bezahlt. „Wovon?“ -Der Vater: „Du hast ein Sparbuch.“

Aber von dem Ersparten will sie sich nicht trennen, um gesund zu werden. Sie beschimpft mich, daß ich nur ein Arzt für die Reichen sei, und daß ich mich gar nicht in ihre Lage versetzen könne. Ich kontere: „Das ist richtig. Und mit Ihren jetzt 26 Kilogramm befinden Sie sich bereits an der Schwelle zum Tode. Vielleicht wäre es besser, wenn Sie wirklich sterben, denn Ihren Eltern ist es nicht mehr zumutbar, weiterhin nur für Sie als Einzelkind leben und arbeiten zu müssen.“ Still und stumm nickt der Vater im Hintergrund.

Die Patientin hat sich bei mir nicht wieder gemeldet. Ich wollte nicht schon im Vorfeld in die Reihe erfolgloser Therapien und erfolgloser Therapeuten eingereiht werden.

„Erpresse ich mit meinem gestörten Eßverhalten meine Familie?“

Eine 15jährige Anorexie-Patientin antwortet mir auf diese Frage am 04.01.1988: „Natürlich! Ich erpresse mir ihre Aufmerksamkeit. Aufmerksamkeit in Form von Sorgen aller Art, über mein Aussehen, mein Verhalten etc. Auch erpresse ich sie im Essen. Wenn nicht alles nach meiner Nase läuft, werde ich wütend und sage: Entweder so, wie ich es will, oder ich esse gar nicht.“ Ich sage es zwar nicht so direkt, aber das steckt dahinter. Ich will eigentlich gar nicht, daß sie sich Sorgen machen, aber in den bestimmten Momenten bin ich einfach unbeherrscht. Sie *können* mich nicht verstehen, weil sie ja die Krankheit nicht haben, sie versuchen es aber. Dazu werden sie ja auch von mir gezwungen. Denn würden sie es nicht tun, wäre ich mit meinem Gewicht noch viel weiter unten. Ich erpresse mir auch ihre Zeit. Das Hin- und Hergefahre zu Ärzten, das Lesen von Büchern über die Magersucht, überhaupt das Hauptthema in ihrem Denken erpresse ich mir durch mein blödes, mieses Verhalten, was ich nicht immer hatte, aber eben manchmal, und dann kann ich auch nichts dagegen tun.“

„Sie dürfen Ihrem Unterbewußtsein vertrauen!“

Verzweifelte Eltern bringen eine verzweifelte Tochter: „Ich will ja essen, aber ich kann nicht.“ Ich höre eine der üblichen Vorgeschichten einer Magersüchtigen.

„Dicke Kuh“ - „Du hast ‘nen schönen fetten Hintern“ „Dicke“, so ärgert man sie, auch der Bruder nennt sie „Henne“. Sie ist übergewichtig, seit sie sich erinnern kann. Als 1987 ihre Lehrzeit beginnt, zieht sie von zu Hause weg in eine eigene Wohnung. Ein neuer Lebensabschnitt beginnt, und sie möchte in Zukunft *allen* gefallen. Sie hatte immer mehr als 67 Kilogramm gewogen, nach wenigen Monaten wiegt sie zwischen *35* Kilogramm und *40* Kilogramm. Und der Bruder nennt sie nun „Skelett“.

Ich höre von verschiedenen vergeblichen Therapieversuchen, einschließlich eines fünfmonatigen Aufenthaltes in einer Fachklinik. Die Vorgeschichte ist bei allen Magersüchtigen bei unterschiedlicher Mythologie des einzelnen Schicksals sehr ähnlich, die Struktur der Krankheit bleibt die gleiche. Die etablierte Medizin bleibt so hilflos wie der Gynäkologe meiner Patientin, der sie wegen der ausbleibenden Regelblutung mit hormonhaltigen Wechseljahrspflastern behandelt und ihr einen appetitanregenden Saft verschreibt, dessen Antihistaminikum-Anteil die Patientin den ganzen Tag müde sein läßt.

Auch diese Patientin behandle ich individuell, Allgemeingültiges gibt es für mich nicht. Ich kann sie in Hypnose in keine Zeit zurückversetzen, in der sie nicht zu dick oder zu dünn ist: es gibt in ihrem Leben nur die beiden Extreme: Fettsucht und Magersucht. Bewußtsein und Unterbewußtsein der Patientin sind völlig verunsichert und liegen in ungleichem Kampf miteinander: „Ich will ja essen, aber ich kann nicht.“

Ich biete ihr halluziniert - in Hypnose - Lieblingsspeisen an. Ich habe erfahren, daß sie gern Trüffel mag, und so lasse ich sie hypnotisiert mit offenen Augen Schokoladentrüffel essen. Sie ißt zuerst unter Protest („Ich bin keine Mastgans, ich will nie wieder so fett sein, nie wieder einen Fettarsch haben“). Später ißt sie lustvoller und steckt sich schon einmal einen ganzen Trüffel in den Mund.

Ich überzeuge meine Patientin, daß ihr Unterbewußtsein weiß, was es zu tun hat, damit sie nicht mehr als maximal 52 Kilogramm wiegen wird: „Sie dürfen Ihrem Unterbewußtsein vertrauen, es wird keine extremen Körpergewichte mehr geben."

Trotzig wie ein unartiges Kind

Zu Beginn der Behandlung bekomme ich von meiner Magersüchtigen dauernd Widerspruch und Protest. Sie zeigt als 22jährige eine für ein Kind typische Oppositionshaltung und lehnt in der Art eines unartigen Kindes trotzig Kleider und Röcke ab. „Iii, Röcke sind doof, ich mag keine Röcke." Nachdem ich ihr weiblichere Waden suggeriert habe, will sie einen Plissee-Rock tragen. Sie sieht sich in Hypnose mit 52 Kilogramm weiblich und attraktiv im Spiegel und ist sogar mit einem engen weißen Rock einverstanden, der bis kurz übers Knie geht.

Junge Männer, denen sie in Hypnose begegnet und die sie ansprechen, lehnt sie ab: „Denen war ich immer zu fett oder zu dünn. Alle haben mich verlassen." Tatsächlich gab es im Leben der Patientin Freunde und Partner, die sich wegen ihres extremen Gewichtes (zu fett oder zu mager) von ihr abwandten. Aber sie sieht sich jetzt mit 52 Kilogramm, und sie läßt sich mit 52 Kilogramm überreden, trotz früherer Enttäuschungen, mit männlichen Wesen wenigstens zu reden.

„Zwangsernährung" per Telefon

Diese Patientin hat den posthypnotischen Auftrag, mich täglich um 21 Uhr anzurufen und mir aufzuzählen, was sie über den Tag verteilt gegessen hat. Wir erhöhen langsam die Nahrungsmenge auf das Doppelte. Wenn sie ihr Soll nicht erfüllt hat, hypnotisiere ich sie per Telefon und sie „muß" gezielt dieses oder jenes essen. Das ist eine für mich mildere Form der Zwangsernährung als per Nasenschlundsonde, ans Bett gefesselt.

Konfusion durch dauernden Wechsel zwischen Wachheit und Hypnose

Männliche Anorexie-Patienten sind viel seltener als weibliche, oft aber noch viel schwieriger zu therapieren

Ende 1989 bringt eine Mutter ihren 14jährigen magersüchtigen Sohn mit einem Gewicht von 41 Kilogramm. Sein Hausarzt hat ihn vor einem halben Jahr wegen seines damaligen Gewichtes von 57 Kilogramm gekränkt: „Du bist zu dick. Aber es ist ja nicht leicht, dünner zu werden." Danach ißt der junge wenig und kann jetzt als magersüchtiger Patient nicht mehr normal essen. Die Mutter sagt: „Er hat sein Lachen verloren, er liegt zu Hause nur herum. Oft steht er vor dem Spiegel und zieht Hautfalten von seinem Körper ab, um zu kontrollieren, daß er nicht dicker wird."

Viele hypnotische Techniken sind in ihrem Kern paradox, auch das Herbeiführen von Konfusionen. Paradoxes Vorgehen bedeutet für den Patienten, etwas nicht willentlich zu tun und es trotzdem tun zu müssen -oder umgekehrt. Mein Patient hat selbst das extreme Verhaltensmuster „nicht essen zu können". In Hypnose verankere ich ein zweites Verhaltensmuster „lustvoll lachend zu essen", wenn ich mit meiner Hand seine rechte Schulter berühre. Ich stelle jetzt dem Patienten Konfekt und Orangensaft auf den Tisch, beides mag er im wachen Zustand gar nicht. In Hypnose ißt er, wenn auch anfangs widerstrebend. Ich wecke ihn und berühre seine rechte Schulter, oder ich lasse ihn fühlen, daß meine Hand seine rechte Schulter berührt. Und jetzt treten beide Verhaltensmuster zur gleichen Zeit auf. Ich wechsele den hypnotischen und nicht-hypnotischen Zustand sehr schnell, und mein Patient gerät außer Kontrolle, ißt nur noch lachend und weiß nicht, ob er gerade hypnotisiert oder nicht hypnotisiert ißt. Ich zwinge Empfindungen in diesen Patienten, die er vorher nie gleichzeitig gehabt hat: er hat im letzten Jahr nie lustvoll und lachend Dinge gegessen, die im allgemeinen als Dickmacher gelten, und die er nicht mehr mag.

Wichtig ist es, einem solchen Patienten dabei nützliche Suggestionen zu geben: „Du darfst deinem Unterbewußtsein vertrauen: bei 55 Kilogramm ist Schluß mit der Gewichtszunahme, du darfst lustvoll essen, genießen."

Nochmals: Anorexie, maskiert als „Kotzophobie“

Mich sucht 1989 eine 24jährige Patientin auf, die seit fünf Jahren unter Ängsten leidet: „Plötzlich fühlte ich mich den Anforderungen des Alltags nicht mehr gewachsen. Dinge, die vorher selbstverständlich waren, überforderten mich jetzt. Ich spürte Angst und Unruhe ohne sichtbaren Anlaß, und eine geplante Reise versetzte mich in Panik.“ Ein Internist diagnostiziert eine leichte Vergrößerung der Schilddrüse und behandelt mit einem Schilddrüsenpräparat. Die Patientin bricht einen Monat später ihre Schulausbildung ab, ein Jahr vor dem Abitur. Wenige Monate später versucht sie eine Lehre zur Bürokauffrau, scheitert nach kurzer Zeit. Sie wandert von einem Psychotherapeuten zum nächsten, von einer Klinik in die andere und wird mit Psychopharmaka vollgestopft.

Ende 1988 beginnt eine neue Angst: vor Übelkeit, Völlegefühl und Erbrechen, die Patientin selbst nennt es „ihre Kotzophobie“. Die Patientin „kann nichts“ essen und magert ab auf weniger als 40 Kilogramm. Schulmediziner stellen bei ihr „Verwachsungen des Magens“ fest, und es findet sich auch ein Chirurg, der diese Verwachsungen operativ lösen will, obwohl diese Patientin früher nie operiert worden ist. Postoperativ ändert sich an ihrem Fehlverhalten nichts, und meine Kollegen Schulmediziner geben ihr den Rat, in Zukunft „auf dem Rücken liegend“ zu essen.

„Ich will ja essen, aber ich kann nicht“

Das ist der typische Widerspruch jeder Anorexie-Patientin. Ich frage diese Patientin, welchen Kuchen sie gern mag. Sie antwortet mir: „Apfelkuchen mit Quark, selbstgebacken. - Aber essen kann ich ihn nicht, weil ich Quark nicht vertrage.“ -„Also nur Apfelkuchen?“ -„Nein, Apfelkuchen mag ich nicht, ich mag nur Apfelkuchen mit Quark.“ Auch hier zeigt sich deutlich das ambivalente Denken einer Anorexie-Patientin.

Anstatt Angstneurose: „Ich habe etwas mit dem Magen“

Ich erkläre meiner Patientin, daß wir alle - um schwierigen Lebenssituationen zu entgehen - manchmal in eine Krankheit fliehen und dieser Krankheit unterbewußt einen nützlichen Wert geben. Die Patientin denkt darüber nach und erklärt mir nach ein paar Tagen, daß dieser Aspekt auch bei ihr zutreffen könne: denn anstelle einer Angstneurose, die keiner versteht, habe sie jetzt eine Erkrankung des Magens, und alle können sehen, wie mager sie davon geworden sei, und zudem habe sie sogar einen großen Schnitt auf dem Oberbauch, den sie vorzeigen kann.

Später lerne ich den Vater der Patientin kennen, er ist ein „Magenpatient“ mit ausgeprägten Nasolabialfalten. Er hat nach vielen Jahren mit Magengeschwüren eine Zweidrittel-Resektion des Magens hinter sich. Die ganze Familie hat doch gemeinsam an des Vaters Krankheit gelitten. Eine Erkrankung des Magens zu haben, erscheint dem Unterbewußtsein meiner Patientin nützlicher als eine Angstneurose.

Der scheinbare Gewinn einer Krankheit setzt bei einem Patienten ein sehr hohes Maß an Einsicht voraus, denn dieser scheinbare Gewinn einer Krankheit ist einem Patienten erst mal nicht bewußt.

Die Patientin zieht mit ihren Eltern um in eine neue Wohnung und hat gegenüber Fremden und neuen Nachbarn nunmehr nur noch ihre „Magenerkrankung“, und sie erzählt keinem von ihrer Angstneurose, die nach wie vor in unverminderter Stärke weiterbesteht.

Als diese Patientin zum Vorgespräch zu mir kommt, wiegt sie angezogen 45 Kilogramm, und ich notiere mir: Angstneurose, Anorexie.

24. Kapitel

Auch Nichtraucher müssen sterben

Sogar für menschliche Schwächen hat Sigmund Freud ein sexuelles Motiv bereit: alle Babys finden ihr erstes sexuelles Vergnügen darin, an der Mutterbrust zu saugen, erst zur Nahrungsaufnahme, später zum Vergnügen. Somit wäre das Nuckeln an einer Pfeife, an einer Zigarre oder an einer Zigarette für den Erwachsenen nur eine Übernahme des Säuglingsvergnügens, eine friedliche Handlung oralerotischer Prägung.

Hand-Mund-Bewegungen bzw. Hand-Kopf-Bewegungen gehören zur sogenannten Primitiv-Motorik. Aus diesem Grund ist der Griff zur Zigarette für den Raucher eine schöne Ersatzhandlung für Primitiv-Motorik. Man könnte sich auch den Kopf kratzen oder an die Denkerstirn greifen. Aber so oft?

Es ist allgemein bekannt, daß Nikotin ein Gefäßgift ist und nicht nur Herzkranzgefäße, sondern auch Gefäße der Peripherie - etwa in den Füßen - verengt: der Begriff des Raucherbeins ist uns allen geläufig. Nikotin wirkt nicht nur krebsfördernd auf Bronchien und Lunge, es hat auch eine fatale Wirkung bei allen anderen Erkrankungen unserer Atmungsorgane. Für viele Patienten ist es daher lebenserhaltend, Nichtraucher zu sein oder zu werden.

Bei der Nikotinentwöhnung führe ich eine Aversionstherapie durch (Erzeugung von Abneigung und Widerwillen). Da der posthypnotische Auftrag in der Regel zwei bis drei Tage anhält, therapiere ich etwa zehn Tage lang, das sind meistens fünf Hypnosesitzungen.

Rauchende Krokodile

Zu mir kommt im Februar 1988 eine 56jährige Patientin, die seit ihrem 20. Lebensjahr an einer chronischen Bronchitis leidet und seit ihrem 24. Lebensjahr eine starke Raucherin ist. In diesen langen Jahren lebt die Patientin mit vielen codeinhaltigen, schleimlösenden und bronchienerweiternden Medikamenten.

Und sie bleibt eine starke Raucherin. Ihr Mann schickt sie zum Abgewöhnen des Rauchens zu mir, obwohl er selbst ein starker Raucher ist. Er will sein Rauchen erst aufgeben, wenn er seinen Vorrat von 1200 Zigaretten verpafft hat, und jede dieser Zigaretten ist für ihn ein kleines Sargnägelchen, denn er hatte bereits einen Herzinfarkt, und er weiß, daß Nikotin seine Herzkranzgefäße verengt. Zur Zeit der Therapie bei mir hat die Patientin Besuch von einer rauchenden schwangeren Bekannten und deren stark rauchendem Ehemann, der aber von seiner Frau erwartet, daß sie während der Schwangerschaft nicht mehr rauchen möge.

In Hypnose gebe ich dem rauchenden Ehemann meiner Patientin, der rauchenden schwangeren Besucherin und ihrem rauchenden Ehemann Krokodilgesichter mit einer Zigarette im Maul. Und von diesen Krokodilen wird die Patientin in Hypnose verfolgt. „Das Krokodil will Sie küssen." -„Hau ab!" - Abwehrende Hände, keuchender Atem. Sie geht nach Hause und verbannt den Ehemann mit seinem Krokodilgesicht, das rauchend ihre Bronchien herauszureißen droht, in die hinterste Ecke des Gartens zum Komposthaufen. Dort darf er noch rauchen. Die rauchenden Besucher mit den halluzinierten Krokodilgesichtern werden aus dem Haus geekelt und brechen ihren Besuch ab.

Vater Staat - ein rühriger Zuhälter

Ich lasse aber auch sehr laut den Bundesfinanzminister fordern, daß er zum Ausgleich seines Milliarden-Haushaltsloches auf jeden einzelnen Raucher und auf jede einzelne Zigarette angewiesen ist. Mit leise piepsender Stimme, so klein, wie es auf jeder Zigarettenpackung steht, lasse ich den Bundesgesundheitsminister warnen: „Rauchen gefährdet Ihre Gesundheit." Die hypnotisierte Patientin läßt an beiden Bundesministern kein gutes Haar.

Vater Staat zieht sich unglaubwürdig aus der Affäre, indem er die Tabakindustrie bei ihrer Werbung zu einer sehr klein gedruckten Warnung verpflichtet. Würde der Finanzminister nicht durch den gesundheitsschädlichen Nikotinkonsum beachtliche Steuergelder kassieren, müßte das Gesundheitsministerium - anstatt der sehr klein gedruckten Warnung - auf jede Tabakware einen großen Totenkopf plazieren. Ich will aber nicht oberlehrerhaft meinen Zeigefinger erheben, denn ich rauche selbst. Wie im auf „anti-smoking" eingestellten Amerika wird auch bei uns bald jeder Raucher Freiwild werden.

Nikotinsucht durch Handauflegen heilbar?

Zum Schweizer Handaufleger HERMANO MICHEL wallfahrten bis Ende 1973 wöchentlich über 400 Raucher aus Deutschland und aus der Schweiz. Der Handaufleger hält einen kurzen Vortrag über die krankmachende Wirkung des Rauchens und legt dann jedem einzelnen Klienten einen Finger an ein von ihm erfundenes Raucherzentrum am Kopf. Nach fünf Jahren sind noch etwa 43 der so Behandelten von ihrem Laster befreit; durch eine Therapie von wenigen Minuten Dauer. Anzumerken ist, daß HERMANO MICHEL Mitte der 40er Jahre in der Schweiz ein bekannter und erfolgreicher Bühnenhypnotiseur ist. In der Nachkriegszeit verdient er offenbar leichter als Heiler sein Geld. Aber bezüglich der Wirtschaftlichkeit (jeder Klient hat 50 Schweizer Franken zu bezahlen) ist HERMANOS Handauflegen unter allen Anti-Nikotin-Maßnahmen einsame Spitze, denn es gibt sicherlich kaum dauerhaftere Erfolgsquoten als die des Handauflegers HERMANO MICHEL.

Kein Plädoyer für einen gesunden Lebenswandel

„No smoking, no drinking, no woman. Just relax and amuse yourself!“ Das ist ein beliebter Ratschlag nicht nur amerikanischer Ärzte für ihre Patienten. Wie man sich im Patriarchat oder heutzutage im „Matriarchat“ ohne Rauchen, Trinken und ohne das andere Geschlecht amüsieren soll? Auch ich rate meinen Patienten öfter: „Rauchen sollten Sie nicht! Trinken sollten Sie nicht! Sie sollten fettarm essen!“ Wenn ich dann den männlichen Patienten den nicht ganz ernsthaften Macho-Rat zur Ersatzsünde gebe: „Schaffen Sie sich eine Freundin an!“, dann antworten die Herren der Schöpfung in der Regel: „Wissen Sie, Herr Doktor, das geht auch nicht mehr. Ich habe doch keine Lust, mich auf meine alten Tage zu blamieren.“ Im Matriarchat“ stehen die starken Frauen unter weniger Erfolgszwang - in dieser Beziehung.

Hypnosetherapie zum Nichtrauchen zu benutzen ist mit einem Hubschrauberflug zum Einkaufen vergleichbar. Ein guter Hypnosetherapeut hat viel wichtigere Arbeit, als Menschen zum Nichtrauchen zu führen. Aber bei einigen von uns ist das Nichtrauchen lebenserhaltend, lebenswichtig. Für diese - mit dem Totenkopf gekennzeichneten Raucher - bin ich als Hypnotiseur letzte Anlaufstation.

Spastisch obstruktive Bronchitis bei Lungenemphysem

„Sehr geehrter Herr Dr. Bernard,
ich begann, als ich 14 Jahre alt war, zu rauchen. Mir war damals nicht bewußt, wie schädlich das Rauchen ist, und ich hatte auch keinen Grund, dieses anzunehmen. In den Nachkriegswirren, als auch der Hunger uns plagte, war das Rauchen eine willkommene Abwechslung. Und als alles vorbei war, und alles sich normalisierte, und ich dem Sport wieder nachging - ich spielte Handball und war ein Judoka -, merkte ich, ohne dem Rauchen die Schuld hierfür zu geben, daß meine Leistungen nachließen. Es begann, daß Erkältungen mich plagten, ich bekam eine schwere doppelseitige Lungenentzündung. Ich wanderte nach Australien aus, und meine Anfälligkeit für Erkältungen war wie weggeblasen. Ich kam 1959 nach Europa zurück. Auch zurück kam aber meine Anfälligkeit für Erkältungskrankheiten. Nun begannen in zunehmendem Maße die Besuche beim Arzt. Man fragte nach dem Rauchen, und daß es besser sei, dieses zu unterlassen. Ich habe seitdem in großräumigen Abständen immer wieder versucht, das Rauchen einzustellen. Es ist mir nicht gelungen. Im Jahre 1978 begab ich mich erstmalig in lungenfachärztliche Behandlung, und bei einer großen Lungenfunktionsprüfung kam das böse Erwachen. Die Diagnose lautete spastisch obstruktive Bronchitis bei Lungenemphysem. Ich wurde in eine Lungenheilstätte in Davos eingewiesen, dort ging es mir für kurze Zeit besser. Doch das Grundübel, dessen war ich mir nun bewußt, war nicht beseitigt, das Rauchen. Heute lebe ich mit Medikamenten und kann ohne diese auch gar nicht mehr sein. Besuche bei Heilpraktikern, homöopathische Mittel, Akupunktur und Spiralknöpfchen im Ohr blieben ohne den gewünschten Erfolg. Und ich kann als wahrscheinlich letzte Chance Sie nur bitten: helfen Sie mir."

Dieser an seinen Bronchien erkrankte Patient kann ohne eine Unmenge von Medikamenten nicht leben und muß zusätzlich rauchen.

Nach drei Behandlungen bei mir muß er schon beim Anblick von Zigarettenreklamen auf Straßen und Bahnhöfen husten und gegen Übelkeit kämpfen. Als er dann blutigen Schleim spuckt, läuft er zu seinem Lungenfacharzt, und dieser läßt mich bitten, den von mir in Hypnose gesetzten Hustenreiz zu stoppen. Ich wandle daraufhin den Hustenreiz vorerst in einen Räusperzwang um.

Nach fünf Behandlungen ist der Patient endgültig geheilt. Leider wird er ein intoleranter Nichtraucher: er will sich auf eine einsame Berghütte zurückziehen. Aber auch da ist er sich nicht sicher, daß nicht einer dieser Raucherstinker ihn aufsuchen und zu cholerischen Ausbrüchen gegen das Rauchen bringen wird. Die Primärpersönlichkeit des Ex-Rauchers kann und will ich nicht in nur fünf Behandlungen verändern.

Nichtraucher sind in der Regel sektiererhaft intolerant. Raucher scheinen toleranter zu sein. Dennoch: Rauchen ist und bleibt ungesund!

Aversionstherapie gegen das Rauchen

Durch Aversionstherapie kann ich Patienten das Rauchen wirklich verleiden. Ich kann starken Rauchern suggerieren, daß die Zigarette nicht schmeckt, daß der Rauch übel riecht (etwa „nach verbrannten Lumpen"), daß der inhalierte Zigarettenrauch im Halse ein Kratzen hervorruft und auch die Bronchien reizt und zum unwiderstehlichen Husten führt. Ich kann Patienten in Hypnose so programmieren, daß das Wort oder der Gedanke an das Wort „Zigarette" einen üblen Geschmack im Munde wie nach vielem Rauchen macht und sogar Übelkeit im Magen hervorruft. Schon der Gedanke an eine Zigarette kann zum Hustenreiz führen und das gesprochene oder gedachte Wort der geliebten Zigarettenmarke kann gleich mehrere Hustenstöße erzeugen.

Das mit Abneigung verbundene Denken an das Wort „Zigarette" und das Denken an Zigarettenmarken darf ich natürlich nicht bei einem Tabakwarengroßhändler gebrauchen, der im Oktober 1987 zu mir zur Raucherentwöhnung kommt. Dieser Geschäftsmann würde nur noch hustend im Büro sitzen.

Sehr wirkungsvoll ist die Imagination, die ich einem Raucher gebe: er schaut in seine Bronchien und in sein Lungengewebe hinein und sieht sein Lungengewebe grau und nicht mehr rosafarben und sieht in seinen Bronchien viele kleine Ruß- und Teerteilchen, die so stark reizen, daß er jedes einzelne dieser Teilchen aushusten muß.

Auch hier wirkt schon der Gedanke hustenreizfördernd und ruft gleichzeitig einen starken Widerwillen hervor.

Sucht ist demütigend

Ein 70jähriger Patient hat einen Herzinfarkt erlitten. Es handelt sich um einen pensionierten Beamten, der zeitlebens Kettenraucher war. Nach dem Infarkt ist ihm das Rauchen streng verboten worden, denn bekanntlich verengt Nikotin vor allem auch die Herzkranzgefäße. Die Frau des Patienten erzählt mir, daß er sich nach dem Infarkt die filterlosen Zigaretten mit der Papierschere in vier Teile aufteilte, um sich viermal am Tag ein bis zwei Züge zu gönnen. Für mich eine demütigende Art zu leben. In der Folgezeit halbiert der Patient nur noch die Zigaretten, später werden es vier ganze Zigaretten am Tag, und nach drei Wochen ist er schon wieder bei täglich einer Packung Zigaretten angelangt, die er angeblich für sein Wohlbefinden braucht.

Aversionstherapie muß manchmal sanft sein

Die Ehefrau vereinbart einen Gesprächstermin bei mir. Es ist dem Patienten natürlich sattsam bekannt, daß ein erneutes Rauchen einen zweiten Herzinfarkt begünstigen kann. Schon wegen der Krankenvorgeschichte und des Alters des Patienten kann ich ihm versprechen, daß ich ihn im Gegensatz zu körperlich gesunden Patienten *sanft* entwöhnen werde. Wie auch bei anderen Aversionstherapien hebe ich den positiven Effekt des Nichtrauchens hervor. Ich lasse diesen Patienten sich in Hypnose seine Herzkranzgefäße weit und offen vorstellen. Ich darf natürlich *nicht* die Vorstellung der Herzkranzgefäße erleben lassen, wenn Nikotin sie verengt. Es wäre genauso falsch, als wenn ich einen Patienten einen Herzinfarkt nacherleben ließe.

Als Aversion sage ich dem Patienten in Hypnose, daß der Zigarettenqualm nach „verbrannten Autoreifen“ stinkt und er im Halse ein Kratzen verspürt, sobald er eine Zigarette raucht, und daß er mit dem heruntergeschluckten Rauch im Magen ein leichtes Übelkeitsgefühl bekommt. Mit diesem gefährdeten Patienten arbeite ich in Hypnose ganz subtil, auch ohne wirklich angezündete Zigarette.

Dieser 70jährige Patient raucht nach drei Behandlungsterminen nicht mehr, obwohl er viele Jahrzehnte lang Kettenraucher war.

Bei weniger akut gefährdeten Patienten lasse ich mir immer die eigenen Zigaretten mitbringen, damit die Patienten nicht glauben, daß ich ihnen Zigaretten anbiete, die mit irgendeinem Stoff präpariert sind und deshalb schlecht riechen, schlecht schmecken oder zum Husten oder zu Übelkeit führen.

Ich wiederhole mich: Auch bei einer Raucherentwöhnung muß ich mich als Arzt den gegebenen Umständen anpassen und könnte mit einer starken Aversionstherapie bei einem gefährdeten Patienten schwerwiegende Schäden setzen.

Nicht nur aus Gesundheitsgründen

Zu mir kommt ein Raucher, 25 Jahre alt, verheiratet, von Beruf Vertreter. Seine Frau will sich wegen seines Rauchens scheiden lassen. Nicht nur, weil sie Nichtraucherin ist. Ihr Mann greift früh nach dem Weckerklingeln zur ersten Zigarette und als letzte Bewegung vor dem Einschlafen drückt er eine Zigarette im Aschenbecher auf dem Nachttisch aus. Sie will sich scheiden lassen, wenn ihr Mann nicht das suchthafte Rauchen einstellt. Nun hat dieser Vertreter schon alles mögliche zum Abgewöhnen des Rauchens versucht. Nichts hat geholfen. Immer muß er sich eine Zigarette anstecken, wenn er vor einem Geschäft hält, um dort Waren anzubieten. Nach zwei süchtigen Zügen drückt er dann die Zigarette im Autoaschenbecher aus. Er ist hektisch, er ist fahrig und kribbelig.

Diesen Raucher befreie ich von seiner Sucht, obwohl vorerst kein gesundheitlicher Grund vorliegt. Er sieht sich in Hypnose glücklich mit seiner Frau, ruhig und gelassen und erfolgreich im Beruf. Es bleibt auf Dauer so.

25. Kapitel

Der Alkoholiker lügt auch in Hypnose

Auch Hypnotisierte können lügen. Sie können erfundene Erlebnisse erzählen, können Einzelheiten aus ihrer Kindheit berichten, die sie sich immer wieder selbst eingeredet und so stark vorgestellt haben, daß ihre Wunschvorstellungen wie wahre unterbewußte Erinnerungen wirken. Der erfahrene Hypnosetherapeut wird das aber merken.

Auch ein alkoholsüchtiger Patient kann sehr wohl in Hypnose lügen. In der Psychiatrie gilt das alte Wort aus Erfahrung: der Alkoholiker lügt. Auch mich haben während der Hypnosetherapie schon Alkoholiker belogen. Da die Therapie des Alkoholismus auch eine Aversionstherapie ist, habe ich als Hypnosetherapeut schaurige Möglichkeiten, einem Alkoholiker das Lügen zu verleiden. Nur muß ich natürlich mein Belogenwerden erst entlarven.

Hypnose ist Teufelskram

Die Frau eines Klempners findet nach einer der ersten Behandlungen einen Flachmann unter dem Bett ihres Mannes und erzählt mir das. „Wann haben Sie zuletzt getrunken?“ frage ich den Patienten. Der Klempner lügt in Hypnose: „Bei der Konfirmation vor zwei Wochen.“

Das geschieht vor vielen Jahren, als ich gerade in einer Boulevardzeitung etwas über die letzten Henker Deutschlands lese. Ich werfe den Mann in Hypnose ins Gefängnis und lasse ihn wegen seiner Lüge zum Tode verurteilen. Der Patient schreit, weint, lügt aber standhaft. Als sein Kopf unter dem Fallbeil liegt, sagt er die Wahrheit. Der Patient ist von diesem Tag an trocken. Aber seine Frau kommt zu mir und macht mir Vorwürfe: „Was haben Sie bloß mit meinem Mann für grauenhafte Dinge gemacht?“ Die Frau meines Patienten hat offensichtlich vergessen, daß sie mir vor ein paar Wochen gesagt hat, daß sie sich von ihrem Mann trennen will, wenn ich ihm nicht das Trinken abgewöhne. Der Klempner selbst sagt die weiteren Behandlungen ab.

Seine Begründung: „Hypnose ist Teufelskram." Aber er trinkt seitdem keinen Alkohol mehr.

Entgiftung und Entziehung

Es gibt unter uns viel mehr Alkoholabhängige, als es Zahlen sagen. Der übliche Weg eines Alkoholikers, der sich mit Hilfe seiner Krankenkasse und Sozialversicherung von seiner Sucht befreien lassen will, sind vier Wochen stationäre Entgiftungsbehandlung und eine sechsmonatige psychotherapeutische Entziehungskur. Nach langjähriger Praxiszeit kann ich sagen, daß die Erfolgsquote niedrig liegt, die Rückfallquote ist trotz dieser kostenintensiven und zeitaufwendigen Behandlung groß. Ein Grund für die hohe Rückfallquote ist wahrscheinlich der, daß der Suchtpatient nicht in seiner gewohnten Umgebung behandelt wird, sondern unter Sanatoriumsbedingungen. Auch wird bei Entziehungskuren zu viel schematisiert und zu wenig persönlichkeitsbezogene Therapie betrieben. Das ist bei der Behandlung nur Alkoholsüchtiger auch verständlich, auch Therapeuten werden bei immer gleichartigen Patienten zu Robotern.

Das Kausalitätsbedürfnis des Alkoholikers ist groß

Jeder, der krank wird, sucht nach einem Grund für seine Krankheit. Wenn jemand Schnupfen hat, glaubt er in der Regel, daß er an diesem oder jenem Ort „Zug bekommen" und sich erkältet hat. Genauso erklärt der Alkoholiker in phantasievollsten Begründungen, warum er - und das ist häufiger - eigentlich gar kein Alkoholiker ist. Selten kommt der Alkoholiker zu mir mit seiner festen Überzeugung, daß er Alkoholiker ist. Er trinke, weil es ihm schmeckt. Er trinke aus Langeweile, er trinke aus Einsamkeit. Ganz selten wird ein Alkoholiker zugeben, daß er morgens die ersten Schlucke tun *muß,* damit seine Hände nicht zittern.

Auch die von mir behandelten Alkoholiker haben in der Regel eine Reihe von Therapien hinter sich. Sie waren in Entziehungsanstalten der Krankenkassen, der Sozialversicherung und auch in Entziehungsanstalten auf privater anonymer Ebene. Sie haben Akupunktur und Zelltherapien gegen Sucht über sich ergehen lassen, sie waren bei Therapeuten der verschiedensten Couleur. Zu mir kommen auch Gruppenleiter und Sprecher von verschiedenen

Selbsthilfegruppen der Anonymen Alkoholiker, die rückfällig geworden sind und es dort in ihrer Vorbildfunktion für die Gruppe nicht eingestehen wollen. Diese Selbsthilfegruppen der Anonymen Alkoholiker oder anderer Vereinigungen sind sicherlich nützlich, auf der anderen Seite wird dort zuviel im Kreis geredet, zuviel Nikotin und zuviel Kaffee konsumiert und leider auch gelogen. Das alte Psychiaterzitat ist richtig: der Alkoholiker lügt.

Ich ersetze den scheinbaren Gewinn des Alkohols

Einen Alkoholiker zu therapieren ist grundsätzlich eine undankbare Aufgabe. Obwohl ich Hypnosetherapie des Alkoholabhängigen für wirkungsvoll halte, glaube ich, daß auch nach Hypnosetherapie ein Alkoholiker nach mehreren „trockenen" Jahren dennoch rückfällig werden kann. Bleibt ein Alkoholiker immer ein Alkoholiker?

Der Alkoholiker will wie jeder andere Süchtige im wesentlichen ausdrücken: *„Die einzige Möglichkeit ist für mich allein der Alkohol."* Der Alkohol bietet Flucht vor Unangenehmem, ersetzt Kameradschaft, Liebe und vieles mehr. Solange nicht irgendein anderes Verhalten Gewinn bringt, werden Alkoholiker immer zum Alkohol zurückkehren.

In der Behandlung des Alkoholismus muß ich bemüht sein, daß der scheinbare Gewinn durch Alkohol von irgendeiner anderen Aktivität übernommen wird: Alkoholiker können Kameradschaft, Liebe, Anerkennung in Hypnose erleben und Versagensängste abbauen, ohne sich hierfür betrinken zu müssen. Ich muß herausfinden, welche spezifischen Bedürfnisse der einzelne Patient hat.

Alkoholiker torkeln nahe dem Delir in meine Praxis

Zu mir kommen oft Alkoholiker zur Behandlung mit einem Alkoholspiegel von über 0,8 ‰. Genaueres kann mir mein Alco-Testgerät nicht sagen.

Eine junge Frau torkelt im Dezember 1985 in Begleitung ihrer Eltern in meine Praxis. Sie ist nahe dem Delir, und ich brauche kein Alco-Testgerät um zu erkennen, daß sie betrunken ist.

Sie ist mit einem bekannten Rechtsanwalt verheiratet. Sie ist groß und schlank, doch ihr blondes Haar ist stumpf, ihre Fingernägel sind abgebrochen, sie ist ungepflegt. Ich schicke sie mit ihren Eltern wieder weg - der Vater ist ein Kollege von mir und lasse sie überwachen, bis sie nüchtern ist. Am nächsten Tag ist sie immer noch unkonzentriert und fahrig. Ich weiß, daß sie eine gute Tennisspielerin war, lasse sie ihre Augen schließen und sich vorstellen, wie sie lange weite Grundlinienbälle schlägt. Das beruhigt sie und entspannt sie. Nach der ersten Hypnosebehandlung erzählt sie von ihrem Leben: ihr Mann sei auch Alkoholiker und brauche gegen das Ziffern seiner Hände schon morgens einen Cognac. Sie sind gemeinsam jahrelang von Freitagnachmittag bis Montagfrüh zu Sauforgien in ein malerisches Künstlerdorf gefahren. Ist es vorstellbar, daß man von Freitagabend bis Sonntagabend nur Alkohol konsumiert?

Der Anwalt schickt seine Frau mehrmals zu privaten Entziehungskuren und jedesmal, wenn sie zurückkommt, reicht er ihr ein Glas Cognac zur Begrüßung, und jedesmal trinkt sie das Glas Cognac aus und wird danach von ihrem Mann verprügelt, weil er ja wieder umsonst Geld ausgegeben hat.

Sie berichtet, daß sie sich nachts von Taxifahrern hat Alkohol vom Hauptbahnhof holen lassen, daß sie früh in den Milchgeschäften in der ganzen Umgebung die erste Kundin ist, nicht um Milch, sondern um Alkohol zu kaufen. Während der Behandlung bei mir findet sie beim Aufräumen immer wieder ihr unbekannte Alkoholverstecke. Sie hat nie geahnt und gewußt, wo überall sie einmal Alkohol versteckt hat.

Diese Frau trinkt nicht mehr, ist aber mittlerweile geschieden.

Erbrechen durch Hypnose per Telefon

Ich therapiere Alkoholiker in der Regel mehrere Monate lang und führe sie auch danach noch an der langen Leine als Patienten weiter. Gerade der Alkoholiker braucht einen Ansprechpartner in erneuten schwierigen Lebenssituationen. Mir fällt ein Alkoholiker ein, der sich telefonisch bei mir meldet und um einen Termin bittet, weil er gerade wieder rückfällig geworden ist.

Ich hypnotisiere diesen Patienten per Telefon und gebe ihm den Auftrag, sofort zur Toilette zu gehen und dort so lange zu erbrechen, bis der letzte Tropfen Alkohol aus seinem Magen entfernt sei. Ich habe auswärts einen Termin und kann mich mit dem Patienten erst in drei Stunden in meiner Praxis treffen. Nach drei Stunden erwartet mich der Patient schon vor der Praxistür, gelb und grün im Gesicht. Er stammelt und fleht: „Befreien Sie mich, befreien Sie mich!“ Nach dem Aufschließen der Tür bitte ich ihn herein, und er läuft als erstes auf die Praxistoilette, um wieder zu würgen, denn erbrechen kann er ja nichts mehr, weil sein Magen längst leer ist. Ich hole dem Patienten einen Eimer mit etwas Wasser, stelle ihn neben ihn und führe mit meinem Patienten ein Gespräch. Dieses Gespräch wird dauernd vom Würgen und Brechreizversuchen meines Patienten unterbrochen. Als Therapeut darf ich kein Mitleid zeigen. Diese drei Stunden des Dauererbrechens befreien den Patienten endgültig vom Genuß von Alkohol. Während der nächsten Wochen führe ich mit ihm therapeutische Gespräche und entlarve seine *angeblichen* Ursachen des Alkoholismus und räume sie aus der Welt. Der Patient ist seit mehr als zehn Jahren trocken.

In Hypnose mit den Augen der Angehörigen

Die Ehefrau eines Alkoholikers beschreibt mir ihren Mann so: „Nüchtern ist er scheußlich. Wenn er wenig getrunken hat, ist er ganz nett. Betrunken ist er unerträglich. Und meistens ist er betrunken.“

Der Alkoholiker sieht sich nie mit den Augen, mit denen seine Familienangehörigen ihn sehen. „Gib uns etwas von der Kraft, uns selbst so zu sehen, wie andere es tun“, hat der schottische Dichter ROBERT BURNS geschrieben. Ich kann in Hypnose den Patienten in seine unter ihm leidenden Familienangehörigen hineinversetzen. Er kann in Hypnose seine Frau sein, seine Mutter sein, jedes einzelne Kind sein und nunmehr als Betroffener des Alkoholikers leben und reagieren. Irgendwann sagt er mir dann, daß und wie seine Familie seinetwegen leidet. Ich suggeriere dem Alkoholiker, daß er seine Frau ist. „Wie vertragen Sie sich mit Ihrem Mann?“ -„Grauenhaft, seit Jahren säuft er. Er wäscht sich nicht. Er stinkt. Er schlägt mich, auch die Kinder. Er ist wahnsinnig eifersüchtig, weil er impotent ist.“ Der Alkoholiker steigert sich in die Rolle seiner Frau. Er weint und schluchzt still in sich hinein. „Was hat das für Vorteile, wenn Ihr Mann nicht mehr trinkt?“ Er lächelt sanft, als seine Frau sagt er: „Er ist wie früher. Und die Kinder haben auch keine Angst mehr vor ihm . . ."

Und irgendwann sieht er dann wirklich die ganze Abscheulichkeit seines Alkoholismus mit den Augen seiner Angehörigen. Das ist eine meiner zusätzlichen Möglichkeiten, einen Alkoholiker zu heilen und auch zu resozialisieren.

Wieder trinken können, ohne sich zu betrinken?

Ich suche neue Wege, Alkoholiker zu *heilen.* Heilen bedeutet: der früher Alkoholsüchtige kann wieder trinken, ohne sich zu betrinken. Er kann in eine Kneipe gehen, einen Schnaps trinken und dann wieder gehen. Ich möchte den alten Grundsatz „Einmal ein Alkoholiker, immer ein Alkoholiker" über den Haufen werfen können. Erst dann kann ich von einer *Heilung* des Alkoholikers sprechen. Das ist mein Ziel.

26. Kapitel

„Berufskranke“

Ich zitiere den Autor MENNINGER aus „Man Against Himself“: „Man kann feststellen, daß Patienten häufig nicht gesund werden wollen. Auch ihre besorgten Verwandten wollen das nicht. Der Arzt muß häufig nicht nur gegen Krankheiten, Bakterien und Giftstoffe ankämpfen, sondern auch gegen verkehrte Einstellungen der Patienten selbst.“

Nur auf Druck und Betreiben ihrer Angehörigen kommen auch zu mir Patienten, die sich mit dem Schicksal ihrer Krankheit nicht nur abgefunden haben, sondern die geradezu ihre Krankheit zum Leben brauchen. Ausschließlich wegen ihrer Krankheit wird ihnen vom Ehepartner, von Verwandten und von Nachbarn Zuwendung entgegengebracht. Ich bezeichne solche Patienten als „Berufskranke“. Krankheit ist für diese Patienten ein „Gewinn“.

Wollen alle Patienten, die in ein Krankenhaus eingewiesen werden, dort gesund werden? Viele gehen ins Krankenhaus, um unerwünschten häuslichen oder beruflichen Schwierigkeiten zu entgehen.

Das Fernsehen will helfen

Ein Redakteur einer Fernsehanstalt ruft mich vor ein paar Jahren an und avisiert mir eine Patientin, die ihn in größter Not angerufen hat: sie habe unerträgliche Schmerzen. Die Patientin trägt sogar ein Gerät unter der Haut, das dauernd schmerzlindernde Medikamente abgibt, weiß der Fernsehmann und ist beeindruckt. Er fragt mich, ob mich diese schmerzgeplagte Frau mal anrufen dürfe, denn sein Sender helfe immer seinen Hörern und Zuschauern. Die Patientin ruft mich am nächsten Vormittag an und erzählt mir ausführlich ihre Krankengeschichte: sie hat trotz Behandlungen in Universitäts- und Schmerzkliniken ständig wechselnde starke Schmerzen in allen Körperbereichen. Zur Zeit habe sie Schmerzen im Mund, besonders heftig in der Zunge. Als ich antworte, daß ich ihr sämtliche Schmerzen mit meiner Hypnosetherapie nehmen werde, wird es am anderen Ende der Telefonleitung ganz still. Als ich nachfrage, ob sie noch am Telefon sei, bejaht sie etwas kleinlaut diese Frage und fügt schnell hinzu, daß sie mich anrufen wird. Bis heute habe ich von dieser Patientin nichts mehr gehört: es wäre wahrscheinlich für sie das Schlimmste geworden, endlich jemanden gefunden zu haben, der ihr alle für ihr Leben so wichtigen Schmerzen genommen hätte.

Ein Gelähmter kann sich bewegen

Im Rollstuhl wird mir kürzlich ein 50jähriger Patient gebracht, der vor zwei Jahren einen Schlaganfall erlitten hat und dessen linker Arm und linkes Bein gelähmt geblieben sind. In Hypnose kann er seinen linken Arm heben und auch sein linkes Bein vom Tritt des Rollstuhls heben. Nachdem ich ihn wecke und auch seine Frau wieder ins Behandlungszimmer rufen lasse, eröffne ich ihm: „Sie wollen gar nicht gesund sein! Sie brauchen Ihre Krankheit zum Leben." Er protestiert aufs heftigste, kann aber nicht erklären, warum sein linker Arm und sein linkes Bein nach der kurzen Hypnose in einer anderen Stellung sind als vorher. Aus der Halbseitenlähmung nach einem Schlaganfall ist eine hysterische Lähmung geworden. Diesen Patienten behandle ich nicht: auch er braucht seine Krankheit zum Leben, wie andere die Luft zum Atmen.

Es ist manchmal nicht einfach, die „Berufskranken" unter den anderen Patienten herauszufiltern. je erfahrener man ist, um so schneller gelingt es. Man verschleißt sich unnötig an solchen Patienten, und man hat letztendlich keinen Therapieerfolg. „Berufskranke" brauchen ihre Krankheit zum Leben. Ihnen ist keine andere Möglichkeit gegeben oder geblieben, die Liebe, Zuneigung, die Aufmerksamkeit ihrer Familie und ihrer Mitmenschen auf sich zu lenken.

Hysterische Lähmungen-
Klassiker der Hypnosetherapie

Die Pioniere der Hypnosetherapie heilen im vorigen Jahrhundert vor allem hysterische Lähmungen. Aber nach einiger Zeit haben ihre Patienten irgendeine neue Krankheit, ein neues Symptom, ein neues Problem. Diese Symptomverschiebung muß ich unbedingt zu vermeiden suchen. Man wirft der Hypnosetherapie immer wieder vor, daß sie nur Symptome behandle, heile. Es gelingt aber auch Patienten ohne Hypnosetherapie, ein neues Symptom zu finden, das denselben Zweck, dieselben Vergünstigungen schafft wie das vorherige Symptom. Hinter jedem Fehlverhalten steht ein unterbewußter Zweck.

Bei einer hysterischen Lähmung, von der man sagt: „Das ist seelisch bedingt", kann ich in Hypnose die Lähmung von einem Arm in den anderen wandern lassen. Wenn der Patient geht, ist der ursprünglich gelähmte Arm beweglich und der gesunde Arm gelähmt. Um die Verwirrung noch zu vergrößern, kann ich die Lähmung noch vom anderen Arm weiter in ein Bein wandern lassen. Der Patient geht dann humpelnd, aber beide Arme funktionieren einwandfrei. Der Patient wird irritiert und fragt sich irgendwann, ob das Problem, das er hat, wirklich ein körperliches sein kann, und nicht doch etwas mit seiner Seele zu tun hat.

Oft sind Patienten mit hysterischen Lähmungen in die Kategorie der „Berufskranken" einzuordnen. Doch scheinen Patienten mit hysterischen Lähmungen seltener geworden zu sein als vor 100 Jahren.

„Sie können mir auch nicht helfen"

Öfter kommt ein Patient: „Ich kann mir nicht vorstellen, daß *Sie* mir helfen können. Ich kann mir überhaupt nicht vorstellen, gesund zu werden. Mir konnte noch niemand helfen."

Jetzt folgt eine Auflistung früherer Therapien und verschlissener Therapeuten. Heilpraktiker, Geistheiler und andere obskure Therapeuten fehlen dabei selten. Ich schaue einen solchen Patienten dann ruhig an, nicke mit dem Kopf: „Sie haben vollkommen recht. Sie werden sich im Leben nie etwas vorstellen können, was Ihnen helfen könnte, nicht die allerkleinste Besserung." Ich behalte im Auge, wie der Patient reagiert. Wenn es sich um einen „Berufskranken" handelt, der seine Krankheit zum Leben braucht - ausschließlich wegen seiner Krankheit wird ihm Zuwendung entgegengebracht -, wird er kaum dementieren. Einen „Berufskranken" brauche ich nicht endgültig davon zu überzeugen, daß er ein unheilbar Kranker ist - er weiß es längst. Selten kommt die klägliche Zusatzfrage: „Könnten Sie es mit mir nicht doch mal versuchen?" Dann gibt es auch für ganz festgefahrene „Berufskranke" eine winzige therapeutische Möglichkeit.

Noch nicht „berufskrank“

Zu mir kommt im November 1987 eine 56jährige Patientin, die an zeitweiligen Lähmungen und Taubheitsgefühlen im rechten Fuß und im rechten Arm leidet. Neurologischerseits ist die Patientin gesund, es gibt keine Ursache für diese Lähmungserscheinungen. Systemerkrankungen des Nervensystems sind mehrfach ausgeschlossen worden. Aufgetreten sind diese Beschwerden erstmalig nach dem Tode der Mutter der Patientin vor dreieinhalb Jahren. Auch bei dieser Patientin ist es in Hypnose leicht möglich, die „Schwäche“ von der rechten Hand und vom rechten Bein in die linke Hand und in das linke Bein wandern zu lassen. Auch ein Beweis für eine *seelische* Erkrankung, und meine Patientin beginnt über ihre Krankheit kritischer nachzudenken.

Als Kind wird meine Patientin von Dienstboten beaufsichtigt und bekommt Streicheleinheiten von diesen anstatt von Mutter und Vater, denn die Eltern haben als Opernsänger nie Zeit für ihre Tochter. Sie selbst ist völlig unmusikalisch und bringt es später „nur“ zum Beruf einer Sekretärin. Die Mutter liebkost nicht und kann nicht zärtlich sein, aber sie tadelt oft.- weil das Kind nicht gern turnt - was eine Vorliebe der Mutter in deren Jugend ist - und weil die Tochter eine schlechte Schülerin ist und sogar einmal sitzenbleibt. Später erscheinen der Mutter alle sich der Tochter anbietenden Partner nicht standesgemäß, nur widerwillig akzeptiert die Mutter endlich einen Partner der Patientin: die 24jährige darf einen 28 Jahre älteren Mann heiraten. Sie ist mit dem viel älteren Partner gottlob glücklich, bis zu dessen frühzeitiger völliger Verkalkung. Verwirrt begießt er alle Blumen mit seinem Urin, und es stinkt in der Wohnung wie in einem Pissoir. Meine Patientin pflegt den Ehemann bis zu dessen Tode. Nach dem Tode des Ehemannes und des Vaters zieht die Mutter der Patientin zur Tochter.

Die Mutter wird von jetzt an zum ständigen Mittelpunkt aller Bemühungen meiner Patientin. Die Mutter erpreßt die Patientin mit ihren Krankheiten: sie leidet an starkem Asthma bronchiale mit einer Lungenblähung und an einer Herzschwäche. Die Mutter ist - wie die meisten Künstler - zeitlebens egozentrisch. Bei allen Familienfeiern, auch beim 50. Geburtstag meiner Patientin, ist die Mutter der Mittelpunkt, und das fällt sogar der Familie meiner Patientin auf, obwohl die Mutter mit ihrem Charme immer alle Gäste zu bestricken weiß.

Warum bekommt die Tochter nach dem Tod der Mutter ihre hysterischen Lähmungen? Das Unterbewußtsein der Patientin informiert nach dem Tod der Mutter falsch und leitet falsch. Nach der Pflege des 28 Jahre älteren Ehepartners und nach der Pflege der Mutter -darin besteht bisher das Leben meiner Patientin - will die Patientin von ihrem jetzt neuen Partner auch einmal bemitleidet, gestreichelt und gepflegt werden. Sie nimmt sich ihre hysterischen Lähmungen wie andere ihre Migräne. Sie kann nicht mehr allein gehen, sie muß von ihrem Partner wenigstens untergehakt und gestützt werden. In Hypnose kann ich wie schon erwähnt - die Lähmungen von der einen Extremität in die andere wandern lassen und so der Patientin zeigen, daß es sich um keine echten Lähmungen handelt.

Ich erläutere der Patientin die Zusammenhänge: sie will unter Zuhilfenahme einer Krankheit in den Mittelpunkt des Lebens ihres Partners und der Familie rücken. Ich mache ihr deutlich klar, daß sie diesen falschen Weg nicht nötig hat. Das unterbewußt (= automatisch) gewordene Fehlverhalten wird in Hypnose unwirksam gemacht. Die Patientin wird von ihrem Beschwerdekomplex einer hysterischen Lähmung befreit.

Krebsangst wandert in den linken Fuß

Eine 49jährige Patientin leidet an einer Krebsphobie. Sie hat vor drei Jahren schimmelige Marmelade gekostet und ausgespuckt, nun ist sie überzeugt: „Davon bekommt man Krebs!“ Im Hals- und Mundbereich treten Trockenheit, Brennen, Schmerzen und Rötung auf und als schließlich noch ein paar Pickel erscheinen, denkt sie: „jetzt hast du Krebs.“ Alle Ärzte nennen sie gesund, eine Hellseherin muß ihre Gesundheit bestätigen. Heilende Hände, Geistheiler, Heilpraktiker können ihr auch nicht helfen. Ich lasse in der vierten Hypnosesitzung die Schmerzen in den linken Fuß der Patientin wandern, und es wundert sie nicht - warum eigentlich nicht? -, daß Trockenheit, Brennen, Schmerzen, Rötung und später auch Pickel in und auf dem linken Fuß erscheinen und im Mund- und Halsbereich verschwinden.

Selbstverständlich hat sie im linken Fug jetzt starke Schmerzen und verläßt mich humpelnd.

Rentenneurose, Unfallneurose

Der augenscheinlichste Gewinn einer zweckhaften Neurose liegt im Streben nach einer Rente. Gutachter sprechen vom Rentenneurotiker. Allen Ärzten sind Patienten bekannt, die sich querulierend in unerquickliche Rentenkämpfe einlassen. Aber die Zuerkennung einer Rente fixiert jede Neurose und macht jegliche weitere Psychotherapie unmöglich. Heilverfahren werden dauernd gewährt und helfen dem Neurotiker, sein Gesicht zu wahren, denn keines dieser Heilverfahren ist erfolgreich.

Ähnliches trifft auf sogenannte Unfallneurosen zu. Unfallneurosen und Rentenneurosen sind sogenannte Begehrungsneurosen, diese Patienten wünschen nicht geheilt zu werden, sie brauchen ihre Krankheit zum Erreichen ihres Begehrens.

Die Krankheit der „Berufskranken“: Kranksein

Manchen ist es unverständlich, daß ich von mir als „Berufskranke“ bezeichnete nicht behandle, denn die Krankheit dieser Patienten sei es ja gerade, „krank“ zu sein. Ich kann mich bei meiner Antwort auf diese Frage nur wiederholen: Auch ich muß mich damit abfinden, daß es Kranke gibt, die ihre Krankheit zum Leben brauchen, denn solche Menschen glauben, nur wegen ihrer Krankheit werde ihnen Zuneigung entgegengebracht. Diese Kranken haben vergeblich alle anderen Möglichkeiten ausprobiert, die ihnen Anerkennung und Liebe hätten bringen können. Sie sind geborene Opfer, geborene Nieten. Ihnen ist nur Krankheit geblieben, zum Daseinszweck geworden und mit ihrer Krücke - Krankheit genannt - gehen sie durchs Leben. Ich will und kann solchen Menschen ihre Krücke nicht wegnehmen, denn diese Menschen sind ohne ihre jahre- oder jahrzehntelange Krankheit noch weniger lebenstüchtig. Sie belasten finanziell die Solidargemeinschaft aller Krankenversicherten und aller Sozialversicherten, und sie strapazieren das Mitgefühl ihrer Ehepartner, ihrer Verwandten, Freunde und Nachbarn. Sie sind für mich keine Herausforderung, ich lasse ihnen ihre Krankheit, weil es für diese armen Mitmenschen die einzige Möglichkeit ist, zu leben - doch mit den Augen eines Gesunden: dahinzuvegetieren.

Ich kann diesen Patienten als Therapeut nicht helfen. Doch ein ungeheuer starker und gewaltiger Anstoß im Leben eines solchen Patienten kann zu einer schicksalhaften Veränderung und zu einer Spontanheilung führen. Dieser kleine Hoffnungsschimmer bleibt.

Es gibt keine unheilbaren Krankheiten, wohl aber unheilbar Kranke.

27. Kapitel

Das Verbrechen in Hypnose gibt es

Man kann schon mit einem Schlafenden in Rapport kommen. Man kann sich mit Hypnose ganz ohne Wissen der betroffenen Person in deren Bewußtsein einschleichen. Das ist kriminalistisch bedeutungsvoll.

Hypnosemißbrauch für kriminelle Zwecke gab es und gibt es, und er ist nicht nur denkbar. Sittlichkeitsverbrechen an Hypnotisierten sind immer wieder beschrieben worden. Erpressung oder Nötigung, Entführung von Menschen, Diebstahl und Raub, Betrug und Unterschlagung, Mord und Selbstmord können durch Hypnose und in Hypnose möglich werden. Durch Hypnotisierte begangene Verbrechen kamen und kommen vor.

Im Zeitraum zwischen 1850 und 1950 ist das Thema „Verbrechen in Hypnose" von großem öffentlichen Interesse. Aus dieser Zeit datieren auch die meisten Fälle der beschriebenen Verbrechen in Hypnose. Alle diese Fälle werden damals in den Zeitungen und in der Öffentlichkeit heiß und ausgiebig diskutiert: immer wieder wird in Hypnose gemordet, immer wieder werden Sittlichkeitsdelikte an hypnotisierten Mädchen und Frauen begangen. Damals ist das Wort Hypnose die große Ausrede und Schutzbehauptung: „Ich weiß von der ganzen Sache nichts. Ich muß wohl hypnotisiert gewesen sein." Die Masse liebt damals Hypnose-Schauergeschichten im Zusammenhang mit Verbrechen und Strafprozessen. Kenner und Nichtkenner der Hypnose werden zu Sachverständigen erkoren und sind in der Regel gegenteiliger Meinung. Dennoch müssen Gerichte entscheiden: Schuldig oder nicht schuldig?!

Hypnoseverbrechen ist heutzutage in Deutschland auch in Strafprozessen kein Thema mehr. Das Interesse der Öffentlichkeit hat sich heute vom Hypnoseverbrechen abgewandt, und das ist auch gut so. Hypnose ist in der Hand eines Könners eine ganz scharfe Waffe, im positiven wie im negativen Sinne. Man kann mit Hypnosetherapie quasi bisher Unheilbare heilen, aber auch hypnotisierte Menschen zu Verbrechen mißbrauchen und damit als Hypnotiseur selbst zum Verbrecher werden. Die Frage, ob es Verbrechen in Hypnose gibt, muß anders gestellt werden: Kann ein Hypnotiseur mit Hilfe der Hypnose Verbrechen begehen? Ist es möglich, den Charakter eines Menschen durch fortgesetzte hypnotische Beeinflussung so zu verändern, daß er ein Verbrecher wird? Diese Fragen sind zu bejahen.

Wann Verbrechen in Hypnose?

Bei der Verbindung zwischen Hypnose und Verbrechen herrscht auch heute noch in der Öffentlichkeit *viel Kriminalromantik. All*tagsverbrechen durch Hypnotisierte und an Hypnotisierten sind sicher selten. Das heißt aber nicht, daß sie nicht möglich sind.

Verbrechen in Hypnose werden möglich, wenn:
1) der Hypnotiseur mit allen nur denkbaren Tricks und Raffinessen arbeitet,
2) der Hypnotiseur gewissenlos und verbrecherisch veranlagt ist und
3) der Hypnotisierte eine starke Suggestibilität besitzt.

Für alle Verbrechen an Hypnotisierten oder durch Hypnotisierte ist *der einfache hypnotische Befehl oder posthypnotische Auftrag zum Verbrechen nicht ausreichend.*

Voraussetzungen zum Hypnoseverbrechen

Verbrechen in Hypnose hat bestimmte Voraussetzungen:
1) *Wer soll* hypnotisiert werden? Wie stark suggestibel, wie gut hypnotisierbar ist diese Person?
2) *Wie wird* das Medium hypnotisiert? Mit aller zur Verfügung stehenden Technik? Mit aller Raffinesse? Mit allen Tricks?
3) Der vielleicht entscheidende Punkt: *Wer hypnotisiert?* Die Persönlichkeit des Hypnotiseurs, seine persönliche Macht kann auch verbrecherisch wirken.

Der Hypnotiseur als Verbrecher muß auch alle Eigenschaften besitzen, die bei einem auch sonst erfolgreichen Hypnotiseur vorausgesetzt werden. Er muß die Technik der Hypnose bis in alle Feinheiten beherrschen und in der Auswahl geeigneter Opfer Erfahrung besitzen. Er muß mit ungewöhnlichen

Sperrworten, komplizierten Sperrhandlungen, posthypnotischen Falschaussagen arbeiten können. Er kann zur Erschütterung der Glaubwürdigkeit des Hypnotisierten diesen als geistig nicht normal erscheinen und beurteilen lassen. Die meisten Hypnotiseure halten die Suggestion für das Wesentliche der Hypnose überhaupt, und sie nutzen zusätzlich die posthypnotische Suggestion. Die hypnotische Suggestion besteht darin, daß der Betreffende das ihm in Hypnose Aufgetragene im Zustande der Hypnose ausführt. Die posthypnotische Suggestion: der Hypnotisierte führt den Auftrag nach Beendigung der Hypnose aus.

Ich glaube, daß die einfache direkte Suggestion allein nicht die Macht ist, welche alle in uns ruhenden intellektuellen und moralischen Kräfte zu überwältigen vermag, um einen Hypnotisierten zum Verbrechen zu bringen.

Gibt es das Verbrechen in Hypnose doch nicht? Bleibt unser sogenanntes gutes Gewissen auch im hypnotisierten Zustand wach und wirksam? Sperrt sich das Unterbewußtsein gegen kriminelle Suggestionen? Diese Meinung wird von jedem übernommen, der ein Hypnosebuch schreibt.

Man hat vielfach den Grundsatz aufgestellt, daß man niemanden - auch nicht in der tiefsten Hypnose - etwas ausführen lassen kann, was seiner Veranlagung und seiner Ethik zuwider läuft. „Moralische Hemmungen" sind ein gegenseitig abgeschriebenes oder übernommenes Schlagwort gegen das Verbrechen in Hypnose, mehr nicht. Und hier liegt nach meiner Meinung der springende Punkt: Wer es als Hypnotiseur fertigbringt, alle diese Hemmungen sozusagen *abzulenken* oder wegzuzwingen, der macht den Weg frei, dem Hypnotisierten Taten zuzumuten, die er im wachen Zustande nie und nimmer ausführen würde.

Die Ablenkung der Aufmerksamkeit durch den Hypnotiseur auf abseitige Gebiete spielt wohl die entscheidende Rolle beim Verbrechen in Hypnose.

Ich bin davon überzeugt, daß es das Verbrechen in Hypnose gibt. Der Hypnotiseur, der das in Zweifel zieht, sollte auch seine Fähigkeiten und Möglichkeiten in Zweifel ziehen. Manchmal ist nicht einmal das Sprechen eines einzigen Wortes nötig, um zu hypnotisieren, sondern nur der gedachte Wille. Mir erscheint es möglich, durch perfekte hypnotische Dressur auch einen charakterfesten Menschen zu kriminellen Handlungen zu verleiten, der auch dann noch strafbare Handlungen begeht, wenn der unmittelbare Einfluß der Hypnose fortgefallen ist. Mit Zustimmung des Hypnotisierten - wie bei Spionagetätigkeiten - sind Hypnotiseur und Hypnotisierter gleichermaßen Täter.

Das Thema *Hypnose und Verbrechen* beinhaltet vor allem drei Themenkreise:

1. von Hypnotisierten begangene Verbrechen,
2. an Hypnotisierten begangene Verbrechen,
3. Aufklärung von Verbrechen mit Hilfe der Hypnose.

Kriminalhypnotische Experimente

Um die Jahrhundertwende werden von Ärzten und Juristen unzählige Versuche gemacht, um zu beweisen, daß Totschlag und Mord in Hypnose möglich sind.

Ich selbst mache keine Hypnoseversuche mit wirklich kriminellen Aufträgen, weil ich auch als Versuch solche hypnotischen Spielereien für hart an der Grenze des Zulässigen erachte. Posthypnotische kriminelle Suggestion ist ein unerlaubter Eingriff in die persönliche Freiheit des einzelnen. Für einen kriminell veranlagten Menschen könnten solche Versuche zu einer Aufforderung zum Tanz werden.

Aber kriminalhypnotische Experimente reizen jeden Hypnotiseur: Wie manipulierbar ist der Mensch? Auch ich mache harmlose Experimente an Patienten und Versuchspersonen aber mit Zurückhaltung. Schon hypnotische und posthypnotische Suggestionen reichen aus. Es handelt sich einerseits um unsinnige Aufträge: „Sie wünschen morgen am Mittwoch ihrem Nachbarn um 9.00 Uhr einen schönen Sonntag!“ Oder ich lasse posthypnotische „Eigentumsdelikte“ („Als-ob-Diebstähle“) innerhalb der Familie begehen: dem Ehemann die geliebten Zigaretten „klauen“ oder ähnliches mehr. Ich muß aber eingestehen, daß ich als bekannter Hypnotiseur eine besondere Autorität genieße und mir solche Experimente leichter gelingen, selbst wenn Kranke heutzutage längst nicht mehr unbedingt die Anordnungen ihres Arztes befolgen.

Einer meiner Arzthelferinnen erteile ich den posthypnotischen Befehl, mir während der Sprechstunde einen meiner Kugelschreiber zu „klauen“. Die Kugelschreiber auf meinem Schreibtisch sind von mir mit Heftpflaster gekennzeichnet, da meine Mitarbeiterinnen des öfteren auf meinem Schreibtisch liegende Kugelschreiber benutzen und unbeabsichtigt mitnehmen. Ich beobachte während der Sprechstunde meine Arzthelferin und bewache gleichzeitig die von mir gekennzeichneten Kugelschreiber mit Argusaugen. Dennoch gelingt es meiner Helferin - von mir nicht bemerkt - , einen meiner Kugelschreiber in ihre Kitteltasche zu stecken. Nach der Sprechstunde fragte ich dann nach, wie und wann das möglich war: „Es war richtig blöd. Ich wußte, daß der Befehl idiotisch ist, aber ich *mußte* ihn ausführen.“

Mit gut suggestiblen, aber labilen Versuchspersonen erscheinen mir schon Experimente mit „Als-ob-Diebstählen“ als ein Spiel mit dem Feuer. In der Literatur werden Fälle beschrieben, bei denen den Diebstahlsuggestionen als hypnotisches Experiment wirkliche Diebstähle folgten. Hypnoseexperimente als Auslöser zu einer zweifelhaften kriminellen Karriere?

Verbrechen an Hypnotisierten

Ein Hypnotiseur kann Verbrechen an Hypnotisierten begehen. Dabei sind oft unbegründete Anschuldigungen von Sittlichkeitsverbrechen das häufigste. Bei Vergewaltigungen an Hypnotisierten sollte man aber kritisch an unerwünschte Schwangerschaft, Erpressungsversuche und sexuelle Wunschträume von Hysterischen denken. Die Zahl anderer Delikte an Hypnotisierten bleibt weit hinter denen der Sittlichkeitsdelikte zurück.

Selbst wenn man berücksichtigt, daß manche Fälle sogenannter Sittlichkeitsdelikte ausscheiden, weil eine Einwilligung des „Opfers“ vorliegt, und das Märchen hypnotischer Beeinflussung nur erfunden ist, um einen Fehltritt zu mystifizieren und der Umwelt gegenüber weiterhin makellos dazustehen oder auch um den Hypnotiseur zu erpressen; es bleiben dennoch genug Fälle übrig, deren Echtheit außer Frage steht. Von allen Autoren wird die Möglichkeit von Sittlichkeitsdelikten in Hypnose bejaht, auch von denen, die die Gefahren der kriminellen Hypnose sonst als sehr gering beurteilen.

Anzumerken ist: Mir ist jetzt im Zeitalter der Gleichberechtigung kein Fall bekannt wo ein Mann von einer Frau in Hypnose sexuell mißbraucht worden sein soll. Dabei lese ich häufiger von vergewaltigten Männern durch Frauen, aber nie im Zusammenhang mit Hypnose.

Bei Sexualdelikten handelt es sich in vielen Fällen um mißbrauchte Frauen, die sich im Wachzustand niemals vom Hypnotiseur verführen lassen würden. Daher läßt sich auch dessen hypnotischer Einfluß bei der Vergewaltigung nicht leugnen. Solche Frauen haben oft nur bewußte Hemmungen gegen sexuelle Angriffe und sind durch Erziehung, durch gesellschaftliche und religiöse Einflüsse nur in einem bewußten Widerstand. Das Unterbewußtsein übernimmt aber nicht immer alle bewußten Hemmungen, so daß in Hypnose bei direktem Kontakt mit dem Unterbewußtsein die strafbare Handlung durch keinen Widerstand behindert wird. Es braucht also durchaus nicht eine labile Persönlichkeit zu sein, die zum Opfer wird. Sexuelle Delikte erscheinen aber auch in Hypnose unmöglich, wenn das Bewußtsein des Opfers derart intensive Gegenvorstellungen moralischer oder religiöser Art hat, daß diese auch im Unterbewußtsein fest verankert sind. Das Unterbewußtsein ist zu knacken, nach meiner Meinung aber nicht von einem primitiven Hypnotiseur, der zum Sexualtäter werden will.

Wie könnte ein Sexualdelikt überhaupt in Hypnose möglich werden? Der Täter könnte zunächst versuchen, das Opfer durch Suggestionen irrezuführen. Wenn ich einer weiblichen Person in Hypnose etwa sagen würde, sie sei zu Hause und sie aufforderte, zu Bett zu gehen, so ist ihr ein Motiv suggeriert worden, sich zu entkleiden. Die Gewohnheit, sich im eigenen Zimmer ungeniert vor dem Schlafengehen auszuziehen, spielt dabei eine große Rolle. Wenn sich das weibliche Wesen entkleidet, so ist damit allerdings noch nicht gesagt, daß es auch unsittliche Handlungen dulden würde. Hier würden doch womöglich unterbewußte Hemmungen auftreten und ein Erwachen oder abwehrendes Verhalten zur Folge haben. Die Hemmungen können nun dadurch ausgeräumt werden, daß man suggeriert, man sei der Liebhaber, Partner oder der Ehegatte der Hypnotisierten. Der Täter könnte auch den Weg wählen, daß er Sympathien und Erwiderungen suggeriert. Es ist wahrscheinlich, daß ein mieser Hypnotiseur so eher zum Ziel kommt, als wenn er sozusagen mit der Tür ins Haus fällt und sein Opfer einfach suggestiv zur Duldung von unzüchtigen Handlungen auffordert.

Hypnose ist als Mittel zur *Verführung* denkbar. Verführung setzt aber voraus, daß Mann oder Frau im Gegenüber elementare Gefühle geweckt hat. Da beginnt die Schwierigkeit für den Hypnotiseur: irgend etwas Außergewöhnliches sollte er schon ausstrahlen. Nur Bart und wallendes Haupthaar werden wohl keine Frau verliebt machen. Bei einem Nichts an Vorbedingungen findet Liebe eben nicht statt.

Sexuelle Hörigkeit streift das Gebiet der hypnotischen Suggestion, gehört aber dennoch nicht dazu. Die in Fällen von Liebe maßgeblichen Sympathiebeziehungen sind Naturerscheinungen seltsamer Art, liegen aber außerhalb des Bereiches der Hypnose.

Perfekter Mord ist als Selbstmord getarnt

Viele Autoren der Blütezeit der Hypnose *(1850-1920)* bejahen die Möglichkeit, den Tod eines Menschen durch hypnotische Suggestion unmittelbar herbeizuführen oder einen Menschen zum suggerierten Selbstmord zu veranlassen.

Es ist auch möglich, Verbrechen gegen Leben und Gesundheit Hypnotisierter zu begehen. Daß verbrecherische Hypnose sogar unmittelbar den Tod herbeiführen soll, wird öfter in der Literatur beschrieben. Ein Hypnotiseur kann schon durch Suggestion Gesundheitsstörungen bewirken: er kann auch in Hypnose ganz nach Belieben den Puls beschleunigen oder verlangsamen und damit auf Herz und Kreislauf so stark einwirken, daß der Tod eines Hypnotisierten möglich erscheint.

Ein Hypnotiseur kann eine unheilbare Krankheit suggerieren. Auch posthypnotisch behält der Hypnotisierte die Vorstellung von seiner unheilbaren Krankheit und kann daran sterben. Es ist denkbar, einem Hypnotisierten einen derartigen Abscheu vorm Essen und Trinken zu suggerieren, daß er den Hungertod stirbt. Durchaus denkbar ist es aber auch, daß der Hypnotisierte sich selbst tötet, indem man ihm eine kriminelle Suggestion gibt, etwa: das Fensterbrett seines Zimmers sei eine Wiese und er solle die vor ihm stehenden Blumen pflücken. Der Hypnotisierte wird aus dem Fenster stürzen. Mit Phantasie ist es nicht schwierig, viele solcher Möglichkeiten zu finden. Rechtlich ganz unerheblich ist hierbei die Tatsache, daß der Hypnotisierte selbst mitgewirkt hat. Der Hypnotiseur macht sich stets in allen diesen Fällen als Täter strafbar.

Testament zugunsten des Hypnotiseurs?

Erpressung durch Hypnose soll es immer wieder gegeben haben. Es sollte einem Hypnotiseur nicht schwerfallen, sich von einem Hypnotisierten verpflichtende Urkunden wie Wechsel, Schuldscheine oder Schenkungsurkunden ausstellen zu lassen und dem Hypnotisierten posthypnotisch sogar noch zu suggerieren, daß er völlig frei und unbeeinflußt gehandelt habe. Auch das Zerreißen eines von dem Hypnotiseur ausgestellten, in den Händen des Hypnotisierten befindlichen Schuldscheines oder Wechsels kann ein Hypnotiseur erreichen. Aber der Beweis der Erpressung dürfte keine Schwierigkeiten machen. Der Hypnotiseur kann fast jeden Vermögensvorteil von dem Genötigten bekommen. Eine gewisse Schwierigkeit hinsichtlich der rechtlichen Beurteilung liegt dagegen dann vor, wenn der Hypnotisierte ein Testament zugunsten des Hypnotiseurs macht. Mit Recht ist bemerkt worden, daß gerade diese Art des Mißbrauchs der Hypnose am sichersten ist. Solche Fälle sind selten aufgedeckt worden.

Aufklärung von Verbrechen durch Hypnose?

„Es ist nicht zu übersehen, wie ungeheuer bei Anwendung der Hypnose an Arbeitskräften und Auslagen gespart werden könnte, wieviel Meineide von Zeugen verhindert werden könnten und wie viele bei dem jetzigen Verfahren unvermeidliche Irrtümer in der Strafjustiz vermieden werden würden. Die Zahl der unschuldig Verurteilten würde sich stark mindern, umgekehrt die Zahl der Schuldigen, die wegen mangelnden Beweises nicht verurteilt werden können, auf ein Minimum herabsinken“, schreibt 1918 ein Amtsgerichtsrat aus Frankfurt am Main. Der Amtsgerichtsrat *übertreibt* und beurteilt die Hypnose zur Aufklärung von Verbrechen falsch.

Neben meiner Praxistür parkt mein Auto. Ich lasse des öfteren solche Patienten in Hypnose den Eintritt in die Praxis wiederholen, von denen ich annehme, daß sie keine Autofreaks sind und zu Kraftfahrzeugen keine emotionale Bindung haben. Der Patient halluziniert nochmals den Eintritt in die Praxis und wirft dabei einen Blick auf mein Autokennzeichen, das er vor dem Hypnotisieren nicht kannte, und sich offensichtlich auch nie dafür interessiert hat. Der hypnotisierte Patient kann in der Regel mein Autokennzeichen „ablesen“. Die Autokennzeichen unfallflüchtiger Fahrer werden in Amerika mittels Hypnose häufiger ermittelt. Die hypnotische Hypermnesie - so bezeichnet man die abnorm gesteigerte Gedächtnisleistung in Hypnose - kann auch Einzelheiten oder Täter eines Verbrechens genau beschreiben lassen und eine Aufklärung möglich machen. Solche Aussagen in Hypnose geben jedoch nur Hinweise, dürfen nicht als Beweismittel gelten, denn unter diesen Erinnerungen können auch Pseudoerinnerungen auftreten. Und oft sind dabei Hypnotisierte von der Authentizität ihrer Erinnerungen überzeugt.

Bedeutung: Es bestehen keine gesetzlichen Möglichkeiten, Angeklagte oder Zeugen zum Zwecke der Wahrheitsfindung zu hypnotisieren. Ein Straffälliger ist zwar gegen seinen Willen hypnotisierbar, aber er kann auch in Hypnose lügen, wenn er tatsächlich etwas zu verbergen hätte. Der Drang zur Lüge kann im Unterbewußtsein stark verankert sein. Auch ein Alkoholiker oder Drogensüchtiger hat die starke Neigung zu lügen, auch in Hypnose. Hinzu kommt, daß hier gegen Grundsätze der Strafprozeßordnung verstoßen wird. Der Angeklagte darf nicht zur Aussage gezwungen werden. Er ist vielmehr berechtigt zu schweigen, das Gericht hat Beweislast. Dies darf dem Angeklagten nicht durch Gewalt entzogen werden, und eine solche stellt ja die Hypnose in dem Falle auch dar. Es würden sich daher sogar Richter oder Staatsanwälte, welche mißbräuchlicherweise die Hypnose als Zwangsmittel anwenden, des Amtsverbrechens der Aussageerpressung schuldig machen. An Zeugen wäre Hypnose nur im Vorverfahren anwendbar.

Rüstungs-Forschung mit Hilfe der Hypnose?

ALEXANDER SOLSCHENIZYN behauptet, daß die ehemalige Sowjetunion nicht nur im Sport und in der Medizin Hypnose anwendet: „Wir wissen zuverlässig, daß es in den dreißiger Jahren bei der russischen Geheimpolizei eine Schule für Hypnotiseure gab.“ Der strategische Einsatz der Hypnose bei der Roten Armee und bei der Weltraumfahrt wird als Staatsgeheimnis weiter gehütet.

Das Verbrechen in Hypnose gibt es

Hypnose kann bei einem skrupellosen, aber uneingeschränkt qualitativ guten Hypnotiseur zum Rasiermesser in der Hand eines Affen werden.

Ich wiederhole mich: *Ich bin davon überzeugt, daß es das Verbrechen in Hypnose* gibt. Der Hypnotiseur, der das in Zweifel zieht, sollte auch seine Fähigkeiten in Zweifel ziehen. Es erscheint mir möglich, durch perfekte „hypnotische Dressur" auch einen charakterfesten Menschen zu einem Kriminellen zu machen, der auch dann noch strafbare Handlungen begeht, wenn der unmittelbare Einfluß der Hypnose fortgefallen ist. *Aber beim Verbrechen in Hypnose ist immer der Hypnotiseur der Täter.*

28. Kapitel

Gibt es Selbstheilungen?

Man kann lesen, daß neutrale Ärztekommissionen in peinlich genau durchgeführten Untersuchungen etwa 5000 Heilungen im französischen Wallfahrtsort Lourdes als unerklärbar bezeichnet haben. Die katholische Kirche hat davon nur 65 Heilungen durch das Wasser aus der Grotte als Wunder anerkannt. Seit 1858 ist Lourdes Wallfahrtsort und jährlich pilgern heute etwa zwei Millionen Kranke in den 18 000-Einwohner-Ort. Im Widerspruch zu allen medizinischen Erfahrungen verschwanden bei den 65 „Wundern" Leiden wie Blindheit infolge Atrophie des Sehnerves, Krebs im letzten Stadium, oder sogenannte unheilbare Nervenerkrankungen auf eine nicht zu erklärende Weise und innerhalb von 24 Stunden auf Dauer. Sind diese Heilungen auf das Eingreifen außerirdischer Mächte zurückzuführen? Hat die Mutter Gottes geheilt?

Ich denke, es gibt niemanden, der leugnet, daß es Wunderheilungen gibt. Nach meiner Überzeugung sind sie Resultate eines unerschütterlichen Glaubens an himmlische oder auch irdische Kräfte, oft mit bildhaften Vorstellungen (Imaginationen und Visualisierungen) verbunden, daß man so ist, wie man sein möchte und sein wird: gesund. Die immer wieder bildhafte Vorstellung spielt auch bei meiner Hypnosetherapie eine Hauptrolle. Im umgekehrten Sinn stellen sich leider viele Menschen vor, krank zu sein und bleiben es auch. Wunderheilungen sind das Ergebnis eines unbedingten Glaubens daran, daß Gesundheit eintreten wird. Und in diesem unbedingten Glauben an das Gesundsein und Gesundwerden ist nirgendwo Platz für den kleinsten Zweifel, der unerschütterliche Glaube wird zum festen inneren Wissen. Wunderheilungen sind der stärkste Ausdruck einer Autosuggestion, Wunderheilungen sind Selbstheilungen.

BERNHEIM glaubt auch an die echten in Lourdes erzielten Heilungen. Er nennt sie nur nicht Wunder, sondern sieht sie als Ergebnis seiner religiösen Suggestion im Vergleich zu hypnotischen Suggestionen.

„Es geht mir in jeder Hinsicht von Tag zu Tag immer besser und besser!“

Dieser Satz des französischen Apothekers COUÉ, einem Meister und Lehrer der Selbsthypnose und Autosuggestion, schließt alles ein. Diesen Satz gebe auch ich meinen Patienten mit. Sie sollen ihn quasi beten wie ein Katholik seinen Rosenkranz. Dazu bedarf es überhaupt keiner Betonung. Man kann den Satz denken, besser: vor sich hin murmeln oder auch wie ein Schauspieler deklamieren. Ich murmele den COUÉ-Satz öfter beim Rasieren, wenn mir bei der lästigen täglichen Prozedur nichts anderes einfällt.

Darf ich am Wert des Autogenen Trainings rütteln?

Die von J. H. SCHULTZ aus der traditionellen Hypnosetherapie entwickelte Technik des Autogenen Trainings wird heute an beinahe jeder Volkshochschule und auch bei vielen Heilverfahren (sogenannten Kuren) gelehrt. Das Autogene Training ist für mich ein zudeckendes suggestives psychotherapeutisches Verfahren, das die Tendenz zu übertriebener Selbstbeobachtung fördert. Erstaunlicherweise ist mir bis heute noch kein Patient begegnet, der das Autogene Training wirklich beherrscht: denn er soll nicht nur in guten Zeiten einzelne Übungen des Autogenen Trainings beherrschen, sondern vor allem zu Zeiten des Krankseins.

„Schreiben ganz gleichgültig. . .“

1988 heile ich einen damals 58jährigen Patienten, der seit 15 Jahren an einem Schreibkrampf leidet.

Der Schreibkrampf beginnt während eines Heilverfahrens. Als der Patient die Rückerstattung der Reisekosten quittieren soll, wird seine Unterschrift krickelig. Dieses zwangsneurotische Verhalten stabilisiert sich: Ob im Büro eine gemeinsame Geburtstagskarte unterschrieben werden soll, oder ob er beim Einwohnermeldeamt auf seinen neuen Personalausweis seinen Namen schreiben soll, bei allen solchen Gelegenheiten kann der Patient nicht mehr unterschreiben und krickelt nur etwas Ähnliches als seinen Namenszug aufs Papier. Wenn irgendeine wichtige Unterschrift bevorsteht, nimmt der Patient morgens eine Schlaftablette, ein Barbiturat.

Er ist jahrelang bei mehreren Psychologen in Behandlung, erlernt angeblich das Autogene Training und memoriert: „Schreiben ganz gleichgültig, Schreiben ganz gleichgültig. . .“Aber leider wird auch durch jahrelanges Autogenes Training das Schreiben für ihn nicht gleichgültig.

Warum damals der Schreibkrampf bei diesem Patienten begann? Ich weiß es nicht, ich brauche es auch nicht zu wissen, um den Patienten davon zu befreien. Angstneurosen sind ähnlich strukturiert, die persönliche Geschichte eines Patienten wird zur Mythologie und ist für den Heilerfolg ohne Bedeutung.

Ist Meditation stärker als Autogenes Training?

Bei mir lernen die Patienten während der Hypnosetherapie meditative Entspannungsübungen. Ich halte es für völlig falsch, einen Patienten beim Autogenen Training sich selbst suggerieren zu lassen, daß sein Herz ruhig und gleichmäßig schlägt, wenn er sein Herz doch überhaupt nicht spürt. Wenn wir Gesundheit als einen Zustand völligen körperlichen und seelischen Wohlbefindens definieren, merken wir von unserer Körperlichkeit nur Bedürfnisse wie Durst und Hunger und den Drang, zur Toilette gehen zu müssen, schlafen zu müssen. Es ist für mich unverständlich, warum ich einen Patienten auf seine Atmung und seinen Herzschlag hinweisen soll, wo er doch als gesunder Mensch keinen Herzschlag spürt und auch nirgendwann das Bedürfnis hat, bewußt zu atmen. Der kranke Mensch neigt ohnehin dazu, zuviel in seinen Körper hineinzuhören. Wenn auch nur einer der Patienten, die zu mir zur Hypnosetherapie kommen, das Autogene Training wirklich in Zeiten körperlicher oder seelischer Not beherrschen würde, er käme nicht zu mir.

Entspannung durch einen Apparat?

Feedback-Geräte zur Entspannung und angeblich auch zur Therapie sind Ausdruck unserer seelenlosen, unpersönlichen, hochgelobten Apparate-Medizin. Ich erprobte ein Feedback-Gerät mehrere Wochen lang in meiner Praxis. Abgesehen davon, daß sich ein Patient einen Therapeuten als einen sich ihm zuwendenden Menschen und nicht als Gerät vorstellt, hatte ich nicht einmal bei jugendlichen Hochdruckkranken Erfolg. Und je ängstlicher Patienten wurden, um so lauter wurden die akustischen Signale, umso heller auch die Lichtsignale. Kurzum: ein Gerät, sei es auch noch so ausgeklügelt, kann schlecht Ruhe und Gelassenheit bringen. Der, der ruhig und gelassen ist, braucht diese Bestätigung durch ein Gerät nicht. Ich schlief unter dem Gerät regelmäßig ein.

Am 27. 04. 89 lese ich in der Zeitung „Die Welt“: „In diesem ‘Fitneßstudio für Psychoentspannung’ wird Wirklichkeit, was viele als Alptraum bezeichnen würden: die totale Reizüberflutung von Augen und Ohren: aus der Brille kommt rotes Blitzgewitter und die Ohren bedrängt ein Geräusch, wie vielfaches Freizeichen aus einer ganzen Batterie Telefonhörer. Ein elektronischer Sturmangriff fegt den Geist aus dem Kopf. Beim Selbsttest wurde die halbe Stunde unter Blitzen und Rauschen - die Session, wie sie im Entspannungscenter genannt wird - derartig anstrengend, daß eine Stunde danach sich noch Nebel über das Denken legte und mit ganz vorsichtigen Bewegungen wieder zu sich selbst gefunden werden mußte.“

Der Bund Deutscher Psychologen warnt zu Recht vor diesen „Mind-Maschinen“ die Streßabbau, Harmonie, Steigerung der Intelligenz und vieles mehr versprechen: beim Gesunden drohen Wahrnehmungs- und Konzentrationsschwächen, für Herz- und Kreislaufgeschädigte können diese Geräte durch die Veränderung des Herzschlages lebensbedrohlich werden, bei Epileptikern können Krampfanfälle ausgelöst werden.

Feedback mit dem Hypnotisierten

Wenn ich einem jungen Mann mit zu niedrigem Blutdruck das Foto eines halbbekleideten Mädchens vorlege, damit seine bewußte Aufmerksamkeit errege und sein Blutdruck in diesem Augenblick kontrollierbar ansteigt, habe ich eine Möglichkeit entdeckt, sich einen unterbewußten Vorgang abspielen zu lassen. Zwischen dem Foto des reizvollen Mädchens und einem ansteigenden Blutdruck kann ich solch ein Feedback natürlich viel schneller und fester verankern als durch ein Gerät oder als im alltäglichen Wachbewußtseinszustand. Bei Menschen mit einem gefährlich hohen Blutdruck kann ich im entgegengesetzten Sinn mit anderen angebotenen Bildern Blutdrucksenkungen herbeiführen.

Als Hypnotiseur arbeite ich selbstverständlich mit Feedback. Mein Verhalten muß ich dauernd auf das Feedback abstimmen, das ich von meinem Gegenüber bekomme. Ich muß mit meinem ganzen verbalen und nicht-verbalen Verhalten vermitteln, daß alles so eintreten wird, wie ich es wünsche und vielleicht sage. Und es wird eintreten.

Selbsthypnose ist möglich

Die Meinungen über Selbsthypnose gehen sehr weit auseinander.

In der Regel sollte man sich von jemand anderen hypnotisieren lassen, um den hypnotischen Zustand an sich selbst zu erfahren. Unter Fremdhypnose kann man Anweisungen empfangen, posthypnotische Suggestionen, die die Fähigkeit bringen, in Zukunft diesen Zustand auch selbst zu erreichen. Die Einleitung des Hypnose-Zustandes, als auch nachher des Selbsthypnose-Zustandes, kann durch ein posthypnotisches Signal ausgelöst werden. Die Empfänglichkeit für die Selbsthypnose geht darauf zurück, daß im Unterbewußtsein die Erfahrung bereits gemacht wurde und der Zustand auf dem Wege der Assoziation wieder eintritt.

„Du, mein Unterbewußtsein . ..“

Selbsthypnose kann sich einer guten Hypnosetherapie anschließen. Die Selbsthypnose soll der eigenen Weiterentwicklung dienen. Dazu erteilt man schon vor der Selbsthypnose dem Unterbewußtsein Aufträge. Man kann auch direkt - wie ich es sonst beim Patienten mache - sein Unterbewußtsein ansprechen: „Du, mein Unterbewußtsein, . . .“. Man legt vorher fest, welches Erleben man verändern will. Man kann sein Unterbewußtsein auffordern, mit Geräuschen bildlichen Vorstellungen und Körperempfindungen all die Gelegenheiten noch einmal wiederzuerleben, bei denen man besonders kreativ und erfolgreich war. Man kann ebenso das eigene Unterbewußtsein auffordern, in Zukunft ganz allein und spontan häufiger im Alltagsleben sich so zu verhalten wie bei früheren erfolgreichen Situationen im

Leben. Man kann also dem Unterbewußtsein vor Beginn der Selbsthypnose verschiedene Aufträge geben.

Jeder darf seinen unterbewußten Prozessen vertrauen und seinem Unterbewußtsein auftragen, erstens neue Verhaltensmuster an sich selbst zu entdecken und zweitens frühere erfolgversprechende Situationen öfter als bisher auftreten zu lassen.

Entscheidend ist, daß man in Selbsthypnose eine eigene Wirklichkeit aufbaut, die gründlich erarbeitet ist. Man darf sich keine unwirkliche oder „verrückte" Realität aufbauen, die letztendlich zu einer Psychose führen kann. Beim Aufbau der eigenen Lebenswirklichkeit muß man gründlich und sorgfältig vorgehen: konstruierte Wirklichkeiten, konstruierte Ziele sind nicht erstrebenswert.

Auch das Prinzip der Selbsthypnose sollte sein, sich zusätzliche Möglichkeiten zu verschaffen.

29. Kapitel

Hypnose und Sport

Sport und Künste sind ihrem Ursprung nach zum ästhetischen Vergnügen gedacht. Heute ist Sport - und vor allem der Spitzensport - kommerzialisiert, ein Industriezweig.

Die Grenze der körperlichen Belastbarkeit aller Spitzensportler ist durch beste Trainingsmethoden beinahe erreicht, auch die Technik ist kaum noch zu verbessern. Was zu tun möglich bleibt, ist die Verbesserung der geistigen und seelischen Leistung des Spitzensportlers. Man redet heute in fast allen Sportarten vom „Mentalen", und „Der Kopf" ist das neue Schlüsselwort. Der ehemalige Slalom-Spezialist CHRISTIAN NEUREUTHER meint: „Was den Ausschlag für Siege gibt, ist im Kreise der Weltklasse allein die mentale Komponente. Im Skisport ist nicht mehr das Material entscheidend, sondern die Psyche des Athleten."

„Hypnosedoping"?

1985 benutze ich diesen Begriff erstmals provokativ, aber in Anführungsstriche gesetzt. Sportpsychologen fürchten um ihre Pfründe, lassen die Apostrophierung weg und stufen die Hypnose völlig falsch als Doping-Maßnahme ein. „Traumhaft sicher - wie in Trance - wie hypnotisiert" - das bringt es auf den Punkt gegenüber dem Bla-bla-bla des Positiv-denken „wie nach guten psychologischen Gesprächen".

Eine meiner früheren Mitarbeiterinnen ist auf andere Weise nachdenklich. „Daß Sie mit Hypnose Kranke heilen, finde ich gut. Warum sollen aber Spitzensportler noch mehr verdienen?"

Mir stellt sich diese Frage nicht, denn ich programmiere auch Industriebosse und Manager.

Hic-Rhodos - hic salta

Der Sportler muß am Wettkampftag, zur Wettkampfstunde, zur Wettkampfminute in Form sein. „Hic-Rhodos, hic salta“ steht in meinem alten Lateinbuch.

„Tu ihn rein!“ hat man HORST HRUBESCH vor seiner HSV-Zeit im Ruhrpott angefeuert. Und er hat seine Tore einfach „reingetan“ ohne nachzudenken, ob es ein Volleyschuß, ein Schlenzer oder ein wuchtiger Kopfball werden soll. „Kleines dickes Müller“ (Originalton seines Trainers CJAKOVSKI) war auch kein Techniker und Dauerrechner, aber mit Torinstinkt begnadet. Als MÜLLER gefragt wird: „Was denken Sie beim Torschuß?“ antwortet er: „Mann, wenn ich denke, ist es schon viel zu spät.“ Ein Torjäger hat keine Zeit zum Denken: sobald er anfängt zu denken oder gar an sich zu zweifeln, ist er zum Mißerfolg verdammt.

Fußball-Nationalspieler KLINSMANN wird vom PLAYBOY gefragt: „Mentales Training?“ KLINSMANN: „Nee, ich schieße Tore.“ KLINSMANN hat jedoch vorher schon eingeräumt, daß das Selbstvertrauen für ihn das Wichtigste ist: „Wenn du an dich glaubst, kommst du locker am Gegner vorbei. Wenn du auch nur leichte Zweifel hast, bleibst zu hängen. Da kannst du noch so fit sein. Was hilft's da, wenn ich mich hinlege, die Augen zumache und mir vorsage: Ich bin der Größte, ich bin der Schnellste . . .“

Doch verbale Bekräftigungen und Bestätigungen, auch Affirmationen genannt, spielen im Sport eine wichtige Rolle. Der Boxer MUHAMMED ALI hat mit seinem Ausspruch „Ich bin der Größte“ wahrscheinlich die stärkste Affirmation in der Geschichte des Sportes.

„Ich kann als Sportler alles erreichen, was ich mir vorstellen kann“ ist eine Umwandlung eines Ausspruches des Herzchirurgen CHRISTIAAN BARNARD: „Der Mensch kann alles erreichen, was er sich in seiner Phantasie vorstellen kann.“

Geistige Barriere = die Traummeile

Es ist seit Jahrhunderten ein Traum, die Meile unter vier Minuten zu laufen. Es erscheinen immer wieder wissenschaftliche Publikationen darüber, weshalb es physiologisch unmöglich sei, die Meile unter vier Minuten zu laufen: die Lunge, der Blutkreislauf, die Muskeln, das vegetative Nervensystem des Menschen seien nicht so angelegt, daß ein Mensch so etwas schaffen könne.

1954 geschieht das Wunder: ROGER BANNISTER läuft die Meile unter vier Minuten. Und im gleichen Jahr brechen 37 weitere Läufer den Rekord, und im Jahr danach bleiben 300 Läufer unter vier Minuten.

Was ist geschehen? Es gibt keine bahnbrechenden Neuerungen beim Training, auch der menschliche Knochenaufbau hat sich nicht verändert, der Luftwiderstand ist nicht geringer geworden, und die Leistung der Lungen ist genauso ungenügend oder genauso gut wie vorher.

BANNISTER bricht mehr als den Weltrekord, er durchbricht die Mauer eines sich selbst beschränkenden Verhaltens. Die Barriere ist mehr geistiger als körperlicher Natur, mehr innerlich bedingt als biologisch vorgegeben. Die Einstellung der Menschen ändert sich. Nachdem BANNISTER der Rekordlauf gelungen ist, glaubt man den Experten nicht mehr. BANNISTER glaubt an sich und verändert die Welt, im Jahr danach tun es schon viele.

Ruf nach dem Psychologen - bei Mißerfolgen

Unsere Sportmediziner messen körperliche Daten und „spritzen Bänder, Muskeln und Gelenke gesund“. Der Sportler, der mit ihren schmerzstillenden Mitteln dann auch noch siegt, zählt zu ihrer Erfolgsbilanz! Die Seele des Sportlers ist den Sportmedizinern ziemlich gleichgültig - weil unbekannt. Einer lehnt das Autogene Training ab: „Ein gewisses Aggressionspotential ist besser als eine apathische Stimmung.“ Dieser Kollege hat keine Ahnung davon, daß Entspannung zur Konzentration auf die zu bewältigende sportliche Spitzenleistung das Gegenteil einer apathischen Stimmung ist.

Bei Mißerfolgen trotz guter Trainingsleistungen kann man immer wieder in der Presse lesen: „Wir brauchen jetzt die Hilfe vom Psychologen!“ Einzelne Sportler sollen immerhin das eben zitierte Autogene Training zur Leistungssteigerung benutzen. Sie sprechen dazu formelhafte Vorsätze wie: „Gegner gleichgültig. Ich bin ruhig und sicher. Spiele gut. Ich denke positiv!“

Natürlich stellen „negative“ Vorstellungen die Weichen zu sportlichen Niederlagen. Angst vor einer Niederlage oder die Angst vor Verletzungen hemmt. Wenn ich in den Tageszeitungen lese, wie vernichtend vor einem Wettkampf Sportler ihren „Angstgegner“ verbal besiegen, so meine ich, den kleinen Fritz im dunklen Wald singen zu hören: aber der kleine Fritz singt nicht im dunklen Wald, weil er mutig ist, sondern weil er seine Furcht vertreiben will.

„Ich bin noch nicht am Ziel, in mir steckt noch viel mehr als das bisher Erreichte. Ich vertraue meinen Fähigkeiten. Ich bin von Anfang an konzentriert. Ich habe nicht die geringste Angst vor den Zuschauern, den Fernsehkameras, der Zeitmessung oder vor einem Unfall.“ Dies sind oft Suggestionen, die von Psychologen verschiedener Couleur unseren Sportlern gegeben werden.

„Positiv nach vorn denken“ -„Progressive Muskelrelaxion“ „Selbstprogrammierung“ – „Fokussierung“ - „Optimale Leistung zum definierten Zeitpunkt“ sind weitere Ratschläge. „Supertraining“ (klingt besonders toll!) soll schon Tausenden von Spitzensportlern geholfen haben. Wo sind tausend Spitzensportler? Sportpsychologen konzentrieren ihre Arbeit vor allem auf die Trainingsphase, und das schafft „Trainingsweltmeister“.

Gängige Suggestionen von Sportpsychologen sind auch Imaginationen oder Visualisierungen wie: Sieh dich auf dem Treppchen! - Du siehst, wie du deinen Gegner besiegst!“ Eine Warnung: die Verwendung von Bildern weist Mängel auf, die manche Vorzüge wieder aufheben. Das visuelle Bild tendiert dahin, die Einmaligkeit von Situationen stärker zu betonen, als es in Wirklichkeit der Fall ist. Die Kombination verschiedener Bilder erfolgt bei uns sprunghaft und nicht so geordnet, wie es in der Regel Gedanken sind. Ein Beispiel illustriert das: NAPOLEON soll gesagt haben, daß diejenigen zum Befehlen ungeeignet seien, die sich von allem Bilder machen. Ein Kommandeur, der in einen Kampf zieht mit einem Bild vor Augen, wie diese oder jene Schlacht ausgehen wird, wird wenige Minuten nach dem Aufeinandertreffen der Streitkräfte feststellen, daß etwas schiefgegangen ist. Dann wird sein inneres Bild zerstört, er hat nichts in Reserve als ein neues, anderes Bild, das ihm ebenfalls nicht lange hilft.

Alles das nennt man bei uns die psychologische Betreuung des Spitzensportlers.

Warum kritisiere ich? Was mache ich anders, besser? Die oben genannten Suggestionen sind alle richtig, aber zu allgemein. Und welcher Sportler hat schon in sich die Möglichkeiten, diese Autosuggestionen zu verwirklichen? Das Unterbewußtsein von nur sehr wenigen hat Möglichkeiten, Wege zu finden, Wunschvorstellungen Wirklichkeit werden zu lassen. *Ich begleite in Hypnose methodisch* den Sportler auf unterbewußten Wegen, auch mit notwendigen Zwischenschritten zum gewünschten Ziel.

Mentales Training? Psychotraining?

In den USA spricht man heute für Sportler von *mentalem Training* (gedankliche Vorbereitung). Diese Nomenklatur beweist, daß man etwas Bewußtes meint, denn unter „Mens" versteht der Lateiner immer etwas Bewußtes. Andere reden vom *Psychotraining* und verwischen die Begriffe noch mehr. „Mens" kommt aus dem Lateinischen und bedeutet „Geist", „Psyche" kommt aus dem Griechischen und bedeutet „Seele".

In dem Buch „Psychotraining für Sportler" von JOHN SYER und CHRISTOPHER CONOLLY lese ich als Kernsatz: „Wenn du weißt, was du tust, kannst du tun, was du willst." Der Sportler, der diesem Rat folgt, ist falsch beraten. Ich möchte diesen Satz dahingehend verändern, umkehren: „ Wenn *dir nicht bewußt ist, was du tust, kannst du alles tun, was du willst."*

Der Sportler soll sich im *Training bewußt machen,* wie eine Bewegung abläuft, und er kann eine wenig wirkungsvolle Bewegung entlarven, das alte Gewohnheitsmuster durchbrechen und den Bewegungsablauf neu und wirkungsvoller organisieren. DasTrainieren von Bewußtem bis zum Überdruß verlagert dann die Bewegungsmuster ins Unterbewußtsein und speichert sie dort. Das Bewegungsmuster wird automatisiert - der Sportler schaltet auf Autopilot.

Wenn sich ein Sportler seiner automatisierten Bewegungen nicht mehr selbst bewußt ist, erreicht er den Zustand der Unterbewußtheit und wird Optimales leisten. Zu diesem Mehr an Unterbewußtsein kann ich ihn in Hypnose programmieren.

Nur in einem dauernden Hin- und Herpendeln zwischen Bewußtsein und Unterbewußtsein sind sportliche Höchstleistungen möglich.

„Denken ist viel zu langsam“

Der 400-Meter-Hürdenläufer HARALD SCHMID ist ein Naturtalent: „Wenn du in Form bist, stellst du dich auf die Bahn und rennst das Ding einfach runter. Es gibt Rennen, da fällt der Schuß, und ich weiß erst wieder am Ziel, was los ist. Das sind die richtigen Rennen.“ HARALD SCHMID nennt es richtig – im *Unterbewußtsein -laufen -können.* „Es gibt auch Rennen, die ich vollkommen registriere, meistens sind das schlechte Rennen. Läufer dürfen nicht denken. *Denken ist viel zu langsam“,* auch das sagt HARALD SCHMID richtig.

In Sportarten, die Konzentration auf eine explosive Leistung erfordern (wie Weit- und Hochsprung, Skispringen, Schießen, Kugelstoßen, Hammerwerfen, Golf und viele mehr), ist Denken in anderer Form hinderlich und leistungsmindernd.

Vom Bewußtsein in das Unterbewußtsein

Bewußte Einzelbewegungen des Sportlers müssen also *vom Bewußtsein in das Unterbewußtsein* verlagert werden. Denn nur im Unterbewußtsein ausgeführte Bewegungen bringen maximale Koordination und maximale Leistung und ein Mehr an Kontrolle über die körperliche Leistung.

Sportliche Tätigkeiten sind in der Regel *komplexe* Aufgabenstellungen. Betrachten wir das Beispiel des Fahrradfahrens.

Das erste Fahrradfahren ist anstrengend: bewußt auf sein Gleichgewicht achten, auf das Treten der Pedale, auf das Lenken und auf die einzuschlagende Richtung. Das ist meistens mehr, als ein Kind am Anfang in dieser Situation bewältigen kann. Oft halten Vater oder Mutter das Fahrrad hinten fest, und der kleine Radfahrer braucht sich bewußt nur auf das Lenken und das Treten zu konzentrieren. Nach genügend Übung laufen die Verhaltensweisen Treten und Lenken automatisch ab. Später lassen Vater und Mutter das Fahrrad los und laufen hinter dem Fahrrad her, und das Kind lernt das Treten der Pedale und das Lenken mit dem Balancieren zu koordinieren. Nach einer Zeit des Übens ist der kleine Radfahrer programmiert und kann so gut mit dem Fahrrad umgehen, daß alle Aufgaben aus dem Bewußtsein herausfallen. Er hat die Freiheit, die Landschaft zu genießen, mit einem Mitfahrenden zu reden oder nachzudenken.

Nicht berücksichtigt sind bisher Schwerkraft und Fliehkraft, die den Radfahrer zu Boden ziehen wollen. Beim Radfahren werden diese beiden Kräfte gegeneinander ausgespielt: ein Radfahrer fährt nicht geradeaus, sondern abwechselnd kleinste Links- oder Rechtskurven. Das Gewicht des Radfahrers ist so geschickt auf Sattel und Lenker verteilt, daß er jedes ungewollte Kippen ganz von selbst durch eine Lenkerbewegung in eine andere Richtung ausgleicht. Dadurch entsteht eine Schlangenlinie. Fliehkraft und Schwerkraft werden beim Treten, Lenken und Balancieren *unterbewußt* gegeneinander ausgespielt. Diese feinen Koordinationsbewegungen gegen Schwerkraft und Fliehkraft sind nicht bewußt lernbar, es sind von Anfang an unterbewußte Vorgänge.

Wie lange man auch nicht mehr auf dem Fahrrad gesessen haben mag, das Unterbewußtsein vergißt nicht die komplexen Bewegungsabläufe. Beim erneuten Besteigen eines Fahrrades werden diese komplexen Prozesse aktiviert, sie sind alle im Unterbewußten zu einer Einheit zusammengefaßt, in richtiger Reihenfolge geordnet und abzurufen. Wenn alle diese Schritte bewußt wären, dann müßte man jetzt wieder über Treten, Lenken und Ausbalancieren, Schwerkraft und Fliehkraft nachdenken, man wäre in seinem Bewußtsein so verwirrt, daß man entweder fällt oder in etwas hineinfahren würde.

Das Lernen von Verhaltensmustern (als Beispiel Fahrradfahren) in Form von unterbewußten Programmen ist notwendig, damit Menschen die verschiedenen und komplexen Dinge des *alltäglichen* Lebens bewältigen können.

Bei vielen Fertigkeiten, bei denen bewußte sinnenhafte Wahrnehmung und Motorik zu koordinieren sind, muß der Lernende die komplexe Aufgabe in kleine Schritte zerlegen, so daß er jeden Schritt einzeln üben kann, bis er ihn beherrscht. Hat man jeden Einzelschritt so weit geübt, daß es ohne nachzudenken im Unterbewußten automatisch klappt, dann kann man den nächsten Schritt der Aufgabe angehen. Und jeden weiteren einzelnen Schrift übt man ebenso, bis auch er zu einer automatisch funktionierenden Koordination von bewußter sinnenhafter Wahrnehmung und Motorik und danach unterbewußt wird.

Und Sportler bringen mit unterbewußten Programmen Höchstleistungen.

Ich programmiere das Unterbewußtsein in Hypnose

Beim Sportler liegen Aktivitäten und Energien auf 1. körperlichem, 2. bewußtem und *3.* unterbewußtem Gebiet. Und auf diesen drei Ebenen spielt die *emotionale Komponente* (wie auch beim Musiker) eine zusätzliche, wichtige Rolle.

Meine Arbeit mit einem Sportler betrifft sein Unterbewußtsein. Ich trainiere nicht Bewußtsein, sondern ich *programmiere Unterbewußtsein.*

Wenn ein guter Autofahrer bewußt und angespannt sein Fahrzeug steuert, fährt er nicht maximal. Der geübte und erfahrene Autofahrer, der sich dabei ertappt, daß er die letzten 20 Kilometer mit seinen Gedanken woanders geweilt hat, wird sicherlich diese Strecke hervorragend Auto gefahren sein. Aber er wird ganz sicher alle verkehrswichtigen Dinge in seinem Unterbewußtsein wahrgenommen haben, reagiert haben und weitergefahren sein. Und das ist der entscheidende Punkt: Wenn wir einmal gewisse Mechanismen in unserem Unterbewußtsein gespeichert haben, können wir ohne das uns hindernde Bewußtsein diese Dinge abrufen und viel besser tun.

Auf Autopilot umschalten

Wir schalten auf Autopilot oder lernen, auf Autopilot umzuschalten.

Wenn ich morgens mit meinem Pferd arbeite und Schwierigkeiten bekomme, habe ich früher genau das Falsche getan: ich habe mit Verbissenheit versucht, diese Schwierigkeiten zu korrigieren. Heute: „Ich denke jetzt zehn Minuten lang an etwas Schönes und übe in dieser Zeit mit dem Pferd diese

Lektion", und ich schalte auf Autopilot. Wenn die limitierte Zeit herum ist, bin ich ganz erstaunt, wie gelöst und zufrieden das Pferd unter mir geht und erinnere mich an meinen Auftrag. Auf Autopilot kann ich natürlich nur schalten, wenn benötigte Fähigkeiten in meinem Unterbewußtsein gespeichert und abrufbereit sind.

Meine Sekretärin meint dazu: „Ich habe bei leichten oder geübten Texten von Personen, deren Dialekt mir bekannt ist, pro Minute 440 Anschläge. Wenn ich in dieser Geschwindigkeit Texte abschreibe, also auf Autopilot schalte, merke ich mir den Inhalt nicht. Erst beim *Durchlesen* schalte ich meinen Kopf (= Bewußtsein) ein."

Auch ein Klavierspieler wird keine einzige Taste auf dem Klavier finden, wenn er sich während eines Konzertes bewußt die Tätigkeit seiner Finger überlegen müßte. Das bewußte Studium der Noten liegt weit zurück in der Zeit, als er übte und seine Finger trainierte, bis sie automatisch die Tasten fanden. Und ein guter Pianist ist er geworden, weil es ihm gelang, sein bewußtes Denken während des Konzertes ganz auszuschalten und das Spiel seinem automatischen Mechanismus zu überlassen. Die emotionale Komponente, Musik mit Hingabe zu interpretieren, krönt den Vortrag und setzt Akzente.

Läßt der liebe Gott siegen?

Wir sehen häufiger auf dem Bildschirm, wie sich Sportler vor einem Wettkampf bekreuzigen. Diese äußerliche Geste wird zum Signal für ein unterbewußtes Programm.

An den Sieg zu glauben, heißt: ohne jeden Zweifel. Wenn dieser betende Sportler seinen Wettkampf gewinnt, wird er Gott danken. Sollte er aber den Wettkampf oder dieses Match verlieren, so kann er seinem lieben Gott immer noch nicht böse sein: „Der liebe Gott wird schon wissen, warum er mich (uns) nicht hat siegen lassen." Es kann auch eine Niederlage den Gottglauben eines religiösen Sportlers nicht erschüttern. Damit ist nirgendwo eine Möglichkeit geblieben, über seinen lieben Gott enttäuscht zu sein. Beim nächsten Wettkampf wird der liebe Gott siegen lassen! - Kann ein „mental-trainierter" Sportler seine Niederlage so leicht wegstecken wie einer, der an seines lieben Gottes Fügung glaubt?

Bogenschießen und Schwertkampf im Zen

Bei den Kampfsportarten im alten Japan (Bogenschießen, Schwertkampf, Ringen, Jiu-Jitsu, Judo, Karate) müssen nicht nur die sportlichen Fertigkeiten erlernt werden, sondern vor allem die richtigen geistigen Haltungen, welche mit den körperlichen Fertigkeiten einhergehen.

Ich benutze manchmal Zen-Gedanken in meditativen Entspannungsübungen. Was ist Zen? Zen ist das alltägliche Unterbewußtsein. Und das alltägliche Unterbewußtsein ist nichts anderes als zu schlafen, wenn man müde ist, zu essen, wenn man hungrig ist. Sobald wir nachdenken, überlegen und Begriffe bilden, geht das ursprünglich Unterbewußte - wir können es hier auch das Spontane nennen - verloren, Gedanken tauchen auf: wir können nicht schlafen, wenn wir schlafen wollen. Einzelnes aus den Zen-Vorstellungen transportiere ich in den Sport unserer Tage. Etwas vereinfacht will ich den Interessierten mit dem Gedankengut vertraut machen. In der Kunst des Bogenschießens im Zen ist es dem Schützen nicht erlaubt, sich über schlechte Schüsse zu ärgern. Er darf sich über gute Schüsse nicht freuen. Von dem Hin und Her zwischen Lust und Unlust muß er sich lösen. Er muß lernen, in gelockertem Gleichmut darüber zu stehen, sich so zu freuen, als wenn ein anderer und nicht er selbst erfolgreich geschossen hätte.

„Es" schießt, „es" trifft bei einem guten Schuß. Ist es der Schütze, der den Bogen spannt? Oder ist es der Bogen, der den Schützen in höchste Spannung zieht? Ist es der Schütze, der das Ziel trifft? Oder kommt das Ziel zum Schützen? Ist das „Es" in den Augen des Körpers geistig und in den Augen des Geistes körperlich? Ist es beides oder keines von beidem? Bogen - Pfeil - Ziel - Schütze verschlingen sich so ineinander, daß es der Schütze nicht mehr trennen kann, und selbst das Bedürfnis zu trennen ist verschwunden. Denn sobald der Schütze den Bogen in die Hand nimmt und schießt, ist alles klar, eindeutig und so lächerlich einfach. Wenn ein Bogenschütze an einem Wettkampf teilnimmt, kommt es nicht nur darauf an, daß er sein Können vorführt, höher noch wird die geistige Verfassung des Schützen bis in sein unscheinbarstes Benehmen hinein bewertet. Die Anwesenheit von Zuschauern läßt ihn völlig unbeeindruckt: es ist so, als sei der Bogenschütze mit seinem Bogenmeister unter sich. Es wird auch nie auf eine Prüfung hingearbeitet, der Termin eines Wettkampfes wird mit keinem Wort erwähnt.

Bei den japanischen Schwertmeistern darf der Lernende nicht unterlassen, den Gegner und dessen Art, das Schwert zu führen, sorgsam zu beobachten. Wenn er aber auf den Augenblick lauernd wartet, in dem sich der Gegner eine Blöße gibt, wird er mit dem entscheidenden Streich immer zu spät kommen. je mehr er *bewußt* sein Können, seine Kampferfahrung und seine Taktik benutzt, um so mehr hemmt er seine freie unterbewußte Beweglichkeit. Wie ist dem abzuhelfen? Wie wird das Können geistig? Wie wird aus der souveränen Beherrschung der Technik meisterliche Schwertführung?

Nur dadurch, daß der Lernende *absichtslos* und *ichlos* wird. Er wird dahin gebracht, daß er sich nicht nur vom Gegner, sondern auch von sich selbst loslöst. Klingt dies nicht widersinnig? Beim Bogenschießen soll man treffen, ohne gezielt zu haben? Man soll das Ziel und die Absicht, es zu treffen, völlig aus den Augen verlieren? Der Lehrling im Bogenschießen oder im Schwertkampf lernt, von seinem Gegner und von sich selbst die Aufmerksamkeit abzuwenden und somit in einem radikalen Sinne *absichtslos zu* werden. Viel geduldiges, viel vergebliches Trainieren ist dazu erforderlich. Aber wenn diese Übungen einmal zum Ziele führen, ist in der erreichten Absichtslosigkeit der letzte Rest des Sichbemühens in Absichtlichkeit verschwunden.

Im Zustande der Losgelöstheit und Absichtslosigkeit stellt sich beim Schwertkämpfer von selbst ein Verhalten des instinktiven Ausweichens ein. Im Augenblick des Ausweichens holt der Samurai-Krieger schon zum Schlage aus und sein tödlicher Streich ist schon treffsicher und unwiderstehlich gefallen. Es ist, als ob das Schwert sich selber führt. Und wie beim Bogenschießen „Es“ zielt und trifft, so hat auch hier das „Es“ geholfen.

Karatekämpfer sehen, wie sich der Berg von Ziegelsteinen spaltet, *bevor* sie die Hand zum Schlag erheben.

Die Vollendung der Schwertkunst besteht darin, daß kein Gedanke mehr da ist an den Gegner und an sein Schwert, an das eigene Schwert und wie es zu führen sei, kein Gedanke mehr an Leben und Tod. „Alles ist Leere, du selbst, das gezückte Schwert und die schwertführenden Arme.“ Ja, sogar der Gedanke der Leere ist nicht mehr da. Und aus solcher absoluten Leere entspringt die wunderbare Entfaltung des Tuns.

Analoges? Englische Sportpsychologen unterscheiden zwischen „neurotischer“ und kreativer Wettkampfmentalität. Der „neurotische“ Spieler will seinen Gegner schlagen, der kreative Spieler entdeckt mit Hilfe seines Sports, wer er wirklich ist und erfährt auf diese Weise mehr über sich. Er entdeckt seine inneren Stärken und seine Qualitäten und drückt seine Motivation in seinem Spiel aus. Er geht Risiken ein und entdeckt neue Möglichkeiten für sich.

In Sequenzen aufteilen

Der Bogenschütze im Zen lernt in nacheinanderfolgenden, aufgeteilten Bewegungsabläufen (Sequenzen). Erst lernt er, die beiden Hände ihre Arbeit tun zu lassen, während die Arm- und Schultermuskeln locker bleiben und wie unbeteiligt zusehen. Damit beginnt die Arbeit unterbewußt zu werden.

Auch Sportschützen der westlichen Hemisphäre werden ähnlich vorbereitet.

Was nennt man das „Trockenschießen“ der Schützen? So lange ein Schütze die ungeladene Waffe auf die Zielscheibe richtet, bleibt seine Hand ruhig. Wenn aber die gleiche Waffe geladen ist und er erwartet, ein gutes Ergebnis zu erzielen, dann kann ein Zittern einsetzen. Deshalb lehrt man den jungen Schützen Trockenübungen im Scheibenschießen: mit ungeladener Waffe ruhig und bedachtsam zielen, den Hahn spannen, und es wird kein Zittern auftreten, weil kein zu erwartendes Resultat unter Druck setzt. Nach häufigem „Trockenschießen“ wird der Neuling auch eine geladene Waffe halten und zielsicher schießen können und sollte auch dann die gleiche geistige Aufmerksamkeit, die gleiche überlegene Ruhe und Ausgeglichenheit der körperlichen Bewegungen behalten.

Ein talentierter 100-Meter-Sprinter lernt zu Beginn seiner Laufbahn seine Muskelbewegungen in eine Reihenfolge zu bringen. Seine Fähigkeit, die 100 Meter in kürzester Zeit zu sprinten, hängt dann aber zu einem großen Teil davon ab, die *einzelnen Sequenzen* der bereits vorhandenen Verhaltensmuster *sich erst bewußt zu* machen *und dann ebenfalls unterbewußt* werden zu lassen.

Das Laufen über Hindernisse erfordert eine noch sorgfältigere Aufteilung in einzelne Sequenzen und eine Speicherung dieser aufgeteilten Bewegungsabläufe im Unterbewußtsein.

In Hypnose kann ein Läufer jede Sekunde seines Laufes erleben, bis zum Pfeifen seines Atems und dem Knirschen seiner Spikes. Das kann schon den Unterschied zwischen dem 1. und dem 2. Platz ausmachen. Ich gebe in Hypnose aber nicht nur Vorstellungen und Visualisierungen. Besonders in Hypnose kann ich Gefühlen und Emotionen Beachtung schenken und den Bruchteil jeder Sekunde des Laufes davon abhängig machen.

Vorteile bekommen - bei direktem Gegner

Im Wettkampfsport mit einem direkten Gegner bekommt ein Sportler bei fast jeder seiner unterbewußten Bewegungen eine unterbewußte Reaktion des Kontrahenten. Ein Boxer oder ein Fechter hat eine bestimmte Abfolge von Bewegungen perfektioniert und gelernt, wie ein Gegner darauf reagiert. Wenn er plötz*lich seine Bewegungen unterbricht und dem Gegner ein völlig ungewohntes Bewegungsmuster* bietet, wird er als Boxer, Tennisspieler, Fechter - als Sportler mit direktem Gegner - Vorteile bekommen.

Beim Judo wird der Stoß des Gegners nicht mit einem Gegenstoß mindestens gleicher Stärke beantwortet, sondern die Reaktion liegt im Nachgeben und Verstärken des eigenen Angriffs. Und eben auf dieses Mitgehen ist der Gegner nicht gefaßt.

Ein anderer Aspekt: Der Wettkampfsportler mit direktem Gegner, der seine Bewußtseinsprozesse in einem ganz engen Rahmen organisiert und Verhalten und Ausdruck eines Pokerface hat, bietet seinem Gegner wenig Möglichkeiten einer psychologischen Beeinflussung. Einem gut programmierten Sportler ist es egal, ob die Zuschauermenge vor Begeisterung außer sich ist oder ob es Buh-Rufe gibt.

Der emotionsgeladene Sportler meint Vorteile zu bekommen, wenn er Frust und Wut tobend herausschreit, kämpft aber in Wirklichkeit zusätzlich gegen sich selbst. Und dabei ist ein Spieler, der seine Wut gegen Schiedsrichter und Linienrichter wie ein ungezogenes Kind herauspöbelt, weitaus weniger selbstbeschädigend als einer, der sich selbstzerstörerisch selbst beschimpft.

Spontan, locker und absichtslos

Ein Säugling hält den hingereichten Finger so fest umschlossen, daß man sich über die Kraft der winzigen Faust immer wieder wundert. Und wenn der Säugling den Finger losläßt, geschieht das ohne den leisesten Ruck. Weshalb? Weil das Kind nicht denkt: „jetzt lasse ich den Finger los, um dieses andere Ding da zu ergreifen." Völlig unüberlegt und unabsichtlich wendet es sich vom einen Objekt zum anderen. Kann man sagen, daß der Säugling mit den Dingen spielt? Oder spielen die Dinge mit ihm?

Diese besondere Art von „Kindlichkeit" hat der Spitzensportler oder muß sie wieder erlangen. In diesem Zustand meint er zu denken und denkt doch nicht.

Wer sich bemüht, locker zu bleiben, wird scheitern, weil er daran denkt, lokker zu bleiben. „Sei locker!" ist eine ebenso paradoxe Aufforderung wie „Sei spontan!". Zur Lockerheit und Spontaneität kann man nicht aufgefordert werden - beide müssen im Unterbewußtsein einprogrammiert sein. Zusätzlich braucht der Sportler fehlende Absichtslosigkeit. Und man kann nicht mit Absicht absichtslos sein oder werden.

Spontaneität, Lockerheit und Absichtslosigkeit sind nur im Unterbewußtsein zu verankern.

Jeder Sportler muß das technisch Erlernbare bis zum Überdruß gewissenhaft trainieren, damit er dann spontan, locker und absichtslos („wie von selbst") spielen kann. Übung und Training bedeuten: Es müssen eine Unzahl von Fehlern gemacht werden, bis ein Erfolg erlebt wird. Dieses Fühlen des Erfolges teilt sich dem unterbewußt arbeitenden Automaten im Sportler mit, und dieses Erfolgsgefühl wird dann der Leitfaden für weitere Erfolge.

Ein Sportler kann sich auf die Erinnerung seiner Muskeln verlassen. Und jemand, der sich auf seine Muskelerinnerungen verläßt, auf Autopilot geschaltet hat, führt ohne zu denken die gleichen Bewegungen aus, die er in früherer Zeit in aller Ruhe bewußt gelernt hat. Es soll dann keiner lenkenden oder kontrollierenden Überlegung mehr bedürfen.

Im Laufe der Jahre wird jeder Sportler die Erfahrung machen, daß Trainiertes, das er vollkommen beherrscht, nicht mehr bedrückt, sondern befreit. Der

Sportler wird von Tag zu Tag fähiger, allen Eingebungen, die ihm zufliegen, mühelos folgen zu können. Die Hand etwa, die den Schläger führt, hat in demselben Augenblick, in dem der Geist zu denken beginnt, schon getroffen und vollbracht, was ihm vorschwebt. Und am Ende weiß der Sportler nicht, wer von beiden, ob der Gedanke oder die Hand das Werk verantwortet.

Ein Sportler muß lernen, seinem Unterbewußtsein zu vertrauen. Der Sportler darf unterbewußt ablaufende Mechanismen nicht mit unnötigen Ängsten und Befürchtungen beladen. Er sollte nicht mit ängstlichen Gedanken diese Automatismen belauschen, „ob denn auch alles wirklich arbeitet“. Der Sportler sollte vor allen Dingen nicht mit geistigen Anstrengungen „denken“, den unterbewußten Mechanismus mit aller Gewalt in Gang zu setzen. Der Sportler sollte unterbewußte Dinge selbst arbeiten lassen.

... und fröhlich

Spontan, locker, absichtslos und fröhlich sollte der Sportler „der schönsten Nebensache der Welt“ als Amateur frönen. Und auch der Profi sollte fröhlich seinem Beruf nachgehen.

Der ehemalige Mittelstreckler THOMAS WESSINGHAGE sagt 1989: „Ich konnte nie an den Start gehen und mich auf den Lauf freuen, ich war immer nervös. Die afrikanischen Läufer sind da anders, sie sind mental im Vorteil. Die rennen einfach los, gehen nach vorn und denken nicht weiter.“

Was WESSINGHAGE sagt, beobachten wir am Fernseher auch: Athleten aus den Entwicklungsländern des kommerziellen Sportes demonstrieren uns mehr und mehr Spitzenleistungen, und sie bringen diese Leistungen mit Freude und Fröhlichkeit. Hoffentlich werden sie vom Kommerz nicht allzu schnell eingeholt.

Mit angezogener Handbremse

Als Hypnotiseur interessieren mich Spitzensportler, die zur Zeit mit angezogener Handbremse ihren Sport betreiben. Sie wissen es, doch sie können selbst die Handbremse nicht lösen.

Diese hochtalentierten Sportler lohnt es zu programmieren. Es wäre sinnlos und unmöglich, aus einem VW einen Formel1-Rennwagen machen zu wollen. Aber aus einem Formel1-Rennwagen mit angezogener Handbremse (ich weiß nicht, ob es in solch einem Wagen eine Handbremse gibt!), kann ich einen wieder gut laufenden Rennwagen machen. Das ist lohnenswert.

Eine Programmierung in Hypnose macht nur bei den Sportlern Sinn, bei denen Talent, maximale Austrainiertheit, maximale körperliche Fitneß und maximale Koordinationsmöglichkeiten da sind.

Und noch eins: Auch der Sportler überträgt wie ein Patient mir als Hypnotiseur einen Teil seines Ichs. Ein Sportler sollte nur zu dem Hypnosetherapeuten gehen, der etwas von Sport versteht und der behutsam in seiner Seele zu operieren weiß. Schlechte Hypnosetherapie ist weitaus schlimmer als gar keine Hypnosetherapie, das gilt generell und auch für den Sportler.

Lampenfieber und Streß

Das Lampenfieber von Sportlern ist bis zu einem gewissen Grade etwas durchaus Nützliches: der Adrenalinstoß kann wie ein Glas Champagner stimulierend und anregend wirken. Für andere dagegen ist Lampenfieber mehr als nur leistungsmindernd. Diese anderen bräuchten eine eigene Toilette, so oft müssen sie zum Klo. Diese anderen sind aufgeregt (nicht angeregt), schwitzen, entwickeln Ängste vorm Versagen, erbrechen und steigern sich in neurotische Tics und in hysterische Reaktionen. Sie leiden unter ihrem Lampenfieber. Ihnen kann ich mit Hypnosetherapie wirkungsvoll helfen. Ich lasse diese vom Lampenfieber geplagten Sportler immer wieder in Hypnose den Start halluzinieren, gebe ihnen dabei nützliche Suggestionen und erteile entsprechende posthypnotische Aufträge.

Auch das viel gebrauchte und fast nur falsch zitierte Wort „Streß“ sei in diesem Zusammenhang erwähnt. Streß ist für den Sportler etwas Erstrebenswertes und Positives: es ist die Kraft, die überdurchschnittliche Leistungen bringt.

Innerlich entspannt = äußerlich entspannt

Destruktiver Streß (= Disstreß), Nervosität vor und während eines Wettkampfes, Konzentrationsmangel, fehlender Kampfgeist, Müdigkeit, Angst vor Fehlern oder vor einer Niederlage bedrücken auch und vor allem Spitzensportler, denn sie wollen mit ihrem Sport in wenigen zur Verfügung stehenden Jahren sich die wirtschaftliche Basis für das Leben nach dem Sport erarbeiten. Unterbewußte Ängste kosten hundertstel Sekunden und diese hundertstel Sekunden bedeuten eben heute Erfolg oder Mißerfolg.

Wenn sich ein Sportler im Match benachteiligt fühlt, sucht er nach einer Entschuldigung. Manchmal entsteht aus einer Entschuldigung eine Verletzung. Muskelkrämpfe, ein Hexenschuß und auch leichte bis schwerste Verletzungen - die ohne Einwirkung eines Gegners entstehen - sind der Ausdruck innerer Angespanntheit. Gladiatoren unserer Tage empfinden einen Eisbeutel oder ein kurzzeitig anästhesierendes Spray als ebenso angenehm wie das hingefallene Kind den „Heile, heile Gänschen“-Gesang und das Streicheln der tröstenden Mutter. Ein inneres Relaxen bringt eine äußere Muskelentspannung und läßt einen Masseur beim Wettkampf Zuschauer bleiben.

Hypnose im Sport: gestern und heute

In einer akuten Notsituation ist ein Mensch zu unglaublichen körperlichen Leistungen fähig. Ich habe mehrfach gehört, daß ein Mensch ein Auto angehoben hat, unter dem ein anderer lag. Ist das eine nicht wiederholbare körperliche Höchstleistung in Selbsthypnose?

Der englische Psychiater HADFIELD beschreibt einen Test: Er will bei drei Männern die Auswirkung der geistig-seelischen Beeinflussung von Körperkräften messen. Er bittet die Männer, den Kraftmesser (= Dynamometer) mit aller Kraft zu packen. Im normalen Wachzustand beträgt ihre Durchschnittsleistung 46 Kilogramm. Vor dem nächsten Versuch hypnotisiert er sie und suggeriert ihnen, sie seien sehr schwach. Sie schaffen nur 14 Kilogramm, weniger als ein Drittel ihrer normalen Kraft. HADFIELD testet die Männer zum dritten Mal und wieder in Hypnose, aber er suggeriert ihnen, sie seien sehr kräftig. Und sie erreichen im Durchschnitt 60 Kilogramm. Wenn also Seele und Geist der Versuchspersonen voll positiver Gedanken an Kraft sind, können Körperkräfte um fast 50% wachsen. Das kann Hypnose. Dieses Beispiel entspricht der laienhaften Suggestionswirkung der Hypnose. Aber Hypnose kann viel mehr.

Genauso wie bei der Hypnosetherapie eines Patienten sitzen sich bei der Hypnosebehandlung eines Sportlers zwei Menschen einander gegenüber: ich - der Hypnosetherapeut - und der zu behandelnde Sportler. Dieser zweite Mensch, der Sportler, ist mit seinem gegenwärtigen Erfolg und seinem momentanen Leben als Sportler unzufrieden. Wie wir alle, so legen sich auch Sportler dauernd Selbstbeschränkungen auf. Es treten auch auf dem Gipfel des Erfolges immer wieder Zeiten auf, in denen sich ein Sportler festgefahren und blockiert vorkommt. Ich als Therapeut stehe vor der Aufgabe, diesem Sportler dabei zu helfen, sich so zu verändern, daß er noch wachsen kann, daß ihm mehr Möglichkeiten zur Verfügung stehen und daß er noch mehr Erfolge in seinem Sportlerleben hat. Ich muß dem Sportler mit dessen aktiver, kreativer Beteiligung neue, nützliche, produktive und optimale Erfahrungen schaffen. *Hypnosetherapie im Sport ist Kommunikation zwischen zwei einzelnen Menschen: zwischen Therapeut und Sportler.* Dieser Sportler befindet sich in Hypnose in einem anderen *Wach*-bewußtseinszustand: Eindrücke der Außenwelt fallen weg, in verstärkter Wachheit ist sein Erleben intensiver.

Wenn ich von „Gruppenhypnose“ von Fußballmannschaften in Zeitungen lese, kann ich darüber nur nachsichtig lächeln. Man könnte dabei bestenfalls von Gruppensuggestionen oder dem Versuch davon reden, aber nicht von Hypnose. Ich wiederhole mich: Programmierung eines Sportlers in Hypnose ist Kommunikation zwischen nur zwei Menschen.

Meine Hypnosetherapie des Sportlers ist Programmierung seines Unterbewußtseins:

- zur Automatisierung von Bewegungen durch Schalten auf Autopilot,
- zur Spontaneität, Lockerheit und Absichtslosigkeit,
- zur Stärkung der Vorstellungskraft (Imaginationen, Visualisierungen),
- zum Löschen von Ängsten, Selbstzweifeln und mangelndem Selbstvertrauen,
- zur Befreiung von destruktiven Emotionen und anderen Ablenkungen wie Lampenfieber, Disstreß u. a.,
- zur Motivation und zu neuer Freude am kommerziell gewordenen Sport.

30. Kapitel

Hypnoseprogrammierung für Manager

Überlebenstraining - oder Hypnosetherapie?

Für Manager werden heutzutage Wochenenden zum „Überlebenstraining in extremen Situationen“ angeboten: Indianerspiele für Erwachsene mit unästhetischem Umbringen von Kaninchen, Hühnern und Fröschen. Eingebaut werden in dieses „Überlebenstraining“ auch *Mutproben.* Gleiche Erfolgserlebnisse können Patienten in Hypnose haben. Bei meiner Hypnosetherapie halluzinieren Patienten auch sogenannte Mutproben. Sie besteigen Berge, immer in Gefahr abzustürzen. Sie durchqueren wilde Urwaldflüsse. Sie gehen übers Hochseil. Sie bestehen kühnste Abenteuer. Nur müssen sie bei ihren halluzinierten Erlebnissen - und diese setze ich wirklich erlebten Mutproben gleich - keinen Hühnern und Fröschen die Köpfe abreißen und keine Kaninchen quälend umbringen.

Mentaltraining für Manager?

Das Modewort „mental“ ist nicht nur im Sport zum Schlagwort geworden, auch im Management hat dieser Begriff Einzug gehalten. Der Begriff des „Mentaltrainings für Manager“ ist vom „Mentaltraining für Sportler“ kopiert und nachempfunden worden. Ich lese von einem reichhaltigen Kursangebot und in jedem neueren Manager-Buch beschäftigt sich wenigstens ein Kapitel mit mentalen Techniken. In unserem High-Tech-Zeitalter werden auch dem Manager nicht nur Kassetten, sondern auch Geräte zur Selbstentspannung angeboten. *Mentales Training* - was man auch immer im weitesten Sinne darunter versteht - *ist im Sport und auch im Management zur Entspannung förderlich, mehr sollte man nicht erwarten.*

Programmierung des Managers in Hypnose

Einen Manager soll in seinen Entscheidungen die außergewöhnliche Balance zwischen Intuition und Ratio, zwischen seinen unterbewußten Möglichkeiten und seinem bewußten Verstand auszeichnen. Das unterbewußte Zukunftserahnen - die Intuition und in der Steigerungsform die Inspiration - ist es, das zum großen Erfolg führt, wenn man etwas früher erahnt als die Konkurrenz. Intuition ist das richtige Gespür, die glückliche Eingebung oder die ahnungsvolle Wahrnehmung einer noch verborgenen Wirklichkeit, die der Verstand erst begreifen wird, nachdem sie sich zumindest teilweise offenbart haben wird.

Manager sollten mehr an ihre Intuition als an ihre Vernunft glauben. Die meisten Unternehmer und Manager haben Betriebs- oder Volkswirtschaftslehre gelernt und haben wissenschaftliche Gesetze, Regeln und Konzepte im Kopf. Sie glauben nur an rationale Prozesse, an Strategien, an Ziele, an Pläne und Zahlen - wie die meisten Menschen sind auch sie sehr zahlengläubig. Doch kreative Menschen werden vor allem von unterbewußten Prozessen gesteuert, von Größen, die man nicht messen kann.

Ein Mensch verdient mehr Geld, wenn er seinen unterbewußten Prozessen glaubt, und die Rendite wird höher, wenn er als Manager seine unterbewußten Energien in seine Firma einbringt.

Neue Perspektiven bekommen Stellenwert einer Erleuchtung

Die Idee zur Programmierung von Geschäftsleuten wird mir zuerst von Patienten aufgedrängt, die beruflich Geschäfte betreiben. Ehemalige kranke Geschäftsleute berichten mir, daß sie mit dem Befreitwerden von Krankheit gleichzeitig in ihrem Berufsleben erfolgreicher werden. Beim ersten Patienten ist es meßbar: Nach der Therapie tätigt er als Prokurist einer Versicherung die doppelte Menge an Abschlüssen als vorher, und er überschreitet dabei seine Traumgrenze, deren Überwindung ihm vorher schier unmöglich gewesen ist. Er bekommt den Beinamen „Goldfinger“.

Die Programmierung eines Managers braucht ähnliche Voraussetzungen wie die eines Sportlers. Grundsätzlich kann man aus einem VW keinen Rennwagen machen. Wenn aber ein überdurchschnittlich talentierter Geschäftsmann blockiert ist, so kann man in Hypnose seine Blockaden lösen und ihn neu programmieren.

Programmierung in Hypnose ist weitaus mehr als irgendein mentales Training, ist jedoch nicht in einem Lehrgang zu vermitteln. Programmierung in Hypnose ist immer etwas, was nur zwischen zwei Menschen stattfinden kann: zwischen mir, dem Hypnotiseur, und dem blockierten Manager.

Es geschieht dabei nicht, was man verallgemeinern kann. Ich als Hypnotiseur therapiere oder programmiere einen in seinem Geschäftsleben unzufrieden Gewordenen im Rahmen *seiner* Möglichkeiten ganz *individuell.* Ich verändere ihn und gebe ihm neue Möglichkeiten zu agieren.

Ich muß gemeinsam mit meinem Klienten neue Verhaltensmuster finden, die nützlicher, angemessener und zufriedenstellender sind. *Neue Perspektiven sind kein Nebenprodukt, sondern sie müssen den Stellenwert einer Erleuchtung haben.* Nur das stellt sicher, daß der Betroffene die neue Perspektive nicht ignoriert, sondern gezwungen wird, seine alten Überzeugungen und Erfahrungen im Blick auf diese neue Perspektive neu zu sortieren. Dabei soll sich der Klient ernsthaft engagieren und auch seine bisherige Sichtweite verteidigen.

Das neue Programmieren betrifft:

1. neues selbstverständliches Selbstvertrauen,
2. neue Kreativität und
3. seinen unterbewußten Möglichkeiten vertrauen lernen.

Auch Spitzenmanager - sogar nach meiner Erfahrung ganz erfolgreiche -haben hin und wieder Probleme mit ihrem Selbstvertrauen. So graut es dem einen manchmal vor dem ersten morgendlichen Telefonat: er braucht am Vormittag mindestens drei Telefonate, um sich wie ein Sportler warmzumachen. Ein anderer hat Hemmungen, in eine Vorstandssitzung zu gehen, und ähnlich wie bei einem Schauspieler fällt das hinderliche Lampenfieber erst nach den ersten gesprochenen Sätzen ab. Ein dritter meidet beim gemeinsamen

Essen eine Suppe, weil bei einer früheren Gelegenheit einmal seine Hand dabei zitterte. Es gibt viele Beispiele.

Auch ein Manager braucht selbstverständliches Selbstvertrauen. *Für Selbstverständliches ist unser Unterbewußtsein zuständig.* Sich selbst vertrauen, heißt: seinem Unterbewußtsein vertrauen.

Hypnose und Kreativität

Geistige Fähigkeiten eines Menschen werden durch Hypnose vervielfacht. Versuchspersonen können psychologische Tests schneller und fehlerfreier in Hypnose lösen. Genauso wie es vor 300 Jahren für unsere Vorfahren nicht denkbar war, daß einmal jeder lesen und schreiben werde lernen können, bezweifeln heute vor allem die sogenannten Intellektuellen, daß in Hypnose Fähigkeiten frei werden, die über unsere derzeitigen Vorstellungsmöglichkeiten weit hinausgehen. Zwischen Hypnose und Kreativität besteht ein direkter Zusammenhang. In Hypnose kann ein kreativer Mensch zu einer völlig neuen unorthodoxen Sicht und Konzeption von zu lösenden Problemen kommen. Man könnte einen hoch spezialisierten Konstrukteur hypnotisieren, ihn sich selbst in die Zukunft projizieren lassen, Pläne und Entwürfe zeichnen lassen, die er in der Zukunft sieht. Er verfügt über das Grundwissen seines Faches, und die Hypnose schließt die Türen des Unterbewußtseins auf, so daß seine noch geheimen zukünftigen Gedanken und Ideen ans Licht kommen und nutzbar gemacht werden können. Normalerweise würde eine solche Nutzbarmachung vielleicht Jahre oder Jahrzehnte dauern, in Hypnose durcheilt der Mensch Zeiten der Vergangenheit und in diesem Falle auch Zeiten der Zukunft.

Mit Erfolgserlebnissen assoziieren

Erinnerungen kann man *assoziiert* und *dissoziiert* betrachten. Assoziiert bedeutet: die Erfahrung noch einmal zu durchleben. Dissoziiert bedeutet: das Erinnerungsbild nicht mit jetzigen Augen zu sehen, sondern aus einem beliebig anderen Blickwinkel.

Jeder von uns sollte versuchen, im Privaten und im Geschäftsleben nur mit Erfolgserlebnissen zu assoziieren. Wenn ein Gehirn das grundsätzlich verstanden hat, wird es dies automatisch mit allen guten Erinnerungen tun. Leider assoziieren viele Menschen mit allen Mißerfolgen, die sie jemals hatten, und sie durchleben dann auch wieder die gleichen schlechten Gefühle. Angenehme Erinnerungen sind für diese Menschen oft nur schwache, weit entfernt liegende dissoziierte Bilder.

Wieder andere neigen dazu, mit allen vergangenen Erfahrungen assoziiert zu sein, mit allen guten wie auch mit allen schlechten.

Mancher - vor allem ein Geschäftsmann, ein „Realist" - will alles objektiv, unvoreingenommen oder distanziert sehen: er dissoziiert alles. Einem solchen Menschen muß ich beibringen, die guten Erinnerungen zu assoziieren und dadurch wieder eine gefühlsmäßige Verbindung zu seinen nützlichen Erfahrungen zu bekommen.

Neu programmieren

Auch Manager legen sich - wie wir alle - dauernd Selbstbeschränkungen auf. Auch auf dem Gipfel des Erfolges treten immer wieder Zeiten auf, in denen sich ein Geschäftsmann in seiner Karriere festgefahren und blockiert vorkommt. Er wird darunter leiden, er kann sogar krank werden.

Ich kann diesen Menschen neu programmieren und ihm dabei helfen, sich so zu verändern, daß ihm mehr Möglichkeiten zur Verfügung stehen, daß er wachsen kann und daß er noch mehr Erfolge in seinem Leben hat. Ich programmiere den Geschäftsmann mit dessen aktiver, kreativer Beteiligung zu neuen, nützlichen, produktiven und optimalen Erfahrungen.

31. Kapitel

„Tierhypnose“ - ein Aprilscherz

Vorweg meine Meinung: *Tierhypnose gibt es nicht.*

Am 1. April 1931 veröffentlicht ein Hypnotiseur nach vielen vergeblichen Hypnoseversuchen an Hunden einen Artikel als *Aprilscherz:* Hypnose bei Hunden. Eine französische Fachzeitschrift hat diesen Aprilscherz nicht als Aprilscherz verstanden, den Artikel übersetzt und seriös weiterverbreitet. So wird aus einem Aprilscherz eine wissenschaftliche Abhandlung.

Man kann seinen Dackel *nicht* hypnotisieren, obwohl auch Hypnotiseure immer wieder von „Tierhypnose“ sprechen. Ich höre mir bei einem Hypnosekongreß mir längst Bekanntes über die „Tierhypnose“ an. Für den Vortragenden existiert die Tierhypnose, weil das Phänomen der Kataplexie (er nennt es falsch: Katalepsie) da ist. Ich bin sicher, daß auch er seinen Dackel nicht hypnotisieren kann, und nicht nur nicht, weil Dackel als eigenwillig gelten. Die sogenannte Tierhypnose hat nur ein Phänomen, das man mit Hypnose von Menschen vergleichen kann: die Katalepsie des hypnotisierten Menschen mit der Kataplexie von Tieren. Diese Schreckstarre des Huhnes oder anderer Tiere wurde früher öfter als heute auf der Bühne gezeigt. Im 17. Jahrhundert spricht man von der „Verzauberung eines Huhnes“: man legt ein Huhn auf den Rücken und das Huhn erstarrt. Man kann mit Kreidestrichen - vor dem Schnabel aufgemalt - dieses Huhn in seiner unbeweglichen Zwangshaltung lassen. Man kann auch den Kopf von Vögeln unter ihre Flügel stecken, die Tiere einige Male hin- und herschwingen und ablegen: sie erstarren und bleiben wie tot liegen.

Hypnose bei Pferden?

Als Reiter und Pferdezüchter begegnet mir in der Literatur des vorigen Jahrhunderts des öfteren als mögliches Hilfsmittel zum Abrichten und Dressieren von Pferden die „Hypnose“. Einige wenige k. u. k. Offiziere, Verfasser solcher

Werke, wollen Pferde durch bloßes Anblicken „hypnotisiert“ haben. Einer hat dabei den Kopf des Pferdes über dessen Widerrist gezogen, um es zu ermüden.

Mir ist es nie gelungen, ein Tier - auch kein Pferd - zu „hypnotisieren“. Ich kann ein Pferd in seinen spontanen Bewegungen hemmen, indem ich plötzlich eines seiner Bewegungsmuster unterbreche, innehalte und dadurch das Pferd in einen Zustand gespannter Erwartung bringe. Ein Pferd kann auch vor Schreck erstarren und damit in einen Zustand erhöhter konzentrierter Aufmerksamkeit kommen. Beim Menschen kann ich eine Hypnose durch das Unterbrechen eines Bewegungsmusters einleiten, aber dann endet Gemeinsames.

Hypnotisiert die Schlange das Kaninchen?

Auch wird immer von dem hypnotisierenden Blick der Schlange gesprochen, die das Kaninchen fressen will. Das Sich-tot-Stellen entsteht durch einen starken Schreck in großer Angst. Es ist eine Schutzhandlung, aber keine im höheren Sinne bewußte Handlung, sondern ein Reflex, der automatisch abläuft. Man spricht deshalb auch vom „Totstellreflex“. Von dieser angsthemmenden Schreckstarre berichten auch Menschen, die in Afrika oder Asien von wilden Tieren angegriffen und weggeschleppt werden und erst im letzten Moment aus den Klauen der Raubtiere gerettet werden.

Ich wiederhole mich: die Kataplexie bei Tieren ist mit der Katalepsie beim Menschen in Hypnose vergleichbar. Zur Kataplexie bei Tieren kann es durch Erschrecken, Augenfixation oder Behinderung der freien Bewegung kommen. Das Wesentliche der Hypnose ist aber nicht ein kataleptischer Zustand, wie er häufig auf der Bühne gezeigt wird: eine Versuchsperson wird mit brettharter Muskulatur mit Kopf und Fersen zwischen zwei Stühle gelegt. Das Wesentliche ist der „Rapport“. Was bezeichnen wir als Rapport? Rapport ist die Fähigkeit zweier Menschen, vertrauensvoll und umfassend miteinander zu kommunizieren. Rapport beinhaltet nicht die Fähigkeit mitzuleiden, mitleidig zu sein. Rapport bedeutet auch nicht, vom jeweiligen Gegenüber gemocht zu werden. Rapport ist die Fähigkeit, auf das Weltbild eines anderen Menschen zu reagieren. Und dabei ist die Stimme des Therapeuten das Instrument für eine erfolgreiche Behandlung eines Patienten mit Hypnose. Die Stimme spielt selbstverständlich auch im Umgang mit Tieren eine Rolle. Aber die Dresseure und Dompteure in Zirkussen hypnotisieren ihre Tiere nicht, obwohl uns das in alten Zirkusfilmen immer wieder vorgeführt wird. Auf mich wirken diese Darsteller mit „hypnotisierendem“ Blick immer bemitleidenswert lächerlich. Durch den alltäglichen stundenlangen Umgang mit Tieren brauchen Tierlehrer die Talente eines gut beobachtenden Verhaltensforschers und die eines Tierfreundes. Eine Eigenschaft kommt noch hinzu: wie viele Tierfreunde sind auch Tierlehrer mit ihren Tieren telepathisch verbunden.

Ethologie und Psychologie

Die Verhaltensforschung (Ethologie) bei Mensch *und* Tier will etwas Objektives sein. Das Seelische (Psychologie) bei Mensch *und* Tier ist immer etwas Subjektives, etwas Persönliches, etwas Individuelles, für den einzelnen etwas Charakteristisches mit seinen Gefühlen und Stimmungen und Gestimmtheiten, subjektiv empfindend, subjektiv erlebend.

Die Ethologie wollte die Tierpsychologie ins Abseits drängen. Ethologie und Psychologie sind beide gültig und sollten zusammenarbeiten und nicht gegeneinander.

Über tierliches Bewußtsein

Ich zitiere die Meinung von Tierpsychologen: „Das Tier weiß, wie groß es ist. Aber es weiß nicht, daß es das weiß.“ Davon unabhängig sagt ein anderer: „Bei den Tieren wird Selbstbeobachtung kaum vorkommen. Ein Hund ist froh und macht Freudensprünge, weil er spazierengehen darf. Aber er weiß vermutlich nicht, daß er froh ist. Da er zwischen sich und fremden Hunden unterscheidet und freundlich oder feindlich ist, hat er ein Selbstbewußtsein und ein Selbstgefühl. Aber er weiß nicht, daß er es tut.“

Tierliches Bewußtsein bedeutet: Wissen

- um die Dimensionen des eigenen Körpers (auch seiner Anhänge wie Geweih, Gehörn etc.),
- vom eigenen Schatten,

- vom individuellen Eigennamen,
- vom eigenen Duft,
- von der eigenen sozialen Stellung,
- vom eigenen Spiegelbild,
- von der Übereinstimmung der eigenen Erscheinung mit der Umgebung.

Hat ein Tier kein Unterbewußtsein, weil es nicht über sich selbst reflektieren kann, d. h. über sein eigenes Handeln und Denken nachdenken kann? Bleibt dem Tier die Zukunft verschlossen? Fehlt ihm eine Vorstellung vom Tod, der Gedanke an ein jenseits, an Transzendentes?

Das Geistige trennt Tier und Mensch. Ist dem Tier alles Geistige, alle Kultur fremd? Was ist unter Geistigem zu verstehen? Ist Geistiges nur die Kultur: Wissenschaft-, Sprache, Kunst, Religion?

Die Beantwortung aller dieser Fragen hängt vom Standpunkt, von Definitionen ab.

Telepathie zwischen Mensch und Tier?

Telepathische Verbindungen zwischen einem Tier und seinem Menschenfreund sind etwas Alltägliches. Prüfen Sie, ob Sie mit Ihrem Haustier eine telepathische Verbindung haben! Denken Sie ganz intensiv, daß Ihr Haustier diesen oder jenen nur erdachten Befehl gleich ausführen wird: Ihr Hund soll aus dem Nebenzimmer kommen, Ihr Kanarienvogel soll zwitschern, Ihr Pferd soll angaloppieren. Je enger Sie mit Tieren zusammenleben, desto intensiver wird Ihre Beziehung zu Tieren durch Gedankenübertragung.

Menschen sind für Tiere durchsichtig

Der pensionierte Gymnasiallehrer VON OSTEN, der nach der Jahrhundertwende lebt, besitzt ein Pferd mit Namen „der kluge Hans“. V. OSTEN hat dieses Pferd dressiert, es kann rechnen, lesen, die Uhrzeit mitteilen, Fotos von Leuten wiedererkennen und viele andere unglaubliche Leistungen mehr, auch in Abwesenheit seines Lehrers. Geachtetste und nüchternste Wissenschaftler wallfahrten auf einen Berliner Hinterhof zu dem Herrn und seinem

Pferd und unterwerfen die Kommunikationsmöglichkeiten zwischen beiden den strengsten wissenschaftlichen Prüfungen. Alle, auch sein Besitzer und Lehrer, lassen sich vom Pferd täuschen, vorerst.

Das dressierte Pferd versagt nur dann, wenn die Lösung der gestellten Aufgabe keinem der Anwesenden bekannt ist und wenn große Scheuklappen es hindern, die Personen zu sehen, denen die Lösung der Aufgaben bekannt ist. Der „kluge Hans“ braucht also optische Hilfen, unbemerkbare Gesten der Erwartung. Die unterbewußten Bewegungen des Herrn VON OSTEN oder anderer Aufgabensteller, die das Pferd zu seinem Klopf-Reaktionen veranlassen, sind so minimal, daß sie von Beobachtern kaum bemerkt werden. Herrn VON OSTENS Ehrlichkeit steht dabei niemals in Frage.

Dem „klugen Hans“ folgen sprechende (=bellende) Hunde, sprechende Schweine und weitere Pferde. Alle diese klopf-sprechenden Tiere haben die phantastische Fähigkeit, kleinste Muskelbewegungen, vor allem im Gesicht, wahrzunehmen und richtig zu deuten, denn *wir Menschen senden fortwährend Signale aus, die uns unterbewußt sind, auf die wir keinen Einfluß haben.* Es handelt sich bei solchen Kommunikationen wie mit den klopf-sprechenden Tieren *nicht allein um optische Kanäle,* sondern es sind wahrscheinlich viele andere Kanäle im Spiel, die noch erforscht werden müssen.

HEDIGER folgert: „Wir sind für das Tier oft in einer für uns unangenehmen Weise durchsichtig. Diese im gewissen Sinne peinliche Erkenntnis ist in der Tierpsychologie bisher merkwürdigerweise immer nur ein Gegenstand der Verdrängung und nie ein Ausgangspunkt positiver Untersuchungen im Sinne intensiverer Verstehens- und Verständigungsmöglichkeiten.“

Dressur setzt Instinktverhalten außer Kraft

Beim dressierten Tier - sei es zum Haustier, zum Partner im Sport oder zum Zirkustier dressiert - setzt der Mensch gewisse höhere Ebenen der Intelligenz des Dressurtieres außer Kraft. Und darin *ähnelt* der gute Tierlehrer der Kunst eines Hypnotiseurs. Der gute Tierlehrer ist fähig, seine Tiere an der freien Wahl ihres Tuns zu hindern; dem dressierten Tier muß ständig klargemacht werden, daß das *andressierte Verhalten richtig ist,* und daß dies auch das einzige ist, was das Tier tun *kann.*

Dem Fluchttier Pferd bringt der Dresseur oder der Reiter bei, daß es *nicht richtig* ist, beim furchterregenden Anblick oder Geräusch zu fliehen. Das Pferd lernt, auf diesen angeborenen Reiz anders als angeboren zu reagieren. Ein kampf- und rauflustiger Rüde lernt es, brav „bei Fuß" zu gehen und nicht mit einem anderen Rüden um die Alpha-Stellung zu rangeln, was ihm angeboren ist.

Dressur eines Tieres heißt also: Abbau von einigen angeborenen Verhaltensweisen, von Ängsten und Aggressionen, langjährige Gewöhnung (das Haustierwerden ist jahrhundertelange Gewöhnung), Aufbau des Tierlehrers zum Rudelführer, Respekt vor der Intimsphäre eines Tieres und vieles mehr.

Zusammengefaßt: Das Erstaunliche an Dressurerfolgen bei Tieren (Pferdeleistungsprüfungen, Gebrauchshundprüfungen, Zirkustricks von Tieren u. a.) ist es, daß ein Teil der angeborenen Instinkte des dressierten Tieres ausgeschaltet wird, aber doch noch genug übrig bleibt, um als Pferd willig über Hindernisse zu springen, um als Hund Rauschgift zu suchen und um als Zirkustier ungewöhnliche Tricks zu zeigen.

Von Tierhypnose zu sprechen bleibt für mich blanker Unsinn, je öfter man auch darüber voneinander abschreibt. Ohne jeden Zweifel haben auch Tiere, vor allem Säugetiere, spontane Trancezustände. Das heißt jedoch nicht, daß Tiere vom Menschen in diesen besonderen Bewußtseinszustand der Hypnose gebracht werden können, schon gar nicht durch die Verbalsuggestion, das gesprochene Wort. Auch ohne Schreckwirkung, durch Ausschluß der Sinnesreize, kann es bei Tieren zu einem veränderten Zustand kommen. Doch das Wesentliche der Hypnose fehlt: der Rapport. Somit ist diese „Tierhypnose" von der menschlichen Hypnose grundverschieden.

32. Kapitel

Altersrückführung

Grundkonzept aller Regressionstherapien in Hypnose ist die Suche nach bisher unbekannten Ereignissen in der Vergangenheit, bei denen eine Krankheit beginnt. Neugier wird befriedigt, aber nirgendwo eine Krankheit geheilt.

Ist die Altersregression ein Rollenspiel eines früheren Alters? Ist es ein Wiedererleben der Kindheit? In Altersrückführung gezeichnete Bilder sind oft vereinfachte Darstellungen und nicht naive Ausführungen der Kindheit. Geschriebene Sätze können in einfacher kindlicher Schrift verfaßt sein, enthalten jedoch in der Regel nicht die typischen Schreibfehler der entsprechenden Altersstufe. Ist es letztendlich nicht egal, ob Altersrückführung real oder Rollenspiel ist?

Schon im Mutterleib, gewissermaßen im Warteraum zum jetzigen Leben, fühlt das Ungeborene. Meistens sieht und hört es auch, was außerhalb des Mutterleibes geschieht. Es fühlt, ob sich die Mutter wohl fühlt. Es fühlt, wenn die Mutter streitet. Es fühlt, wenn die Mutter betrunken ist oder wenn sie zuviel raucht. Es fühlt, ob es ein Wunschkind werden soll.

Geburtstrauma: Angst vor Ärzten

Am 6. 04. 89 erlebt ein 29jähriger in Hypnose seine Geburt:

> „Es ist hell und kalt" (im folgenden zittert der Patient, als ob er friert)...„man hebt mich an meinen Füßen hoch ... mein Kopf hängt herunter ... eine Stimme sagt: er atmet nicht! ... man legt mich in ein Blechgefäß ... man deckt das Gefäß mit einem Deckel zu... keiner kümmert sich um mich... plötzlich wird der Deckel hochgehoben... eine Stimme sagt: der lebt... man quält mich... sie quälen mich... mit Schläuchen... nein, sie

wollen mir nicht helfen! ... sie wollen mich nur quälen... keiner kümmert sich um mich... warum faßt mich keiner an? ... nein, die wollen mir nicht helfen... sie wollen mich quälen... ich hasse sie... ich hasse sie alle... sie wollten mich sterben lassen und jetzt quälen sie mich..."

Das Sieben-Monats-Kind wird nach seiner Geburt von dem Geburtshelfer als tot fehldiagnostiziert und in einer Blechkiste abgelegt. Eine Krankenschwester schaut - zufällig oder neugierig - in die Blechkiste und bemerkt, daß das Sieben-Monats-Kind lebt. Jetzt wird der Säugling reanimiert, bekommt Schläuche angelegt und wird in einen Brutkasten gebracht. Der neugeborene Säugling empfindet dies nicht als etwas Helfendes, sondern er fühlt, daß man ihn quält. Der Säugling erlebt alle Ängste und wird nach seinem Fühlen auch noch gequält.

Der Patient hat heute eine nicht erklärbare Angst vor Ärzten und Zahnärzten. Mehr noch: er haßt Ärzte. Krankenbesuche im Krankenhaus macht der Mann äußerst widerwillig und fühlt sich dabei gequält.

Hier ist nirgendwo Psychoanalytisches herbeizuzitieren, hier erzählt ein Patient in Hypnose seine Vergangenheit. Diese Vergangenheit ist sicherlich in der Form nicht in seinem Geburtsprotokoll vor 29 Jahren beschrieben. Ich bin überzeugt davon, daß in der Krankenakte nirgendwo geschrieben ist, daß der Säugling als „tot" weggelegt wird, bevor man entdeckt, daß er doch noch lebt und ihn reanimiert. Der Säugling hat danach ein dreiviertel Jahr im Krankenhaus verbringen müssen.

Es handelt sich um ein unglaubliches Geburtstrauma und erklärt als Pauschalverurteilung die Ablehnung des Patienten von Ärzten.

Die eigene Zeugung in Hypnose sehen?

Es kommen auch Patienten zu mir, die als Säugling von ihren jetzigen Eltern adoptiert wurden. Kann die Ursache ihrer Krankheit sein, daß ihre leibliche Mutter sie zur Adoption freigegeben hat? In der Regel ist das nicht der Fall. Ich lasse diese Patienten auch nur dann die eigene Geburt, die Zeit der

Schwangerschaft im Bauch der Mutter und ihre Zeugung erleben, wenn sie es aus Neugier ausdrücklich wünschen. Eine solche Neugier, etwas über die wirklichen Eltern zu erfahren, ist gerechtfertigt. Ich wiederhole jedoch: In der Regel wollen solche Patienten nicht, daß man in ihrer frühesten Vergangenheit herumbaggert. Und ich tue nichts, was nicht den Wünschen meiner Patienten entspricht.

Ich kann Patienten in Hypnose ihre eigene Zeugung miterleben lassen. Ein Zeugungstrauma kann eine Vergewaltigung der Mutter sein, Eltern in Disharmonie, Angst vor unerwünschter Schwangerschaft. Mich interessiert dabei immer zusätzlich die Frage: Wann tritt die Seele in den Körper ein? Wählt man sein Leben selbst, oder wird man von jemandem (etwa einem Schöpfergott) in ein vorbestimmtes Leben geschickt?

Man wählt es selbst. Keiner meiner Patienten hat berichtet, daß er in sein jetziges oder in ein früheres Leben gedrängt wurde. Es stellt sich hierbei auch die Frage nach dem § 218. Ist eine Schwangerschaftsunterbrechung eine Zerstörung von Zellen oder ist es Mord?

Es wird auch Genmanipulationen beim Menschen geben, um Erbkrankheiten wie Geisteskrankheiten oder Stoffwechselkrankheiten auszurotten. Tiefgefrorene Retortenbabys werfen viele Fragen auf. Wird die Seele mit einzufrieren sein? Mit Sicherheit nicht. Die Seele wird sicher später inkarniert.

33. Kapitel

Leben vor dem Leben?

Hypnose und Reinkarnation hatten für mich keine Beziehung zueinander, bis ich eines Tages eine Patientin nach ihrem *„allerersten“* Schultag frage, Sie berichtet spontan aus einem früheren Leben im 18. Jahrhundert, obwohl sie sich vorher mit dem Thema Reinkarnation nie beschäftigt hat. Korrekt hätte ich nach dem „ersten“ Schultag fragen müssen.

Reinkarnation kommt aus dem Lateinischen und bedeutet wörtlich Wiederverfleischlichung, wieder in Fleisch gehüllt werden, Wiederverkörperung. Reinkarnation ist die Vorstellung, irgend etwas Immaterielles - Seele genannt - überlebt den körperlichen Tod und kann oder muß sich irgendwann aus irgendwelchen Gründen wieder in einen menschlichen Körper begeben.

Reinkarnation bedeutet für viele eine Weiterentwicklung, meistens eine Höherentwicklung. Anhänger des Reinkarnationsgedankens stimmen darin überein, daß Wiederverkörperung nicht mehr notwendig ist, wenn ein hoher Grad einer geistigen Reife erreicht ist oder aber dennoch notwendig wird, wenn eine Wiederverkörperung als Hilfe für die leidende Menschheit gebraucht wird. Auf der anderen Ebene des Jenseits werden Nicht-Inkarnierte als Entitäten, Wesen, Intelligenzen oder Geist bezeichnet.

Man braucht einen offenen Geist, um über Reinkarnation reden zu können. Die Arroganz und der Zynismus der Intellektuellen bleiben einem dennoch auf den Fersen.

Reinkarnation ist die Verbindung von Sterbethematik und Lebensthematik. Fast ein Drittel der Weltbevölkerung glaubt an Wiedergeburt.

„Man lebt ja nur so kurze Zeit und ist so lange tot“, resignieren viele Menschen des Abendlandes, denen der Glaube an Wiedergeburt einem mystischen Bereich angehört. Das war nicht immer so. Seelenwanderung und

Reinkarnation sind nicht rein orientalisches Gedankengut. Die Wiedergeburtsphilosophie des Abendlandes erwähnt schon Pythagoras (570 bis 496 v. Chr.), ihm folgen viele Philosophen und Dichter, die ich nicht aufzählen will. Leider ist die Reinkarnationsidee im westlichen Kulturbereich heute auf esoterische Kreise unterschiedlichster Herkunft beschränkt.

Der Amerikaner STEVENSON stellt in einem sehr trockenen Bericht von 1600 überprüften Reinkarnationsfällen 20 als „Beweis" zusammen. STEVENSONS Reinkarnationsfälle beginnen oft im frühen Kindesalter. Im Alter zwischen zwei und vier Jahren erinnert sich ein Kind, ein früheres Leben gelebt zu haben. Oft ist diese Erinnerung wenige Jahre später völlig verschwunden. Lassen sich die Leistungen aller Wunderkinder auf diese Weise erklären? Auch Wolfgang Amadeus Mozart begann mit vier Jahren zu komponieren. Es gibt eine Reihe solcher Fälle, die Reinkarnationen gewesen sein könnten, doch bedauerlicherweise haben sich alle abendländischen Wunderkinder nie an ein früheres Leben erinnern können. Hat Platon recht: „Alles Lernen ist nur ein Wiedererinnern der Seele"? STEVENSON sagt, daß alle seine 1600 Fälle keinen Beweis für Reinkarnation liefern, doch Material, das an Reinkarnation denken läßt

Über die Anwendung der hypnotischen Regression als Methode zur Erforschung der Seelenwanderung sagt STEVENSON: „Die Persönlichkeiten, die während hypnotisch herbeigeführter Regressionen in ein früheres Leben" gewöhnlich heraufbeschworen werden, sind offenbar eine Mischung aus der gegenwärtigen Persönlichkeit der Versuchspersonen, ihren Vorstellungen von dem, was der Hypnotiseur erwartet, ihren Phantasien in bezug auf das, was ihrer Ansicht nach ihr früheres Leben hätte sein sollen, und vielleicht auch Elementen, die auf paranormalem Wege gewonnen werden." Hat er recht? Für seine Meinung spricht, daß es mir bis heute nicht gelungen ist, Reinkarnationserlebnisse zu beweisen.

Ist Reinkarnation historisch zu prüfen?

Sind Reinkarnationserlebnisse historische Wahrheit? Oder werden nur emotionsgeladene Phantasien verarbeitet? Wenn jemand nur als Neandertaler vor 30 000 bis 90 000 Jahren gelebt haben will, hat er sicher viel Phantasie. Da melde ich an der Glaubwürdigkeit Zweifel an.

Ich persönlich glaube an Reinkarnation. Das hat bei mir weder etwas mit Okkultismus zu tun, noch etwas mit östlichen Religionsweisheiten, damit habe ich mich nie ernsthaft befaßt. Die Suche nach Beweisen ist kein spannender Zeitvertreib. Die Recherchen, ein früheres Leben zu beweisen, sind wesentlich schwerer als man erwartet. Es ist eine anstrengende Arbeit, es ist der Versuch eines Zusammenfügens eines Mosaiks, bei dem dann doch letztendlich irgendwelche Mosaiksteinchen fehlen oder vertauscht erscheinen. Zur Überprüfung braucht man genaue Namen und Daten. Aber zu Jahreszahlen und Namen besitzen wir Menschen in der Regel keine emotionale Beziehung, deshalb sind sie schwer erinnerungsfähig.

Keine Angst vor dem Sterben und dem Tod

Gibt es ein Leben oder sogar mehrere Leben vor diesem Leben? Kann man Ursachen für Krankheiten und seelische Störungen in früheren Leben finden? Reinkarnationstherapeuten glauben, alle Krankheiten durch Unerfreuliches in früheren Leben erklären und heilen zu können. Ich zweifle.

Sterbeerfahrungen mit Menschen in Todesnähe beschreiben neben anderen der Amerikaner MOODY und die Schweizerin KÜBLER-ROSS. Diese Erlebnisse decken sich weitgehend mit den Erlebnissen eines früheren Todes in Hypnose. Kritiker werfen ein, daß alle diese Erlebnisse in Todesnähe wertlos seien, diese Patienten waren eben nicht tot, sie haben - wenn überhaupt - die Anfangsphase des Sterbens erlebt.

Wesentlicher Gewinn des Menschen mit Todeserfahrung und der Patienten, die in Hypnose in einem früheren Leben ihren Tod erleben: allen wird die Angst vor dem Sterben und dem Tod genommen. Alle erkennen, daß dieser unser Tod nur ein materieller Tod sein kann. Unser Körper stirbt, die Seele lebt weiter.

Gen-Code? Seelen-Code?

Manche Reinkarnationsforscher halten das Phänomen der Erinnerung an frühere Leben für einen Teil unseres genetischen Gedächtnisses: des Gen-Codes. Für Reinkarnation spricht, daß sich Menschen wirklich an ein vollständiges, abgeschlossenes Leben erinnern. Es berichten Persönlichkeiten, die in sich geschlossen sind, und kulturelle, historische und soziale Zusammenhänge längst vergessener Epochen werden in Einzelheiten dargestellt.

Schuld und Sühne?

Zum Begriff der Karmalehre des Hinduismus habe ich keine Beziehung. Anthroposophen in der Medizin, die RUDOLF STEINERS Lehre folgen und in der Regel homöopathisch therapieren, glauben daran, daß „Karma“ aus der Vergangenheit wirke. Gegen diese Schicksalsbestimmung könne auch ein Arzt nicht heilend helfen, diese Bedingtheit müßten Arzt und Patient hinnehmen. Bei mir verbindet sich mit Schuld und Sühne immer so etwas wie finsteres Mittelalter.

Nach mir die Sintflut?

Wenn ich daran glaube wiederzukommen, sollte ich alles tun, damit nicht nur meine Enkel eine möglichst heile Welt haben, sondern auch ich bei meiner Wiederkehr die Welt so vorfinde, daß ich hier leben mag. Wenn ich an Wiedergeburt glaube, werde ich mich auch sicher meinen Kindern gegenüber bewußter verhalten. Warum haben sie gerade mich als Elternteil gewählt? Für mich bedeutet der Gedanke an die Reinkarnation auch den positiven Ausblick, viel mehr Jahre zur Verfügung zu haben, als sie mir dieses Leben gibt. Ich hoffe, alle Dinge dieser Welt, die ich heute nicht verstehe, einmal verstehen zu können. Es bleibt meine positive Einstellung zum diesseitigen Leben und auch zum unbekannten Jenseits, das von meinen Patienten nicht detailliert beschrieben werden kann.

Wissen wir etwas vom Jenseits?

Meine Patienten können mir nichts Genaues über das Jenseits sagen, es soll ein unglaubliches Gefühl des Friedens, der Zufriedenheit, der Harmonie, der Helligkeit und der Wärme sein. Es soll ein unbeschreibliches Gefühl sein, ein Gefühl einer anderen Dimension.

Beim Sterben werden Menschen aus ihrer stofflichen Körperhülle herausgehoben und bekommen ein tiefes Gefühl von Frieden und Ganzheit. Alle Zyniker und Spötter, die nicht anerkennen, daß es eine Reinkarnation mit großer Wahrscheinlichkeit gibt, mögen doch bitte beweisen, daß es sie nicht gibt.

Nach Hause

Es gibt selbstverständlich Menschen, die in Hypnose keine Reinkarnation erleben. Worin besteht diese Unfähigkeit? Sie liegt einfach in Hypnosehindernissen, oft religiöser, oft aber auch unbekannter Ursache.

Es kommt mit großer Neugier eine 19jährige zu mir, die über ein früheres Leben in Hypnose etwas erfahren will. Kurz: 1935 ist sie in ihrem vorherigen Leben 35 Jahre alt und hat zwei Kinder, einen zweijährigen und einen dreijährigen Sohn. Sie beschreibt detailliert die ersten Einzelheiten. Plötzlich: „Ich habe so etwas wie einen Eisenblock auf meinem Kopf. Ich will nicht mehr! Ich kann nicht mehr!“ Diese junge Dame wird mit positiven Suggestionen befreit. Warum will sie von einem früheren Leben nichts mehr wissen? Weil ihre damals zwei- und dreijährigen Söhne heute noch leben könnten? Ich weiß auf diese Frage keine Antwort. Es gibt mehrere solcher Fälle bei mir.

(Aus einem Hypnoseprotokoll vom *2. 9. 85:* das Erleben des Sterbens in einem früheren Leben in Hypnose.)

Wo gehen Sie hin?	- - -
Sie sehen kein Begräbnis?	Nein.
Wo geht Ihre Seele hin?	Ich weiß nicht wohin, aber ich bin sehr froh. *Ich gehe nach Hause.*
Wo ist dieses Zuhause?	- - -
Kann man es beschreiben?	Nein.
Gibt es da noch andere?	Nein, ich bin allein.

„Ich gehe nach Hause.“ Dieser Satz berührt mich und macht mich betroffen. Wohin führt uns der Abschied von der materiellen Welt? Nach Hause? Ist es das „Coming home“ der Soul-Musik? „Und meine Seele spannte weit ihre Flügel aus, flog durch die stillen Lande als flöge sie nach Haus“, schreibt EICHENDORFF. „Es ist die Seele ein Fremdes auf Erden“, sagt TRAKL. Ist die Seele im Jenseits zu Hause?

34. Kapitel

Hypnose und Psi

Unter Psi versteht man parapsychologische Phänomene und Fähigkeiten wie Telepathie, Hellsehen, Präkognition und Psychokinese.

Je intensiver man sich mit Hypnose beschäftigt, um so öfter berühren sich eben genannte Psi-Phänomene mit der Hypnose. Hypnosetherapeuten genieren sich, das zuzugeben oder haben überhaupt keinen Zugang zu parapsychologischen Phänomenen, ihn nie besessen, nie gesucht und auch nie gefunden. Mir haben sich diese Verbindungen im Laufe der Jahre geradezu aufgedrängt.

Versuchspersonen führen mir in Hypnose Kartentricks vor, die ich nicht rational erklären kann; sie sitzen bei mir im Sprechzimmer und lesen aus einer Zeitung vor, die im Vorzimmer liegt; sie beschreiben in Hypnose fremde Zimmereinrichtungen, die ihnen wirklich unbekannt sind. Ich könnte vieles erzählen, was ich mit hypnotisierten Versuchspersonen zu meinem Erstaunen erlebe und nicht erklären kann.

Ein Mensch früherer Jahrtausende würde die für ihn heute atemberaubende Technik bewundern, wir werden über die Entwicklung der Psi-Phänomene schon in 100 Jahren staunen, denn wir werden von mehr beeinflußt als nur von unserem genetischen Erbe und von Umwelteinflüssen. Wir müssen auch Obernatürlichem in unserem Denken Platz einräumen. FREUD Soll einmal geäußert haben, er würde sein Leben der parapsychologischen Forschung widmen, wenn er nochmals leben dürfte.

Wir wissen, daß die parapsychologischen Phänomene Hellsehen und Telepathie in Hypnose wesentlich bessere Ergebnisse bringen. Es wird immer wieder behauptet, daß Nachrichten am schnellsten telepathisch von entsprechend begabten Menschen übermittelt werden können, schneller als jede technische Einrichtung es vermag. Die militärischen Geheimdienste der Großmächte sollen an der Verbindung zwischen Telepathie und anderen ASW-Techniken (außersinnliche Wahrnehmungen) seit langem arbeiten.

Ich gleite nicht vom Rationalen in das Mystische oder Magische ab, was dem Begriff Psi anhängt. Ich bin bemüht, mich dem *Systemzwang des Dreidimensionalen* zu entziehen und bleibe offen für neue Dimensionen.

35. Kapitel

„Massenhypnose"

Eine Ansammlung von Menschen - negativ mit „Masse" bezeichnet -ist außerordentlich leicht beeinflußbar. Man muß nur die Bedürfnisse und Wünsche der Masse kennen. In der Masse ist die Einzelperson fast vollkommen ausgeschaltet. Alle sind passiv beeinflussungsfähig und warten auf die Führung.

Ein holländischer Arzt macht einmal folgenden Versuch: er läßt etwa 100 Patienten seines Sanatoriums ein vollständig unschädliches, angenehm schmeckendes Getränk reichen. Nach einer Viertelstunde betritt er händeringend und aufgeregt den Speisesaal und bittet um Entschuldigung, daß aus Versehen ein starkes Brechmittel in das Getränk hineingekommen sei. Große Erregung unter den Kranken! Nach kurzer Zeit erbricht sich mehr als die Hälfte. Die Vorstellung, ein Brechmittel eingenommen zu haben, genügt vollständig, um bei ihnen Brechreiz zu bewirken.

Ein deutscher Arzt beschreibt ein massensuggestives Erleben aus dem Ersten Weltkrieg: „Im Felde erlebten wir nach dem ersten Überschreiten der russischen Grenze einen Überfall durch die Russen, ohne daß überhaupt Russen in der Nähe gewesen wären. Wir hatten ein Dorf in der Nähe von Mlawa bezogen und lagen im Alarmquartier. Zahlreiche Posten waren aufgestellt. Die Truppen waren in großer Erregung, weil sie zum erstenmal dem Feind begegnen sollten.

In der Nacht fiel ein Schuß. Irgendeiner der Posten glaubte, einen Russen, und zwar einen Kosaken, gesehen zu haben. Sofort stürzte alles auf die Dorfstraße, und ein wildes Geschießе begann, überall hörte man Stimmen: „Da sind sie! Da kommen sie!" Das Feuergefecht wurde immer wilder. Es war ein wüstes Durcheinander. In unserer Nähe lag Artillerie, ein Zug Infanterie wurde zu ihrem Schutz abkommandiert. Da kein Offizier bei dieser Truppe war, wurde ich als Arzt beauftragt, sie zu führen. Wir zogen durch das Dorf, während uns die Kugeln die Dorfstraße entlang um die Ohren flogen. Bei der

Artillerie gingen wir in Stellung, alles spähte nach dem Feinde aus, keiner sah ihn, da rief ein Mann: „Dort sind sie!“, und sofort sah ausnahmslos die ganze Truppe die Russen heranschleichen, dicht vor uns, und nun begann auch hier ein regelrechtes Schnellfeuer.

Die Opfer waren mehrere unserer Leute, die sich aus unmittelbarer Nähe gegenseitig erschossen hatten. Am nächsten Morgen wurde festgestellt, daß Russen überhaupt nicht in der Nähe gewesen waren. Trotzdem aber blieben die Leute dabei, daß sie sie deutlich gesehen hätten und daß ein Irrtum ausgeschlossen sei. Die Spannung hatte also zum Auftreten von Sinnestäuschungen geführt.“

Zwangsläufig taucht in Verbindung zur Massensuggestion die Frage auf: und HITLER? HITLER ist ein Mann, der die damaligen Bedürfnisse der Masse kennt und suggestiv nutzt. Ich erinnere mich, wie der Hamburger Psychiater BÜRGER-PRINZ immer wieder von Studenten gefragt wird, wie er die Offenbarung des Evangelisten Johannes deute, und ebenso häufig, wie man HITLER psychiatrisch zu beurteilen habe. BÜRGER-PRINZ ist der Meinung, daß HITLER psychisch kein Kranker war. BÜRGER-PRINZ hatte mit HITLER nie persönlich Kontakt, aber er erzählt, daß sein Lehrer KURT SCHNEIDER aus Köln HITLER kennenlernte, und dem kam nie die Spur des Verdachtes, daß HITLER ein Geisteskranker war. HITLER war ein Suggesteur.

„Inkarnation der Volksseele“ oder „armer Irrer“?

Beides sind Beurteilungen HITLERS von C. G. JUNG, vor dem Zweiten Weltkrieg und nach dem Ende des 1000jährigen Reiches diagnostiziert. Aus dem glühenden und zugleich devoten Jünger FREUDS, C. G. JUNG, wird später einer seiner heftigsten abtrünnigen Kritiker. Ähnlich emotional konträr wie über Freud urteilt C. G. JUNG über HITLER. Er als Schweizer sieht ADOLF HITLER als die Personifikation des archaischen Unruhestifters, als einen Ergriffenen, aber auch als einen Ergreifer von Männern, der sein Gefolge in heilige Raserei versetzt. Zeiten von Massenbewegungen seien immer Zeiten des Führertums: HITLER sei die Inkarnation der Volksseele und ihr Sprachrohr.

Nach dem Kriege dagegen sieht JUNG in HITLER einen gemeingefährlichen Irren unter der fachlichen Diagnose: Pseudologica phantastica. Dieses hysterische Leiden beruht auf der extrem gesteigerten Fähigkeit eines Kranken, an eigene Lügen zu glauben. Leider erst nach Jahren des Irrtums sagt JUNG: „Solche Leute haben in der Regel nur eine zeitlang Erfolg und sind darum sozial gefährlich."

Gerade heute wird C. G. JUNG als „New-Age"-Apostel laut gepriesen als einer der Vorläufer in eine heile Zukunftswelt. Für die forensische Psychiatrie machen mich solche gegensätzlichen Beurteilungen sehr nachdenklich: oft entscheidet das psychiatrische Gutachten über das Strafmaß!! Hätte der Psychiater C. G. JUNG die Person HITLER schon nach zehn Jahren so konträr beurteilt, wenn das Dritte Reich wirklich ein 1000jähriges Reich geworden wäre? „Wer groß denkt, muß groß irren", nahm HEIDEGGER nach 1945 ohne Selbstkritik für sich in Anspruch. Hat der Vielschreiber C. G. JUNG ähnlich gedacht?

Massensuggestion

Je größer der Gefühlswert einer Idee ist, um so ansteckender ist sie! So könnte der Hauptlehrsatz zur Suggestion von Menschenmassen klingen. Suggestibilität geht der Gefühlswelt parallel: je religiöser oder je politischer in bestimmter Richtung jemand ist, um so leichter läßt er sich in entsprechender Richtung suggerieren. Wie im Schneeballsystem (ein Schneeball kann zur Lawine werden) werden die Beeinflußten selbst zu Suggesteuren und schalten ihrerseits in der Masse das Kritikvermögen aus, einschließlich der Schicht der Intellektuellen, wie auch bei einem C. G. JUNG zur Zeit der Nazis. Es bleiben Kadavergehorsam und Obrigkeitshörigkeit. Das Erschreckende: jeder Mensch ist angeborenen suggestibel und in akuter Gefahr, Massensuggestionen zu unterliegen. Möge jedem von uns zu jeder Zeit sein Kritikvermögen erhalten bleiben!

Massenhysterie im Showbusiness

Frank Sinatra ist der erste Showstar, bei dem weibliche Fans massenhysterische Anfälle von Bewußtlosigkeit bekommen. Es ist vielleicht interessant zu hören, daß die ersten Ohnmachten der weiblichen hysterischen Fans von SINATRAS Presseagenten geschickt inszeniert werden. Heute gehört es einfach dazu, daß Fans - in erster Linie weibliche - bei einem Pop- oder Rock-Konzert in Hysterie und Ekstase umfallen. Heutzutage aber nicht mehr inszeniert. „Der australische Sänger JASON DONOVAN hat einen neuen Rekord aufgestellt: bei seinem jüngsten Auftritt löste er 275 Ohnmachten bei jungen Mädchen aus, die vor hysterischer Raserei die Besinnung verloren", kann ich am 9. 5. 89 in der Zeitung lesen.

In der „Welt" lese ich am 24. 8. 87 über einen Auftritt des Popstars „Madonna": „Zwischendurch konnte einem schon angst und bange werden, wenn aus fast 60 000 jugendlichen Kehlen unisono Gepfeif und hemmungslos begeistertes Gebrülle in den Abendhimmel über dem Waldstadion zu Frankfurt stieg: da artikulierte sich ein Kraftpotential, das Ältere womöglich an die Massensuggestion gewisser Parteitage erinnert haben würde oder an ein Heer Verführbarer, deren leidenschaftliche Reaktionen aufs Gebotene wie generalstabsmäßig vorgeplant waren."

Dünnes von unseren Politikern

Unsere Politiker kennen nicht die Gesetze von Massensuggestion und der Massenhysterie. Klägliche Versuche dieser Art mißraten - Gott sei Dank - an uns gebrannten Kindern, weil sie zu durchschaubar sind. Für mich ist es unvorstellbar, daß bei den verlogenen Versprechungen unserer Polit-Biedermänner Menschen in Hysterie umfallen.

Werbung für Heilmittel kann krank machen

Der Mensch ist suggestibel, im guten wie im schlechten Sinne. Wenn uns in den Medien, sei es in Zeitungen oder im Fernsehen, eine Apfelsine gezeigt wird, und wenn wir Apfelsinen mögen, dann läuft uns das Wasser im Munde zusammen. Diese Suggestion regt unseren Appetit an.

Zu Beginn eines jeden Winters überflutet uns die Reklame von Hustentropfen, Nasensprays und anderen Mitteln gegen Erkältungskrankheiten. Werden viele Menschen danach von einer Erkältung befallen, weil sie sich suggestiv bedrohen lassen? Viele Werbespots über Medikamente gegen Kopfschmerzen, Erkältungen, Rückenschmerzen, Magenverstimmungen und andere Beschwerden zeigen ein karikiert malträtiertes Organ, und es wird ein sich krampfender Magen mit der entsprechenden Anpreisung eines Heilmittels bei manchen Menschen eher Übelkeit verursachen, als es danach das Heilmittel - als Gegensuggestion - wiedergutmachen kann. Der Pharma-Industrie sollte man solche krankheitsuggerierenden Werbungen verbieten!

Durch Aufklärung schaffen und verstärken unsere Massenmedien viele Krankheiten, die überhaupt nicht zu existieren bräuchten. Tag für Tag werden Millionen von Menschen auf kranke Körperfunktionen und Krankheitssymptome aufmerksam gemacht, jetzt horchen sie in sich hinein und stellen fest, daß sie dieses oder jenes Krankheitssymptom auch haben. So bekommt Volksaufklärung den Nachteil, daß dadurch viele Menschen Nahrung für vermeintliche Beschwerden finden. Wir ahnen, daß wir Schmerzen bekommen könnten, wir sind sicher, daß wir Schmerzen haben werden, wir haben Schmerzen, das ist nicht zu leugnen. Unterbewußt wollen wir uns beweisen, daß unsere Befürchtung gerechtfertigt ist.

Während meiner Tätigkeit als Arzt für Allgemeinmedizin habe ich nie ein Blutdruckmeßgerät rezeptiert, obwohl ich oft von Patienten dazu gedrängt wurde, weil ein solches Gerät von den Krankenkassen bezahlt wurde. Da die Höhe eines Blutdruckwertes nicht das Befinden eines Patienten objektiviert, und schon im Moment des Blutdruckmessens dieser Wert in Erwartung steigt oder fällt, sind solche Geräte für neurotische Menschen nicht geeignet, weil sie neue Angst einflögen und damit eine Verschlimmerung der Symptomatik herbeiführen. Und wenn ein solcher Patient mal vergißt, seinen Blutdruck zu messen, bekommt er Schuldgefühle und glaubt, dafür bestraft zu werden.

36. Kapitel

Die Psycho-Szene lebt

Ich besitze das Buch „30 Jahre unter den Toten“ des amerikanischen Arztes WICKLAND. Dieses Buch versucht, endogene Psychosen - sogenannte Geisteskrankheiten - so zu erklären, daß bei einer Reinkarnation zwei Seelen von einem Körper Besitz ergreifen. Die Heilung ist für WICKLAND relativ einfach: der Therapeut befiehlt über ein Medium der störenden Seele, in das Reich der Toten zurückzukehren oder sich einen anderen Körper zur Reinkarnation zu suchen. Das wäre eine erstaunlich einfache Erklärung des Gespaltenseins bei Geisteskrankheiten. Leider kann ich daran nicht glauben, obwohl ich einfache Lösungen bevorzuge.

Die Sucht nach Okkultem

Die Sucht nach Okkultem ist groß. Nach einer Fernsehsendung 1986 über Reinkarnationstherapie, an der ich mitwirke, überfällt mich eine Flut von Zuschriften von Fernsehzuschauern, die esoterische Zeitschriften lesen und sich mit Esoterischem beschäftigen. Ich lasse mich zu einer spiritistischen Sitzung einladen, bin offen und neugierig, jedoch über den Grad der Naivität erschreckt, so kann ich mir das jenseits und Kontakte mit dem jenseits überhaupt nicht vorstellen.

Was ist Spiritismus?

Der Spiritismus besteht seinem Wesen nach darin, daß man mit den Geistern von Verstorbenen in Beziehung zu treten sucht, um von ihnen aus dem Jenseits und über das Jenseits etwas zu erfahren. Dieser Wunsch ist nicht neu, er ist sicher so alt wie die Menschheit. Besonders veranlagte Menschen - sogenannte Medien - treten mit den Geistern Verstorbener in Beziehung und sollen es ihnen möglich machen, zu uns zu sprechen. Der

Spiritismus beweist in seiner Naivität überhaupt nicht das Fortleben der Seele nach dem Tode.

Spiritismus und Hypnose haben nur insofern etwas miteinander zu tun, weil es so scheint, daß sich die sogenannten Medien in einer Art Selbsthypnose (Trance) befinden. Dabei können die Medien natürlich halluzinieren und Phantasiegebilde werden für sie und die Zuhörer Wirklichkeit. Es gibt Autoren, die nicht alles, was von spiritistischen Sitzungen berichtet wird, als Täuschung und Betrug hinstellen. Ich gehöre - obwohl für alles offen - zu den Zweiflern.

Hat die Bibel doch recht?

Auffällig bei spiritistischen Sitzungen ist der Glaube an die Bibel bei gleichzeitiger völliger Ablehnung der Kirchen. Wir gründlichen Deutschen ziehen sonst immer scharfe Trennungslinien. Bei uns wäre es unmöglich, was in Italien selbstverständlich ist: dort kann ein gläubiger Katholik gleichzeitig ein Oberkommunist und auch noch ein Sensitiver sein. Mir ist bei uns noch kein Spiritist, Okkulter oder Sensitiver begegnet, der an Bibel und Kirche gleichzeitig glaubt. Die Bibel zur Lebensgrundlage zu machen, erscheint mir merkwürdig. Es soll uns Menschen seit ungefähr 280 000 Jahren geben. Woran glaubten Menschen vor der Existenz der Bibel? Woran glaubten Menschen vor der 2000 Jahre alten Kirche?

Durchgaben aus dem Jenseits?

Tischerücken, Rutengehen, Pendeln oder Kontaktaufnahme zu Verstorbenen sind heute beliebte okkulte Gesellschaftsspiele geworden und haben auch eine hohe Anziehungskraft auf Jugendliche. Junge Menschen mit noch nicht gefestigter Persönlichkeit können durch leichtfertigen Umgang mit okkulten Praktiken ernste Störungen erleiden.

1986 therapiere ich eine hysterische Patientin, die als Medium für eine Gruppe arbeitet, die ein sogenanntes Qui-ja-Brett benutzt, manchmal auch ein Odenwälder Tischchen. Beides sind angeblich Transportwege Jenseitiger für Botschaften („Durchgaben") an die Diesseitigen. Wenn es sich nicht um Schwarze Messen, Satanszirkel oder sonstigen religiösen Extremismus handelt, erscheinen mir diese Zirkel als Freizeitbeschäftigung bei allem Vorbehalt harmloser als vergleichsweise Saufgelage in Kneipen. Oder auch harmloser als viele Selbsthilfegruppen, bei denen das ganze Leben zur Therapie wird. In Selbsthilfegruppen wird häufig ein Psycho-Kult getrieben, der viel verheißt und in der Regel gar nichts erfüllt. Die Folge sind schnelle Therapiewechsel und - gleichzeitig - kassenärztliche Behandlung mit Psychopharmaka. Eine Schraube ohne Ende? Die Psycho-Szene lebt, sie hat Hochkonjunktur.

Das Geheimnis der Wunderheiler

Das Geheimnis der Wunderheiler liegt in ihrer Fähigkeit, die Gefühlswelt der Patienten auszunutzen. Sie setzen den Gefühlen der Abhängigkeit, der geringen Selbsteinschätzung und den Ängsten die Hoffnung auf Besserung entgegen. Folgt diesen Heilern eine große gläubige Gemeinde, dann erleben alle zusätzlich ein Gefühl der Gemeinschaftlichkeit. Und wenn dann der Heiler die übernatürlichen Kräfte wegen eines einzelnen aus dieser Gemeinschaft anruft, wird dem Patienten eine weitere wichtige Bestätigung zuteil: Er ist es wert, daß für ihn die höchste Form der Heilung angewandt wird. Wunderheiler besitzen die Fähigkeit, Vertrauen zu erwecken, indem sie sich als charismatisch und besonders erfolgreich zeigen. Oft ist auch mit dem Aufsuchen eines Heilers eine Reise oder eine Wallfahrt verbunden. Die Selbstachtung des Patienten steigt, wenn er sich in Gesellschaft einer so eindrucksvollen Persönlichkeit und dessen Gemeinde befindet und ungeteilte Aufmerksamkeit genießt. Sorgen werden abgebaut, denn die Hilfe steht ja kurz bevor.

Kontakte mit dem Jenseits?

Nachdem ich Patienten gezielt nach Erlebnissen mit Toten und Erscheinungen von Toten befrage, bekomme ich Antworten: Verstorbene erscheinen viel mehr Menschen, als wir meinen, in irgendeinem Wachbewußtseinszustand oder im Schlaf und geben Hinweise oder Ratschläge. Es sind mehr Menschen als wir annehmen, die aus Furcht vor Verspottung solche Erscheinungen verschweigen. Aber auch die erschienenen Geister Verstorbener meiner Patienten haben niemals etwas Konkretes über das Jenseits oder vom Jenseits überhaupt berichtet. Somit decken sich diese Mitteilungen mit den Aussagen hypnotisierter Patienten über das Jenseits.

Sollte es so sein, daß Seelen Verstorbener erscheinen können, solange sie nicht reinkarniert sind?

37. Kapitel

Morgen ist heute? Übermorgen ist gestern?

Wir erfahren unsere Welt durch Denken, Fühlen, Empfinden und Intuition. Ein wesentlicher Faktor unserer seelischen Stabilität ist auch die Art und Weise, wie wir uns in Raum und Zeit lokalisieren. Der Denk-Typ faßt die Zeit als einen linearen Prozeß auf - für ihn werden Ereignisse und Dinge erlebt, indem er Vergangenheit mit Gegenwart und Gegenwart mit Zukunft verknüpft. Der Fühl-Typ ist hauptsächlich mit der Vergangenheit verbunden. Der Empfindungs-Typ orientiert sich an der Gegenwart und für den Intuitions-Typ ist die Zukunft das Wesentliche. Hat der Intuitions-Typ eine „Erinnerung nach vorn", „ein gutes Gedächtnis für die Zukunft"? Gesucht ist die gute Mischung zwischen Denken und Intuition.

Die Zeit ist eine vom abendländischen Geist geschaffene Denkform, und sie hat den Charakter des Absoluten in ihrer linearen Form: der Vergangenheit folgt die Gegenwart, der Gegenwart wird die uns unbekannte Zukunft folgen. Für AUGUSTINUS ist das Gegenwärtige im Mittelpunkt: „Zeiten sind drei: eine Gegenwart von Vergangenem, eine Gegenwart von Gegenwärtigem, eine Gegenwart von Künftigem. Denn es sind diese Zeiten als eine Art Dreiheit in der Seele, und anderswo sehe ich sie nicht; und zwar ist da Gegenwart von Vergangenem, nämlich Erinnerung; Gegenwart von Gegenwärtigem, nämlich Augenschein; Gegenwart von Künftigem, nämlich Erwartung."

Über die Zeit haben sich immer wieder Philosophen Gedanken gemacht. Wenn für AUGUSTINUS das Gegenwärtige im Mittelpunkt steht, gibt es für HEIDEGGER das Jetzt nicht. Für ihn ist jedes Jetzt auch schon ein Soeben oder ein Sofort. Somit gibt es in HEIDEGGERS Denken genaugenommen nur Vergangenheit und Zukunft. Andere spekulieren mit dem Zeitphänomen: die Zeit sei ein Kreis, oder etwa eine Spirale mit endlosem Verlauf, ohne Anfang und ohne Ende, alles Geschehen sei gleichzeitig. Manche reden heute von *Zeitfreiheit.* Es ist das Bemühen, den Begriff „Zeit" zu überwinden, darüber hinauszudenken, obwohl wir die Zeit nicht abschaffen können, obwohl die Zeit bleibt.

Vor EINSTEIN stellte man sich vor, daß die Zeit vom Raum völlig getrennt sei. EINSTEIN wies nach, daß die Zeit vom Raum nicht getrennt ist, die Vorstellung der Raum-Zeit hat die Ansicht des Universums völlig verändert. In den letzten 15 Jahren haben Wissenschaftler erkannt, daß es möglich sein könnte, bei Verwendung der Quantentheorie Zeit und Raum völlig zu vereinen. Das würde bedeuten, daß wir von dem eindimensionalen, linearen Verhalten der Zeit abkommen könnten.

Kosmologen und Physiker wie STEVEN HAWKING verwenden die imaginäre Zeit, um zu erklären, wie Objekte durch die Zeit reisen könnten: Objekte werden in der imaginären Zeit durch einen schmalen Stollen oder ein Wurmloch hindurchwandern und in einem anderen Universum oder einem anderen Teil unseres Universums hervorkommen. Wir könnten diese Methode für Weltraumreisen verwenden, denn andernfalls sind die Entfernungen so immens, daß die Reise zur nächstgelegenen Galaxie und zurück Millionen Jahre dauern würde.

Gibt es Menschen, die außerhalb des uns bekannten Raum-Zeit-Systems mehr als intuitiv sehen können, hellsehen können? Gibt es Menschen, die durch die Zeit rückwärts reisen können? Fragen über Fragen. Vielleicht wird die Hypnose beitragen, auf diese Fragen genauer antworten zu können. Gedulden wir uns.

Antworten auf alle Fragen?

Der aufmerksame Leser wird bemerken, daß ich nicht auf alle Fragen antworte. Manches kann ich nicht beantworten – ich kann nur auftretende Phänomene beschreiben. Es ist eben auf unserer Welt nicht alles von dem uns gegebenen Geist in unserer Zeit zu verstehen. Es muß noch andere, für uns nicht zu verstehende Dimensionen geben. Ich wiederhole mich: *Wir müssen uns dem Systemzwang des Dreidimensionalen zu entziehen versuchen.*

Wahrheit und Wirklichkeit sind subjektiv. Also gibt es keine Wahrheit? Es ist die eigene Erfindung von einer Wahrheit, an die wir gerade glauben: Wahrheit ist nur der derzeit brauchbarste Irrtum. Wie die Wahrheit, so ist auch die Wirklichkeit subjektiv. Ich bevorzuge viele Welten, viele Möglichkeiten und viele Wirklichkeiten gegenüber einer wahren“ endgültigen Realität. Wenn es nur das Fließen von Wahrheiten gibt, und wenn viele Wahrheiten nebeneinander fließen, dann bin ich an allen fließenden Wahrheiten interessiert.

Vieles zum Thema Hypnose habe ich nicht detailliert beschrieben: ich wollte kein Lehrbuch schreiben. Dennoch wird der Leser Neues gefunden haben. Es werden andere Therapeuten das nachahmen, was ich beschrieben habe. Wenn Nachahmer jedoch feststellen werden, daß es so nicht funktioniert, so müssen sie sich bitte sagen, daß es bei **ihnen** so nicht funktioniert. Ich war in der beschriebenen Art erfolgreich. Es ist eben nicht alles auf dem Gebiet der Kommunikation zwischen zwei Menschen reproduzierbar.

Hypnose, Hypnosetherapie und Programmierung in Hypnose haben und behalten für mich auch Geheimnisvolles, Unverstandenes, Unergründliches und Magisches. Da ich allem Neuen und Fremden gegenüber aufgeschlossen bin, unorthodox und kreativ arbeite, lerne ich täglich Neues, von mir Verstandenes und bisher Unverstandenes. Ich stimme T. H. HUXLEY zu: „Das Bekannte ist endlich, das Unbekannte unendlich; intellektuell stehen wir auf einer kleinen Insel inmitten eines unermeßlichen Meeres des Unerklärlichen. Unsere Aufgabe ist es, in jeder Generation ein bißchen mehr Land zu gewinnen."

Literaturverzeichnis (eine Auswahl)

Albrecht, J.: Ist mit dem Tod alles aus? Warnsdorf, 1922.

Alsberg: Sind Suggestivfragen unzulässig? Berl. Anwaltsbl. 6, 1932.

Altschul, W.: Über Suggestivtherapie bei funktioneller Neurose. Prager med. Wschr. 29, 1904.

Aschaffenburg, G.: Über die forense Bedeutung der Hypnose. Münch. med. Wschr. 50,1903.

Bach, E.: Heile dich selbst mit den Bach-Blüten. München, 1988.

Bachmeister, F.: Der Hypnotismus und seine Beziehungen zum Strafrecht. Göttingen, 1923.

Baege, M. H.: Kann man Tiere hypnotisieren? Vereinschr. Görgesges. zur Pflege d. Wiss. im kath. Dtschl., 1914.

Baeyer: Verbrechen in Hypnose, Handbuch der Neurosenlehre Bd. 1. München, 1959.

Bandler, R.: Veränderung des subjektiven Erlebens. Paderborn, 1987.

Bandler, R. & Grinder, J.: Neue Wege der Kurzzeit-Therapie, Paderborn, 1986.

Bandler, R. & Grinder, J.: Reframing. Paderborn, 1985.

Batschinski, M.: Die Hypnose im Strafrecht. Breslau, 1927.

Bäzner, E.: Wo sind die Toten? Leipzig, 1920.

Beck, H.: Hypnose und Verbrechen. Psyche 8, Berlin, 1923.

Benedikt, M.: Hypnose, hypnotische Suggestion und Kriminalogie. Med. Wochenschr. 42, Wien, 1892.

Benkhar, M.: Ein Blick hinter die Kulissen des Hypnotiseurs, Telepathen, Graphologen, Chyromanten, Hellsehers, Rechenkünstlers, Wunderarztes. Preßburg, 1930.

Beritov, J.: Über die Entstehung der tierischen Hypnose. Z. Biol.89,1929.

Beyer, E.: Die Versetzung in den hypnotischen Zustand und ihre Erfassung durch das Strafrecht. Breslau, 1923.

Bier, A.: Die Seele. München, 1939.

Bleuler, E.: Naturgeschichte der Seele und ihres Bewußtwerdens. Berlin, 1921.

Blum, E.: Hypnose im Strafverfahren. Allg. Z. Psychiat. 89, 1928.

Bürger-Prinz, H.: Verbrechen in Hypnose? Mschr. Kriminalb. 19,1938.

Charon, J. G.: Der Geist der Materie. München, 1988.

Chertok, L.: Hypnose bei Tier und Mensch. Psychiat. Neurol. med. Psychol. Beih. 3. 1964.

Dahms, W.: Hypnose und Hund. Wild und Hund. Beil. 31, 1925.

Delboef, J.: Die verbrecherischen Suggestionen. Z. Hypnotismus 2, 1894.

Dobberkau, E. W.: Eine Welt des Wahns. Psychische Studien 38, Leipzig, 1911.

Ducker, L.: Der Hypnotismus und das Civil- und Strafrecht. Wien, 1893.

Du Prel, C.: Hypnotismus und Somnambulismus in bezug auf Strafrecht und Polizeiwesen. Akadem. Monatsh. 6,1891-92.

Durand, A.: Ein Beitrag zur Casuistik der hypnotischen Strafrechtsfälle. Freiburg i. Br., 1915.

Eccles, J. C.: Das Gehirn des Menschen. München, 1976.

Erhard, H.: Hypnose bei Tieren. Gießen, 1922.

Erickson, M. H.: Ein Lehrseminar. Stuttgart, 1987.

Erickson, M. H. u.a.: Hypnose. München, 1978.

Erickson, M. H. u.a.: Hypnotherapie. München, 1979.

Etz-Nordberg, J.: Hypnose und Verbrechen. Mensch und Schicksal 6,1952-53.
Eulenburg, A.: Tod durch Hypnose. Zukunft 9, 1893-95.
Falkenhorst, C.: Hypnose bei Tieren. Gartenlaube, 1910.
Feerhow, F.: Hypnotisches im Faust. Übersinnliche Welt, 1912.
Felsenberger: Hypnose und Strafrecht. Dtsch. Juristenstg. 35, 1930.
Felsenberger, Vorkastner & Lange: Hypnotismus und Verbrechen. Mschr. Kriminalpsychol. 21,1930.
Flatau, G.: Hypnose zur Aufklärung von Verbrechen. Kriminalist. Mh. 2,1927.
Frankl, V. E.: Theorie und Therapie der Neurosen. Ernst Reinhardt Verlag, München/Basel, 1982.
Franz, V.: Schlangen hypnotisieren? Neuere Welt 31, Berlin, 1939.
Friede, P.: Hypnose und Verbrechen. Kempten: Gesellsch. f. Bildungs u. Lebensreform, 1924.
Fritsche, H.: Schutz gegen Dunkelkräfte, insbesondere gegen hypnotische suggestive Beeinflussung. Dresden, 1940.
Gabele, A.: Der Wundermann vom Bodensee. Freiburg, 1956.
Gallwey, W. T.: Tennis u. Psyche. Wila Verlag, München, 1977.
Garfield, P.: Kreativ träumen. Schwarzenburg, 1980.
Gierer, A.: Die Physik, das Leben und die Seele. München, 1985.
Gnauer, H.: Jünger durch Hypnose. Med. Klin. 63,1968.
Gordon, H.: Die Hypnose im Strafrecht. Breslau, 1924.
Gramzow, 0.: Hypnose und Suggestion. Berlin, 1939.
Grabe-Wutischky, A.: Hypnotische Verbrecher? Psyche 5,1922.
Grinder, J. & Bandler, R.: Therapie in Trance. Stuttgart, 1987.
Grohmann, A.: Suggestion durch Briefe. Zürich, 1900.
Gruhle, H. W.: Die Verwendung der Hypnose und die Mitwirkung von Medien in der Rechtspflege. Z. ges. Neurol. Psychiat. 82,1923.
Gubisch, W.: Hellseher-Scharlatane, Demagogen? München, 1961.
Hahn, A.: Zeugung in der Hypnose. Tagebuch 4, 1924.
Haley, J.: Gemeinsamer Nenner Interaktion. München, 1978.
Hammerschlag, H. E.: Hypnose und Verbrechen. München, 1954.
Hartmann, 0. J.: Führt Hypnose zur Erinnerung an frühere Erdenleben? Schaffhausen, 1957.
Hediger, H.: Tiere verstehen. München, 1980.
Heinrich, G.: Die Toten leben! Leipzig, 1922.
Hoffmann, L.: Hypnose bei den Tieren. Berl. tierärztl. Wschr., 1900.
Hofheinz, E.: Völker in Hypnose. München, 1960.
Höpler: Fall von Notzucht an einer Hypnotisierten. Ärztl. Sachverst.-Ztg., 1921.
Huxley, A.: Himmel und Hölle. Über Hypnose, Drogen und mystische Visionen. Monat 9, 1956-57.
Jacobi, W.: Forensische Geständnisse in der Hynose. Dtsch. Z. ges. gericht. Med. 2, 1923.
Jaeger, J.: Ist Jesus Christus ein Suggestionstherapeut gewesen? Neue kirchl. Z., 1897.
Jaffe, D.: Kräfte der Selbstheilung. Stuttgart, 1983.
Janov, A.: Der Urschrei. Frankfurt, 1981.
Janov, A.: Das befreite Kind. Frankfurt, 1982.
Janov, A.: Anatomie der Neurose. Frankfurt, 1976.

Jess, H.: Verbrechen in Hypnose und posthypnotischer Suggestion. Kiel, 1937.
John, K.: Zum Problem „Hypnose und Verbrechen". Dtsch. Z. ges. gericht. Med. 9, 1927.
Jores, A.: Mensch sein als Auftrag. Bern, 1970.
Kellermann, F.: Hypnose im Varieté. Z. Seelenleben 41, 193 7.
Kogerer, H.: Der Fall Maria D. Ein Beitrag zur Frage des hypnotischen Verbrechens. Wien med. Wschr. 70, 1920.
Köhler, F.: Hypnotismus und Verbrechertum. Christl. Welt 21, 1898.
Königshöfer, 0.: Ist Hypnotismus ein in der Augenheilkunde zu verwertendes Heilmittel? Klin. Mbl. Augenheil. 26,1888.
Kossak, H.-Chr.: Hypnose. München, 1989.
Kröner, W.: Hypnose und Verbrechen. Volksgesundheit, 1954.
Krüger: Hypnose als Verbrechensinstrument. Dtsch. Polizei-Arch. 10, 1931.
Kürger-Thiemer, 0. F.: Hypnose als „Verbrechensinstrument". Kriminalistik 8, 1954.
Kurb, A.: Hypnose. Vom Fels zum Meer 21, 1901.
Kusmane, K. J.: Der Hypnotismus im Dienste der Staaten und der Menschheit, Leipzig, 1891.
Laffert, K. A. v.: Gefährliche Wissenschaft. Berlin, 1918.
Laienhypnotiseure und ihre Schutzherren. Ärztl. Vereinsbl. Dtschld. 50,1921.
Lambert, F.: Autosuggestive Krankheitsbekämpfung. Basel, 1971.
v. Lengerken, H.: Lassen sich Tiere hypnotisieren? Volk u. Welt, Hannover, 1936.
v. Lengerken, H.: Über Mechanohypnose bei Tieren. Wiss. Z. Martin-Luther-Univ. Halle 4,1954-55.
Lenk, E.: Hypnose an Tieren und Menschen. Werk 2, Hamburg, 1922.
Levy-Stuhl, M.: Zur Frage der Hypnotisierbarkeit gegen den Willen. Dtsch. med. Wschr. 48,1922.
Loehr, J. E.: Mentaltraining. BLV, München, 1988.
Loewenfeld, L.: In der Hypnose geblieben. Münch. med. Wschr., 1910.
Loewenfeld, L.: Über den gegenwärtigen Stand der Hypnosetherapie. Leipzig, 1902.
Loewenfeld, L.: Ober die hypermnestischen Leistungen in der Hypnose in bezug auf Kindheitserinnerungen. Z. Psychiat. 22,1890.
Lungwitz, G.: Hypnose und Verbrechen. Psychobiologle 3, 1956.
Mangold, E.: Methodik der Versuche über tierische Hypnose. Handbuch der biologischen Arbeitsmethoden. Wien, 1920.
Mangold, E.: Die tierische Hypnose im Vergleich zur menschlichen. Z. Psychother. med. Psychol. 6, 1915-16.
Maschke: Kriminalität und Suggestion. Z. Criminalanthrop. Gefängniswiss. u. Prostitution 1, 1897.
v. Máday, S.: Psychologie des Pferdes und der Dressur. Berlin, 1912.
Matussek, P.: Kreativität als Chance. München, 1974.
Mäuserich: Hypnose an Hunden und an Tieren. 1931.
Mayer, L.: Das Verbrechen in Hypnose und eine Aufklärungsmethode. München, 1937.
Meyer-Estorf: Verbrechen mit Hypnose? Dtsch. Z. gerichtl. Med. 11, 1927-28.
Moll, A.: Hypnose und Verbrechen. Berlin, 1928.
Narnke, G.: Die „tierische Hypnose" und ihre Bedeutung. Freude am Leben, 1941-42.
Netherton, M. & Shiffren, N.: Bericht vom Leben nach dem Leben. München, 1978.
Neumeister, G.: Mittelbare Täterschaft und Hypnotismus. 1900.
Ostrander, S. & Schroeder, L.: Psi. München, 1970.

Paradies, F.: Können durch Hypnose Verbrechen begangen werden? Z. Parapsychol. 7, 1932.
Peiper, A.: „Tierische Hypnose" am menschlichen Kinde. Dtsch. med. Wschr. 65, 1939.
Perls, F. A.: Gestalt, Wachstum, Integration. Paderborn, 1985.
Perls, F. S.: Grundlagen der Gestalttherapie. München, 1985.
Pfister, 0.: Hypnose oder Todesangst? Prometheus 26, 1915.
Placzek, S.: Hypnose und Verbrechen, Woche Nr. 50,1921.
Pöppel, E.: Grenzen des Bewußtseins. Stuttgart, 1985.
Porter/Foster: Mentales Training. BLV-Verlag, München, 1987.
Powers, M.: Fortgeschrittene Methode zum Erlernen der Selbsthypnose. Freiburg i. Br., 1965.
Prokop, 0. & Wimmer, W.: Der moderne Okkultismus. Stuttgart, 1976.
Rammer, W.: „Tierische Hypnose" beim Menschen. Neuere Welt 31, 1939.
Reissig, C.: Liebe - eine hypnotische Suggestion? Leipzig, 1895.
Rose, W.: Die hypnotische Erziehung der Kinder bei Stehlsucht, Naschhaftigkeit, Lügenhaftigkeit, Furchtsamkeit, Faulheit, Nägelkauen, Linkshändigkeit, Stottern, Stammeln, Lispeln, Bettnässen, Onanie, Homosexualität etc. Berlin, 1898.
Rubinstein, H.: Lachen macht gesund. Landsberg, 1987.
Rudolf, W.: Und wieder „Mord unter Hypnose". Med. Klin. 49, 1954.
Sanders, H. T.: Massensuggestion. Gartenlaube, 1921.
Schaefer, J. G.: Ober den Lagereflextonus von Rafa clavata. Biol. Zbl. 41, 1921.
Schautes, R.: Der Hypnotisierte als Objekt strafbarer Handlungen. Köln, 1928.
Schertel, E.: Gibt es hypnotischen Tanz? Umschau 30, 1926.
Schlenter, M.: Hypnotismus und Hellsehen. Leipzig, 1897.
Schmid, R.: Informative und suggestive Reklame. Innsbruck, 1954.
Schmitt, C.: Wie ich Tiere hypnotisiere. Kosmos, 1922.
Scholz: Bedeutung des Hypnotismus für Strafrecht und Strafprozeß. Dtsch. Strafrechtsztg. 5, 1918.
Schultz, J. H.: Das autogene Training. Stuttgart, 1973.
Schultz, J. H.: Hypnose-Technik. Stuttgart, 1979.
Schupp, F.: Gibt es hypnotische Verbrechen? Psych. Studien 24, 1897.
Schwarz: Hypnose und Verbrechen. Dtsch. Polizei-Archiv Lübeck 4, 1925.
Seidemann, M.: Über die Bezichtigungen Narkotisierter und Hypnotisierter. Düsseldorf, 1944.
Seyer, J. & Connolly, Chr.: Psychotraining für Sportler. Rowohlt, 1987.
Soltikow, M.: Unter fremdem Willen. Verbrechen in Hypnose. Rastatt, 1963.
Speer, E.: Zur Frage der Hypnoseverbrechen. Münch. med. Wschr. 69, 1922.
v. Steinen, A.: Die hypnotische Praxis. Leipzig, 1910.
Steininger, F.: Kann man Tiere hypnotisieren? Kosmos 3 7, 1940.
Stelter, A.: Psi-Heilung. München, o. J.
Stevenson, 1.: Reinkarnation. Freiburg, 1976.
Stumpf, W.: Hypnose und Verbrechen. Heidelberg, 1948.
Svorad, D.: Beitrag zum physiologischen Studium der Reflexhemmung (der sog. tierischen Hypnose). Cs. Fysiol. 3.,19.54.
Taztel, R.: Eine Geburt in Hypnose. Z. Hypnotismus 1, 1983.
Ten Cate, J.: Zur Frage nach dem Entstehen der Zustände der sogenannten tierischen Hypnose. Biol. zbl. 48, 1928.

Thomalla, C.: Hypnose und Verbrechen. Universum 44,1927.
Thorwald, J.: Im zerbrechlichen Haus der Seele. München, 1986.
Trojan, F.: Die Stimme des Hypnotiseurs. Folia phoniat. 12, 1960.
Ullrich, A.: Tod durch oder nur in Hypnose. Psych. Studien, 1894.
Vairagyanda: Hindu-Hypnotismus. Dresden, 1931.
Vandor, T.: Die Anwendung der Hypnose bei thoraxchirurgischen Eingriffen. Z. Psycho-som. Med. 13,1967.
Verbrechen durch Hypnose. Welt der Arbeit 1, München, 1950.
Vorkastner, W.: Forensische (strafrechtliche) Bedeutung der Hypnose. Arch. Psychiat. Nervenkr. 73,1925.
Wagner-Jauregg, J.: Telepathie und Hypnose im Verbrechen. Wien, 1919.
Walther, W.: Tiere werden hypnotisiert. Neuere Welt 31,1939.
Watson, L.: Die Grenzbereiche des Lebens. S. Fischer, Frankfurt, 1978.
Watson, L.: Geheimes Wissen. Das Natürliche des Übernatürlichen. S. Fischer, Frankfurt, 1978.
Watson, L.: Der unterbewußte Mensch. Landsberg, 1989.
Watzlawick, P. u.a.: Lösungen. Bern, 1979.
Watzlawick, P. u.a.: Menschliche Kommunikation. Bern, 1982.
Wendiggsen, W.: Strafbare Handlungen durch hypnotischen Einfluß und ihre Aufklärung. Köln, 1935.
Weyrauch, W.: Hypnotisierte Tiere. Berlin, 1931.
Weyrauch, W.: Natürliche und künstliche Hypnosezustände bei Tieren. Naturforscher 11, 1934.
Wickland, C.: 30 Jahre unter den Toten. Buschhoven, 1957.
Witry: Hypnotismus im Altertum. Alte und neue Welt 37,1902.
Wunsch, S.: Verbrechen in Hypnose. Bonn, 1926.

Den Autor ereichen Sie unter dieser Anschrift:
Dr. med. Paul Bernard
Alsterchaussee 26
2000 Hamburg 13

Weitere spannende Bücher aus dem Mikado-Wohlfühlhaus

Von Paul Bernard ist erschienen:

Paul Bernard: Mit Worten heilen

Die etablierte Medizin hat es bisher versäumt, die jedem Menschen innewohnenden Heilkräfte zu mobilisieren, sagt der Autor, der auf eine jahrzehntelange berufliche Praxis zurückblicken kann und in diesem Buch seine extensiven Erfahrungen auf dem Gebiet der Mentalhypnose preisgibt. Allein durch die Kraft des Geistes, so Bernard, ist mentale Selbstheilung für beinahe jede Erkrankung möglich. Ein Buch das am Selbstverständnis der Schulmedizin kratzt.

264 Seiten, Euro 19,90 Mikado-Verlag, Hamburg ISBN 3-935436-01-7

Weitere Neuerscheinungen:

Boysen/Bergholz:Dein Bauch ist klüger als du (Herbst 2002)

Gerda Boyesens Verdienst liegt darin, dass sie das übliche „kopfgesteuerte" Prozedere der Psychotherapie um eine bis dahin völlig unbekannte Dimension erweiterte: das innere, behutsame, stimmige Abschmelzen seelischer Probleme und körperlicher Stauzustände. Dies geschieht über das emotionale Verdauungsystem, der Psychoperistaltik. Tausende biodynamischer Therapeuten geben diese Erfahrungen bereits an ihre Klienten weiter.

ca. 220 Seiten, Euro 24,90 Mikado-Verlag, Hamburg ISBN 3-935436-13-0

Andreas Matern: Morgen sind wir unsterblich

Was ist hinter der Tür, die die Gen- und Biotechnologien für uns schon morgen öffnen werden? Der Autor gibt einen top-aktuellen Ausblick auf die Forschungsfelder, die sich mit dem Aufhalten des Alterungsprozesses beschäftigen. Sein Fazit: Eine völlig neue Altersmedizin mit verblüffenden Resultaten kommt auf uns zu. Ein uralter Traum der Menschheit, die Unsterblichkeit, wird sich erfüllen – freilich nicht zum Nulltarif und nicht für jeden. Wer in der gegenwärtigen Debatte um Segen oder Fluch von Gen-Forschung und Bio-Technologie mitreden möchte, muss dieses Buch lesen! Ebenso alle, die anhand ihres Lebensalters abschätzen möchten, welche wahrscheinlichen Erfolge der Altersmedizin für sie noch im Bereich der Wahrscheinlichkeit liegen.

232 Seiten, Euro 19,90 Mikado-Verlag, Hamburg ISBN 3-935436-03-3